EDITORIAL

Liebe Leserin, lieber Leser

Das war eine Jahrhundert-Tat: der Bau der 4467 Kilometer langen Eisenbahnstrecke quer durch den kanadischen Kontinent, von Ost nach West, von Toronto nach Vancouver, vom Atlantik zum Pazifik. Etwa 12 000 Arbeiter legten 1881–85 das stählerne Band. Siedler konnten nun gen Westen ziehen, Neuland zu erschließen. Kanada heute – dies Paradies für Urlauber, die Natur und Komfort schätzen, die Ruhe und Erholung suchen, aber auch Abenteuer und Wildnis – es wäre nicht denkbar ohne die alte Canadian Pacific Railway. Und ohne die Canadian-Pacific-Hotelkette, die entlang der Schienen ihren Anfang nahm und inzwischen 10 000 Mitarbeiter in 25 Luxus-Herbergen beschäftigt. Gewaltige Hotel-

Das Banff Springs, ein Hotel-Monument mitten in den Rocky Mountains, schottischen Schlössern nachempfunden, verfügt über 817 Gästezimmer

schlösser wie das Banff Springs im gleichnamigen Nationalpark gehören dazu, das Château Frontenac, Wahrzeichen der Altstadt von Québec, oder das Château Montebello am Ottawa River, bis dato größtes Blockhaus der Welt. Doch keine Bange: Wir empfehlen Ihnen nicht nur teure Paläste. In diesem Kanada-Magazin können Sie unter 70 Hotels, Lodges, Bed & Breakfasts und sogar Jugendherbergen wählen. Alle gut und günstig.

Ihr

Michael Dultz, Chefredakteur

Foto: Alpine Action/Elke Oßwald

KANADA

Inhalt

Warum Günther Schramm auf Vancouver Island so glücklich ist, verrät der TV-Star ab Seite 44

KANADA
6 Zehn Gesichter eines Landes

CANADIAN
24 Es rast der Zug, wir rasen mit Unterwegs auf einer der ganz großen Eisenbahnstrecken der Welt: Toronto – Vancouver, 4467 Kilometer

MEIN VANCOUVER ISLAND
44 Leben in Gottes Wartezimmer Günther Schramm bekennt sich dazu: „God's waiting-room" ist ein Paradies für den Ruhestand

MONTRÉAL
50 Unsere Antwort auf Montparnasse Für die Franzosen der Neuen Welt ist ihre Rue St Denis so pariserisch wie der Boulevard Montparnasse

GASPÉ
62 Wie der Punkt auf dem i Am berühmten Felsen von Percé endet die romantischste Halbinsel der nördlichen Hemisphäre

QUÉBEC
88 Der frostigste Frohsinn der Welt Die Hauptstadt der Provinz Québec feiert Karneval bei minus 15 Grad. Und dabei weht stets der Atem der Geschichte im „Neuen Frankreich"

NOVA SCOTIA
100 Wir bitten um Vorsicht Höflich warnen Schilder vor Todesgefahr – aber Neu-Schottland hält nicht nur böse Überraschungen bereit

NEUFUNDLAND & LABRADOR
112 Auf der Eisberg-Allee Neun Tage braucht die Fähre von Lewisporte (Neufundland) nach Nain (Labrador). Eine Tour in die Heimat der Inuit

TORONTO
122 Der schmale Grat zwischen Größe und Gigantomanie Ihr Motor sind Menschen aus 140 Nationen, Wahrzeichen ist der höchste Turm der Welt: Ontarios Hauptstadt boomt

KANU-TOUR
132 Lektion für ein Greenhorn Wer im Yukon-Gebiet auf Flüssen und Seen durch die Wildnis paddelt, spürt das Abenteuer Natur hautnah

Toronto bietet unvergeßliche Erlebnisse rund um die Uhr. Selbst schuld, wer in dieser Stadt früh schlafen geht. Seite 122

Titelmotiv: Der Moraine Lake, Banff-Nationalpark, in den Rocky Mountains

Titelfoto: H.P. Merten

Mit dem Wohnmobil durch British Columbia: unabhängig reisen, Freiheit und Natur genießen. Seite 158

Idyllisch, altmodisch, französisch: Die Halbinsel Gaspé bietet historische und landschaftliche Höhepunkte. Seite 62

Begegnungen der drolligen Art, hier mit einem Elch, erleben Besucher der Nationalparks. Seite 39

Was macht Vancouver so attraktiv, daß jährlich 60 000 Leute aus aller Welt in diese Stadt ziehen? Auflösung ab Seite 144

SPARTIPS
140 Gut & Günstig Schlafen, Shoppen und Schlemmen in Kanada – Tips für den kleinen Geldbeutel

VANCOUVER
144 Ausländer rein In British Columbias größter Stadt sind Einwanderer aus aller Welt willkommen

BRITISH COLUMBIA
158 Große Freiheit Nummer fünf Im Wohnmobil durch Kanadas wilden Westen – von Nationalpark zu Nationalpark – eine kolossale Tour

SPATSIZI WILDERNESS
170 Im Land der roten Ziegen Wo die Berghänge rostig schimmern, lernt man Reiten, Fischen – und fähigen Buschpiloten zu vertrauen

BAFFIN ISLAND
186 Warum nur, warum? Abenteurer quälen sich mit 35 Kilo im Nacken durch die arktische Wildnis

MODERN ART
190 Peace now Das ist der Aufruf des indianischen Künstlers Ron Noganosh: „Laßt uns endlich in Frieden – wir sind Erwachsene, keine Kinder!"

YUKON TERRITORY
194 30 000 kamen durch Vor 100 Jahren zog eine Armada von Abenteurern zum Klondike – dem Lockruf des Goldes folgend. Viele scheiterten

SPORT
208 Formel Eis Eishockey, Eis-Speedway, Ski-Doo, Hundeschlitten-Rennen – Kanada ist ein Eldorado für Wintersportler

SERVICE UND INFORMATIONEN
35	AUF EINEN BLICK
39	NATIONALPARKS
58	MONTRÉAL
70	GASPÉ
72	PREISE
85	REISEZEIT
94	QUÉBEC
108	NOVA SCOTIA
128	TORONTO
154	VANCOUVER
168	BRITISH COLUMBIA
176	TOP TEN
204	YUKON TERRITORY
216	SERVICE
220	IMPRESSUM
222	TIPS
224	VORSCHAU

Fotos: M. Llewellyn; G. Gropp; Raach/look T. Stone; S. Thalemann; I. Lass

Zehn Gesichter eines Landes

Vom Leben im Eis bis zum Savoir-vivre, von Wildnis pur bis zu Weltstädten – in Kanada, dem zweitgrößten Land der Erde, ist alles drin

1 Getreide ist das Gold von heute

Der Goldrausch vom Klondike ist längst Geschichte, heute verdienen die Kanadier ihr Geld anders – zum Beispiel mit Weizen. Millionen Tonnen werden jedes Jahr aus den Prärie-Provinzen in alle Welt exportiert. Symbole des Reichtums sind riesige Silos, in denen, wie hier in Alberta, das Getreide im großen Stil gespeichert wird

Foto: Rainer Großkopf

Kein anderes Volk vereint mehr Völker

Während anderswo die Angst vor Überfremdung grassiert, ist multikulturelle Vielfalt in Kanada ein Fundament des Staates. Mehr als 80 ethnische Gruppen leben in dem Land: Deutsche und Russen, Indianer und Inuit oder auch Sikhs und Senegalesen. In den letzten Jahren waren es vor allem Einwanderer aus Asien, die hier Heimat fanden. Zur Assimilation wird keiner verpflichtet: „Wir sind kein Schmelztiegel, sondern ein Mosaik", sagen die liberalen Kanadier

3
Im Eis regieren die weißen Riesen

Je weiter man nach Norden kommt, desto häufiger begegnet einem „Ursus maritimus". Im Unterschied zu seinem scheuen, noch gefährlicheren Vetter, dem Grizzly, läßt er sich auf den Pelz rücken. Von Churchill aus fahren Tundra-Buggys Touristen auf das Eis der Hudson Bay, wo die weißen Riesen im Spätherbst Robben reißen. Nicht ohne Grund heißt der alte Pelzhandelspunkt heute „Polar Bear Capital", Hauptstadt der Eisbären

Foto: D. Eisermann/Fotoarchiv

4
Auf drei Meere trifft das Land

Wie riesig Kanada ist, zeigt allein die Tatsache, daß es zu drei Ozeanen Küsten bildet: im Westen zum Pazifik, im Norden zum Eismeer, im Osten, wie hier in Percé auf der Halbinsel Gaspé, zum Atlantik. Berühmt ist Percé vor allem wegen eines Felsens, des Rocher Percé – auch ein Werk des Meeres: Wind und Wetter haben ein Loch in den Klotz gefressen, durch das man die Sonne aufgehen sieht

5 Mit den Franzosen kam Savoir-vivre

Obwohl die Kolonialzeit mehr als 200 Jahre vorbei ist, prägt Frankreich heute noch Leben und Sprache der Provinz Québec. Montréal ist die zweitgrößte frankophone Stadt nach Paris, in ihren Straßen herrscht ein Flair wie am Montmartre. Mit ihrem Wunsch nach Unabhängigkeit scheiterten die Franko-Kanadier indessen bei mehreren Volksabstimmungen

6 So manches Camp ist heute City

Wenige Städte in der Welt wuchsen schneller als Kanadas Metropolen. Vancouver zum Beispiel: Vor 100 Jahren noch ein primitives Lager für Trapper, erinnert seine Skyline heute an New York – ohne freilich dessen Exzesse zu teilen. Die Millionenstadt am Fraser River gilt als sauber und relativ sicher: Im berühmten Stanley Park kann man auch nachts gefahrlos bummeln

7
In die Wildnis führt oft nur der Luftweg

Als letzte Provinz wurde British Columbia von Osten her besiedelt. Kein Wunder, schließlich mußten erst die Rockies überwunden werden. Noch heute sind weite Teile des Landes unberührt und nur mit den Flugzeugen der Buschpiloten zu erreichen. Der Weg in die Wildnis lohnt sich aber: Mit seinen grandiosen Bergmassiven, tiefen Wäldern und klaren Seen, wie hier am Chilko Lake in den Coast Mountains, präsentiert „B.C." Kanada von seiner schönsten Seite

8
Der Ahorn zeigt auch in natura Flagge

Nicht nur in der Nationalfahne Kanadas taucht das Blatt des Ahorns auf. Vor allem im klimatisch günstigen Südosten wachsen die Riesen. Zwar wurde hier in den letzten 200 Jahren heftig gerodet – doch im Herbst, dem „Indian Summer", bietet der Baum noch ein Schauspiel der besonderen Art

9

Von stolzen Stämmen blieb Schnitzerei

Den Indianern erging es in Kanada besser als in den USA, auch wenn Kolonialmächte, Goldgräber und Epidemien die einst mächtigen Irokesen, Blackfoot und Huronen dezimierten. Heute verfügen die Indianer über große selbstverwaltete Gebiete. Zeichen ihres alten Stolzes sind bunte Totempfähle, wie der im Stanley Park in Vancouver

Fotos: G. Allison/Tony Sone; Garry Gropp

10 Das Donner-Wasser lockt Touristen und Tollkühne

Niagara, „donnerndes Wasser", nannten die Indianer den Wasserfall zwischen Erie- und Ontariosee. 180 Millionen Liter pro Stunde stürzen 50 Meter in die Tiefe. Als besondere Mutprobe gilt seit jeher der Sprung in einem Faß. Wer Glück hat, darf wie Bobby Leach, Engländer, das Krankenhaus nach 23 Wochen wieder verlassen

Foto: Lawrence/Mauritius

MITDENKEN! VEREINSBANK.

Filialbank? Telefonbank? Vereinsbank.

Kinder vergleichen die Leistung von Rennwagen, Erwachsene die von Banken: Man will schließlich immer das Beste. Genau das wollen wir Ihnen bieten. Deshalb erschließt Ihnen ein Vereinsbank Konto die jeweiligen Vorteile von Filiale, Service-Telefon und Online-Banking. Sie können also mit ein und demselben Konto, mit ein und demselben Depot Beratungs- oder Preisvorteile nutzen. Je nachdem, was Ihnen im Einzelfall lieber ist. Mehr erfahren Sie unter **0 18 03/13 14 13** oder über T-Online unter ✱BV#.

CANADIAN

Es rast der Zug, wir rasen mit

4467 Kilometer – 70 Stunden und 45 Minuten – von Toronto nach Vancouver: eine der ganz großen Eisenbahnstrecken der Welt

Stahl aus den 50er Jahren: der CANADIAN auf dem Weg nach Westen

Blick aus dem Skydome: „Der gerippte Rücken der Wagendächer. Über uns nichts als Himmel"

canadian

		TORONTO
438 km	○	SUDBURY
460 km	○	CAPREOL
1553 km	○	SIOUX LOOKOUT
1958 km	○	WINNIPEG
2718 km	○	SASKATOON
3236 km	○	EDMONTON
3615 km	○	JASPER
4053 km	○	KAMLOOPS
4467 km	■	VANCOUVER

Fahrt durch Ontario: „Die Schienen haben Kanada zusammengebracht, aus einem wilden Land eine Nation gemacht"

Snacks für die Moonlighter: „Wir rollen in die Nacht hinaus"

Canadian

- 0 km — TORONTO
- 438 km — SUDBURY
- 460 km — CAPREOL
- 1553 km — SIOUX LOOKOUT
- 1958 km — WINNIPEG
- 2718 km — SASKATOON
- 3236 km — EDMONTON
- 3615 km — JASPER
- 4053 km — KAMLOOPS
- 4467 km — VANCOUVER

Collins, Ontario: Die Postsäcke werden aus dem Zug geworfen

canadian

- 0 km — TORONTO
- 438 km — SUDBURY
- 460 km — CAPREOL
- 1553 km — SIOUX LOOKOUT
- WINNIPEG
- 2718 km — SASKATOON
- 3236 km — EDMONTON
- 3615 km — JASPER
- 4053 km — KAMLOOPS
- 4467 km — VANCOUVER

Wasserstelle in Saskatchewan: „Schnurgerade pfeilt der Canadian nun durch flaches Farmland – Winnipeg entgegen"

Im Skydome: „In der Ferne thronen die schneebedeckten Gipfel der Rocky Mountains"

canadian

- 0 km — TORONTO
- 438 km — SUDBURY
- 460 km — CAPREOL
- 1553 km — SIOUX LOOKOUT
- 3615 km — WINNIPEG
- 2718 km — SASKATOON
- 3236 km — EDMONTON
- JASPER
- 4053 km — KAMLOOPS
- 4467 km — VANCOUVER

Jasper National Park, Athabasca Falls: „Eine Stunde ist es uns vergönnt, Bergluft zu schnuppern"

Nur vier Jahre dauerte der Bau, und 1885 war der 4467 Kilometer lange Schienenstrang fertig. Seither rollt der legendäre CANADIAN vom Atlantik zum Pazifik und zurück – durch vier Zeitzonen.

VON WALTER WERTHMÜLLER

Der Zug geht pünktlich um 12.45 mittags. Vorgesehene Ankunft: 8.30 morgens, knapp drei Tage später. Es ist zehn Uhr früh, Samstagmorgen. Graue Herbstwolken tanzen im Sturmwind um die Glaspaläste von TORONTO. Der Asphalt, naßglänzend vom Regen, ist ein schmutzig verzerrtes Abbild der polierten Downtown-Fassaden. Ich schleppe meinen Koffer aus der gediegenen Wärme des Royal York Hotels über die ziemlich verlassene Straße zur gegenüberliegenden *Union Station*, ein nüchternes, kahles Steingebilde aus den 20er Jahren, imposante Halle. Mein Ziel: *Gate 6*, der *Canadian*, der legendäre Transkontinental-Zug, der dort auf dem Gleise bereit steht zur 4467 Kilometer langen Fahrt nach Vancouver an der Pazifik-Küste.

Eine Bahnfahrt von, sagen wir, München nach Stuttgart, ist schlicht eine Art, sich von A nach B zu bewegen, ein Mittel zum Zweck. Eine Bahnfahrt von Toronto nach Vancouver dagegen ist Selbstzweck, in verschiedener Hinsicht. Eine Reise durch Zeit und Geographie, Geschichte und Phantasie. Echte Eisenbahn-Fans sind Romantiker im Herzen und Abenteurer im Geiste. Und der Canadian erfüllt, wie der Orient-Express oder die Transsibirische, alle Voraussetzungen, die mit solchen Erwartungen verbunden sind. Ein paar Stichworte nur: Man begibt sich, wie auf einer Schiffsreise, in eine Schicksalsgemeinschaft, aus der es kein Entrinnen gibt (zumindest in der Phantasie nicht). Und passieren kann wirklich allerhand, wie die unzähligen Kriminalromane, die auf Zügen handeln, beweisen. Mord? Leidenschaft? Sabotage? Schriftsteller waren schon immer fasziniert von der symbolträchtigen Charakteristik der Eisenbahn als Kulisse für Dramatisches: Rasende, rhythmische Fahrt auf starren Stahlschienen einem vorbestimmten Ziel entgegen, unweigerlich. Eine geräuschvolle, bewegte Bühne für das launenhafte Spiel des Schicksals mit Passagieren als Schauspielern des Lebens. „Es rast der Zug, wir rasen mit." (Goethe, leicht abgewandelt.)

Außerdem: Auch realistischere Enthusiasten der Schienenwege schaffen es auf einer solchen Fahrt nicht, schlicht die vorbeiziehende Landschaft zu gaffen und sich allein daran zu erfreuen. Niemand, der den Canadian besteigt, kann sich der Geschichte dieser Strecke entziehen, der Geschichte eines Kraftakts visionärer Pioniere, der Kanada schließlich zur Nation machte (doch davon etwas später).

Roomette Nr. 2, Wagen Nr. 125. Art-deco-Aerodynamik die ganze Zugkomposition. Rostfreier Stahl, 50er Jahre, liebevoll restauriert. Chrysler-Building auf Schienen – oder Elvis' Cadillac. Mein Koffer paßt knapp unter den Sitz. Hinter mir nur noch der Barwagen mit dem gewölbten, gläsernen *Skydome*. Die Füße sind bequem ausgestreckt auf der zugedeckten Privattoilette, der Rücken ruht gegen die gepolsterte Wand, die in Wirklichkeit mein eingeklapptes Bett ist. Pünktlich und sanft beginnt der Canadian zu rollen, passiert, wie jeder Zug, die Hinterhöfe der Großstadt, strebt gemächlich, ohne Eile, der kanadischen Weite zu. Er hat Zeit, wir haben Zeit. Ganze 70 Stunden und 45 Minuten – und nichts, aber auch gar nichts Dringendes zu erledigen!

Die einzig wichtige Entscheidung, die zu fällen ist, betrifft die Essenszeit. *Sunset, twilight or moonlight*, werde ich gefragt. Ich entscheide mich für Zwielicht am ersten, Mondschein am zweiten Tag. Durch enge Gänge, die ein Kreuzen anderer Passagiere nur in den Ecken des Wagens ohne Quetschen ermöglichen, arbeite ich mich zum Speisewagen vor, wo ich als „Einzelgänger" den letzten freien Stuhl eines der Vierertische zugewiesen bekomme. „Lloyd", stellt sich der ältere Herr neben mir vor, dann seine charmante Frau und ihre liebenswürdige Bekannte. Sie sind aus Minneapolis, alle drei, und wollen in Seattle Verwandte besuchen. Draußen fliegt die bizarre Landschaft Ontarios vorbei. Sumpfig, felsig, unwirtlich, aber auch unwirklich schön. Weiße Birkenstämme mit den letzten, gelbleuchtenden Blättern stehen wie senkrechte Pinselstriche in der schaurigen, wasserdurchtränkten Wildnis. „The bones of the earth are shining through", sagt jemand am Nebentisch.

„Die Erde zeigt ihre Knochen." Erst später lese ich in einem Buch über die Geschichte der kanadischen Eisenbahnen, daß genau dieser Abschnitt, und nicht die damals gefürchtete Bezwingung der Rocky Mountains, die größten Schwierigkeiten beim Bau der Ost-West-Verbindung machte.

Die *Lobster Bisque* schmeckt ausgezeichnet. Ohne mir dessen richtig bewußt zu sein, habe ich meine Auswahl von der Speisekarte getroffen: Suppe, dann Lachs mit Reis und Gemüse als Beilagen, dazu eine kleine Flasche kalifornischen Weißweins. Neben mir wird eine gebratene Hühnerbrust aufgetragen. Das Essen schmeckt ausgezeichnet, der Service ist freundlich und effektiv. Lloyd nennt mich fortan „Wally".

Bevor es erstmals Nacht wird, setze ich mich mit einem Dosenbier ganz vorn in den Skydome. Ein unglaubliches Gefühl: Man thront auf einer Seidenraupe, die sich glatt um spiegelnde Tümpel, moosige Felsen und bizarre Bäume schlängelt. Der gerippte Rücken der Wagendächer zieht den Blick magisch-perspektivisch zum Kopf des biegsamen Körpers, bestehend aus drei schnaufenden Diesel-Loks. Über uns nichts als Himmel, Wolken und erste, vereinzelte Sterne. Niemand spricht, die Zeit steht still. Man schwebt.

Zehn Minuten Aufenthalt in CAPREOL. Steven, den ich kurz zuvor unten an der Bar kennengelernt habe, will rasch im Dorf Kopfwehtabletten kaufen. Ich gehe mit. *Mainstreet*, ein paar herumhängende, gelangweilte Jugendliche, ein *Drugstore*, ein *Junk-Food-Café*. Verlorene, starrende Blicke.

Während der Zug immer tiefer in die Nacht gleitet, verwandeln sich die Abteile zusehends in Schlafkojen. Betten klappen auf, Vorhänge fallen, Leitern werden angelehnt, Reißverschlüsse schnarren. Es sieht ein bißchen nach Lagerleben aus.

Wer noch nicht schlafen gehen will, trifft sich hinten im Barwagen. Vier Frauen spielen leidenschaftlich Karten. Ein Engländer, korrekt, aber *casual* gekleidet (man stelle sich ein offenes Kaminfeuer, Pfeifenrauch und Filzpantoffeln vor), unterhält die Runde mit ein paar Zaubertricks. Seine Frau erzählt der Nachbarin, daß er für „British Railways" arbeite, daß sie jedes Jahr irgendwo eine Zugfahrt unternehmen würden, diesmal ganz Kanada, von Halifax bis Vancouver, für praktisch kein Geld. Ich

STRECKENFÜHRUNG

Toronto–Sudbury–Capreol–Sioux Lookout–Winnipeg–Saskatoon–Edmonton–Jasper–Kamloops–Vancouver

TARIFSTUFEN

Es gibt zwei Saisonzeiten und damit auch zwei Tarifstufen:
Peak (Hochsaison): 15. Mai bis 15. Oktober.
Off Peak (25 oder 40 % Rabatt): 1. Januar bis 14. Mai sowie vom 16. Oktober bis 31. Dezember.

PREISE

Toronto–Vancouver oder Vancouver–Toronto, einfache Fahrt. Drei Klassen:
– Economy, d.h. nur ein Sitzplatz ohne Schlafkoje (293–488 $ pro Person)
– Schlafkoje oben, Schlafkoje unten (509–977 $ pro Person)
– Einzel- und Doppelzimmer (Triple auf Anfrage) (730–1216 $ pro Person)

INFOS

Für die interessante Transkontinentalstrecke Toronto–Vancouver sollte eine Reservierung möglichst mehrere Monate vor Abfahrt vorgenommen werden. In Kanada besteht grundsätzlich eine Reservierungspflicht, ohne Sitzplatz- oder Schlafwagenreservierung werden von der VIA RAIL keine Fahrgäste befördert. Auskunft über Fahrpläne, Eisenbahntrips und Preise der kanadischen VIA RAIL erteilt:

CANADA REISEDIENST
CRD INTERNATIONAL
22926 Ahrensburg, Rathausplatz 2, Tel. (04102) 5 11 67, Fax: (04102) 3 17 13.

Pünktlich um acht Uhr dreißig: die Ankunft in Vancouver

blättere derweil in der lokalen Gazette von Capreol und stoße auf eine Nachricht, die man in dieser Gegend der Welt eigentlich erwartet, die einen aber trotzdem oder gerade deswegen überrascht. Mann wird von Braunbär angefallen, und ein Kampf um Leben und Tod entbrennt. Es gelingt dem Jäger, das Messer zu ziehen und den 400 Kilogramm schweren Koloß, der ihm buchstäblich an den Kragen will, zu töten. Arg zerkaut landet der Mann aus der Wildnis schließlich auf einem sauberen Operationstisch und wird wieder zusammengeflickt. Außer Lebensgefahr. Ich reiche die Meldung weiter. Einer der verbliebenen Nachteulen bemerkt darauf, er steige morgen früh aus und gehe mit seinem Freund auf die Jagd nach Elchen. Die seien noch ein bißchen größer und schwerer als diese Braunbären und manchmal unberechenbar. Ich verziehe mich in meine Koje und lege mich schlafen.

Frühmorgens schon wache ich rhythmisch durchgeschüttelt und gerüttelt auf, schiebe die Fensterstore hoch – und kann meinen Augen nicht trauen: Die vorbeifliegende Landschaft liegt unter einer dicken Schneedecke begraben. Wirbelnde Flocken, stiebendes Weiß, schwerbelastete, hängende Äste. Ich lege mich nochmals hin und lasse mir den *Blizzard* quer durch den Kopf rasen.

Beim Frühstück nähern wir uns **SIOUX LOOKOUT**, doch die Rede ist selbstverständlich vom Schnee und nicht von Indianern. Da passiert etwas, das Gesprächsstoff für den Rest der Reise liefern sollte. Der Zug hält, wie es scheint, in einer gottverlassenen Gegend. Eine kleine Station, hinten verstreut ein paar Häuser. Da springt ein Mann vom Zug, ohne Schuhe und Socken, ohne Gepäck auch, und eilt barfuß durch den Schnee zu einem *Pickup truck*. Mit einer Tasse Kaffee in der Hand und offenen Mundes verfolgen wir das kurze Drama, das sich nun vor unseren Augen abspielt: Der Fahrer verweigert dem Fremden (offenbar) den Zutritt zu seinem Auto, worauf dieser die Tür aufreißt. Kurzes Handgemenge. Der Mann auf nackten Füssen eilt weiter, einem anderen Auto entgegen. Da beginnt der Zug (ausgerechnet jetzt!) wieder zu rollen, und die Szene driftet rechts aus dem Fenster, aus unserem Blickfeld ... *Unsolved Mystery On The Canadian*. Agatha Christie läßt grüßen.

Der Zug strebt nun zielbewußt **WINNIPEG** zu, und wir lassen das Land der -zig tausend Seen hinter uns. Die Gegend wird „landwirtschaftlicher", und zur Freude aller nimmt die Schneeschicht mit jedem zurückgelegten Kilometer sichtbar ab. Der Herbst mit seinen leuchtenden Farben hat uns, nach einem kurzen Winterauftritt, wieder.

Vor meiner „Koje" treffe ich auf den wohlbeleibten Steward, der offensichtlich eben mein Bett gemacht und wieder nahtlos in die Wand gepackt hat. „Ein Schwiizer", sagt er, kaum habe ich ein paar Worte mit ihm gewechselt. Er sei ursprünglich aus Hamburg und vor über 20 Jahren nach Kanada ausgewandert, gleich nach der Bundeswehr. Wolfgang, wie er heißt, wohnt – wie praktisch alle seine Eisenbahner-Kollegen – in Winnipeg. Dort wird auch, in ein paar Stunden, die ganze Crew ausgewechselt. Er hat nach dieser Fahrt eine Woche frei und will fischen gehen.

Die Schienen haben Kanada zusammengebracht, aus einem wilden Land eine Nation gemacht, und sie halten es noch immer zusammen. Höhepunkt dieser Erschließung war der Bau eben dieser Strecke, auf der ich mich jetzt befinde, die Verwirklichung eines Traumes, aber auch die Einlösung eines Versprechens an British Columbia. Damals, nach dem Abklingen des Goldrausches im Westen, erklärte sich British Columbia bereit, der *Confederation* Kanadas beizutreten, unter der Bedingung, daß innerhalb von zwei Jahren mit dem Bau einer Eisenbahn an den Pazifik begonnen werde, die dann in weiteren zehn Jahren fertigzustellen sei. Das war 1881. Nur 4 Jahre später wurde die letzte Schiene des gewaltigen Werks eingesetzt. Mehrmals während dieser Zeit schien das Unternehmen zu scheitern: Eine skandalöse Verquickung von Bestechungsaffären, Amtsmißbrauch und Spendenveruntreuungen brachten das Vorhaben an den Rand des finanziellen Ruins. Ein Indianeraufstand westlich von Winnipeg gab schließlich den Anstoß zum endgültigen Durchbruch. Dank der Bahn ließen sich Truppen in kürzester Zeit zum Herd des Aufruhrs bringen. Der Wert der immensen Investition war damit bewiesen und die Fertigstellung des transkontinentalen Transportwegs gesichert. Ein beispielloser Siedlungsboom folgte der glänzenden Schiene ins Innere des Landes. Korn und Holz als Exportgüter sollten fortan einen leichten Weg zu den Häfen im Osten und Westen des Landes und von dort in alle Welt finden.

Übrigens: 125 Wagen führte der längste Güterzug, den wir auf unserer Fahrt

Foto: Thomas Höpker

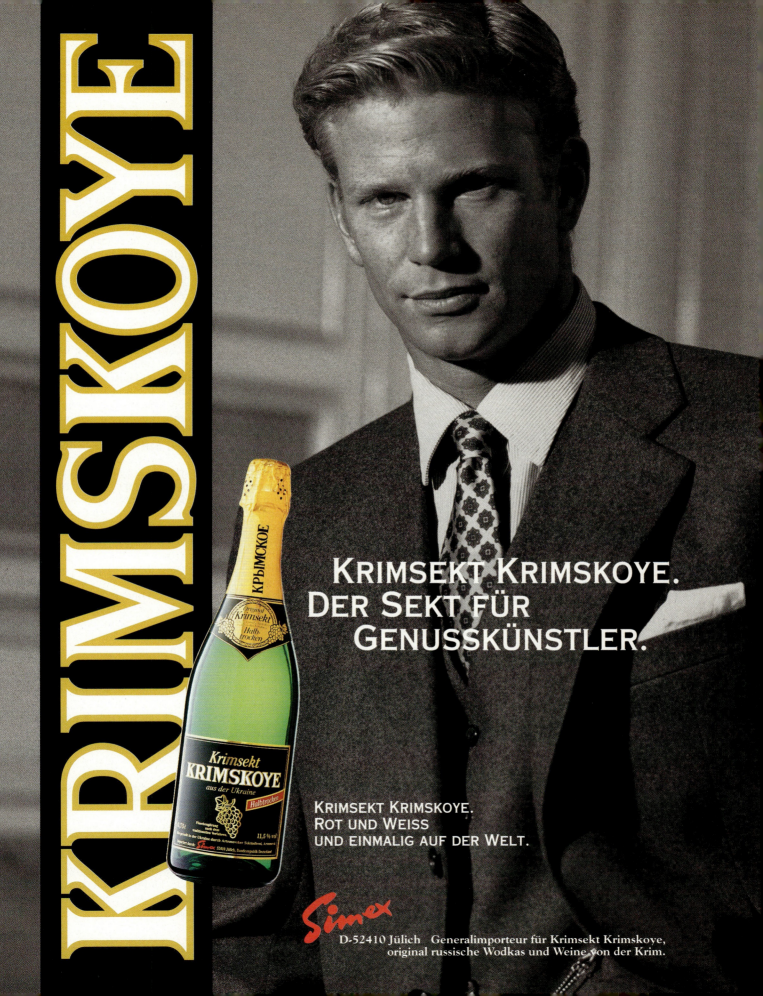

passieren lassen mußten. Ich machte mir die Mühe, sie alle zu zählen.

Schnurgerade pfeilt der Canadian nun durch flaches Farmland Winnipeg entgegen, als habe der Lokomotivführer Stalldrang. In der Ferne sieht man die grünlich-goldenen Fassaden der *Downtown* in der Abendsonne reflektieren. Über eine elegant geschwungene, schwere Eisenbrücke rollen wir schließlich zur Station. Es herrscht Hektik: Die inzwischen vertraut gewordenen Gesichter des Personals verlassen den Zug eiligst und machen einer neuen Crew Platz. Wasservorräte werden getankt und Proviant geladen. Wir sind mit etwas Verspätung eingetroffen und müssen deshalb bald wieder weg. Nur ein kleiner Rundgang durch den Bahnhof bleibt: Souvenirs, Schleckereien, ein paar Zeitungen, nichts Interessantes. Ein Restaurant oder auch nur eine kleine Bar wie in Europa war in keinem Bahnhof auszumachen.

Zum zweitenmal seit Toronto rollen wir in die Nacht hinaus. Hinten im Barwagen werden Snacks serviert für die *Moonlighter*, die noch bis neun Uhr warten müssen, bevor sie zum Dinner gerufen werden. Das Gespräch dreht sich immer wieder um die Eisenbahn. Steven arbeitet für die *Canadian National* und ist nach einem Unfall mit seiner Harley Davidson, ein paar Monaten Erholung und Arbeitslosigkeit soeben von Toronto nach Vancouver versetzt worden. Seine spärlichen Möbel sollen in ein paar Wochen eintreffen, und er sorgt sich um sein Motorrad, das auf dem Transport beschädigt werden könnte. Da sein Fuß nicht mehr voll bewegungsfähig ist, wird er fortan im Büro arbeiten müssen. Erstmals höre ich von Zügen, die *Zephyr*

MEIN TIP

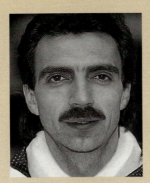

KARL FRIESEN
Eishockey-Torwart

„ **Da ich in Winnipeg aufgewachsen bin und meine Frau aus Kanada stammt, ist es kein Wunder, daß unser bevorzugtes Reiseziel Kanada ist, speziell meine Heimatstadt. Wenn Sie Winnipeg besuchen, sollten Sie einmal im Restaurant „The Velvet Glove" essen. Am besten abends, denn dann sorgt ein Harfenspieler für schöne Musik. Und das ist hier gar nicht kitschig, sondern romantisch, weil es zur Stimmung dieses höchst komfortablen Restaurants paßt. Das Essen ist vorzüglich. Ich empfehle „Surf & Turf" – Steak und Hummer.** "

*The Velvet Glove im Westin Hotel,
2 Lombard Street,
R3C 3H8 Winnipeg,
Tel. (204) 985–62 55*

heißen und *Desert Wind*, unten in Kalifornien. Eine junge Indianerin mit pechschwarzem, langen Haar, verschiedenen Tätowierungen und zwei unglaublich süßen Kindern sorgt sich darum, ob sie wohl wirklich in **SASKATOON** abgeholt wird, um drei Uhr nachts, wenn wir dort haltmachen.

Nach dem Abendessen, *Filet mignon* mit Kartoffelpüree und Gemüse, lege ich mich gleich in mein Zimmerchen und starre in den sternenbeladenen Himmel. Da, plötzlich: Nordlichter! Ein unglaubliches Schauspiel, das einen staunen und still macht und zum Träumen einlädt.

Die Sonne ist kaum über dem Horizont, als ich mich an die erste Tasse heißen, schwarzen Kaffee klammere. Das spitz zulaufende Ende des Barwagens läßt gleißende Schienenstränge hinter sich. **EDMONTON**. Eine halbe Stunde Aufenthalt. Die Straßen sind praktisch leer, als ich durch kalte Luft die Hauptstraße hoch hetze. Sobald man den Zug verläßt, beschleicht einen das Gefühl, nicht wieder rechtzeitig zurückzusein. Ja nicht zu weit vom Bahnhof weg und von der vertrauten Atmosphäre des eigenen Heims.

Die Landschaft ändert sich nach Edmonton einmal mehr abrupt. Felder mit goldenen Strohstoppeln erinnern an Breitleinwand-Wildwestfilme, und in der nahen Ferne thronen die schneebedeckten Gipfel der Rocky Mountains. Der Skydome ist nun permanent überfüllt. Fotoapparate klicken, Videokameras surren. Kristallklare Wasser spiegeln Gebirge, Wälder und Wolken. Ich bin diese Szene als Schweizer gewöhnt und überlasse meinen Platz gerne andern. Sie danken und wissen nicht, daß mich als „Bergler" Flachland mehr fasziniert.

JASPER ist ein Bergkurort, wie er auch in den Schweizer Alpen anzutreffen ist. Holzhäuser auf Steinfundamenten, Souvenirläden, gemütliche Restaurants und Bars, steinerne, kahle Abhänge, denen man den letztjährigen Schnee noch ansieht. Rentiere weiden um den Bahnhof, und die Männer in der Dorfbar tragen Bärte auf roten Gesichtern und fahren ausschließlich Autos mit Vierradantrieb. Eine Stunde ist es uns vergönnt, Bergluft zu schnuppern. Drei zusätzliche Wagen werden für eine Gesellschaft japanischer Touristen in unsere Komposition eingefügt zur letzten Etappe nach Vancouver.

Die Stimmung beim Abendessen ist fröhlich und aufgelockert. Man kennt sich, man ist eine Familie geworden – und das Ziel der Reise ist nahe. Ich speise nochmals mit Lloyd und seiner *Entourage*, tausche Adressen aus und leiste mir zwei kleine Fläschchen Wein zur Feier des letzten gemeinsamen Abends. Die Köche in ihrer „bewegten", kleinen, für einen Zug aber recht geräumigen Küche geben ihr Bestes, und das Servierpersonal, dauernd unter Zeitdruck, ist äußerst zuvorkommend und gar zu Späßen aufgelegt.

Kurz nach elf Uhr sind nicht mehr viele Passagiere im hintersten Wagen anzutreffen. Morgen werden wir früh geweckt, und niemand will die letzten Kilometer nach Vancouver verpassen. Ich begebe mich zu einem Nachttrunk in den vorderen Barwagen, wo sich Leute die Nacht um die Ohren schlagen, die keine Schlafkabinetts haben und in ihren Sitzen pennen. Das Durchschnittsalter ist hier wesentlich niedriger als hinten im Zug.

Gleich nach **KAMLOOPS** lege ich mich ein letztesmal im Canadian zur Ruhe, finde aber kaum Schlaf. Und am nächsten Morgen, als es endlich hell wird, geht alles plötzlich so schnell. Unzeremoniell tauchen wir in die Vororte von **VANCOUVER** ein, und schon nähert sich der Zug in einer weiten Schleife der Hafenstadt am Pazifik. Die Zeit, die während der letzten Tage stillzustehen schien, hat ihren rasanten Rhythmus wieder aufgenommen. Punkt 8 Uhr 30, Dienstagmorgen, fährt der Zug in Vancouver ein. Und die Schicksalsgemeinschaft, für knapp drei Tage zusammengeschweißt wie die Stahlwagen des Canadian, bricht auseinander wie eine Schar aufgescheuchter Hühner.

Wo nur bleibt der hastende Barfüßige, der uns im tiefen Schnee so abrupt verlassen hat?

Das zweitgrößte Land der Erde macht weniger politische

Schlagzeilen als manche Bananenrepublik. In erstaunlicher Harmonie leben Inuit, Indianer und Nachkommen europäischer und asiatischer Einwanderer miteinander

AUF EINEN BLICK

Es dauert, scheint's, alles etwas länger in Kanada. Zum Beispiel: 1931 erhielt das Land auch nominell seine staatliche Unabhängigkeit im Britischen Commonwealth. Eine kanadische Staatsbürgerschaft gibt es aber erst seit 1947. Die neue Nationalflagge weht erst seit 1965 über der Hauptstadt Ottawa, und die geltende Verfassung stammt aus dem Jahre 1982. Offenbar geht man's gern ruhig an in Kanada, gelassen. Ein sympathisches Land.

Den Nachbarn im Süden, die USA, findet man da – bei aller Liebe, manchmal auch Haßliebe – zu hektisch, zu schrill, zu laut. Britisch-unterkühlt ist man oder französisch-rational. Das Lauteste in Kanada seit vielen Jahren: Im März '95 bringt die Küstenwache einen spanischen Trawler wegen illegalen Fischfangs auf – Streit mit der EU um die Fangquoten vor Neufundland. Und: Im Oktober '95 schrammen die Separatisten der frankokanadischen Provinz Québec, die eine eigene Fahne, eigene Steuern und Gesetze fordern, in einem Referendum zum zweiten Mal knapp am Wahlerfolg vorbei. Beide Ereignisse schrecken die Weltöffentlichkeit nicht gerade auf.

Bescheidenheit und Zurückhaltung, sie ehren die rund 28 Millionen Kanadier um so mehr, als ihr Land fast zehn Millionen Quadratkilometer zählt (nach Rußland das zweitgrößte der Erde) und in der Weite seiner zehn selbstverwalteten Provinzen und zwei Territorien immer wieder über an Wunder grenzende Naturschönheit verfügt – vor allem der stillen Art, versteht sich. Immerhin: 15 Millionen Touristen kommen im Jahr ins Land. Niagara, den berühmtesten Wasserfall, und den mit 3769 Kilometer längsten Seeschiffahrtskanal der Welt, den Sankt-Lorenz-Strom, teilen sie sich mit den USA.

Groß das Land, 5514 Kilometer von Ost nach West, aber keine Großmannsallüren: Nicht ein furchterregendes Tier wie Bär oder Adler ziert das Wappen, sondern – ein Ahornblatt. Und die *Royal Canadian Mounted Police*, die berittenen Rotröcke mit dem breitkrempigen Hut, königlich, weil das Staatsoberhaupt der *King* oder die *Queen* in London war und ist – diese Polizei kommt tatsächlich als Freund und Helfer. Autorität, aber nicht autoritär, war auch schon ihre Vorgängerin, die *North-West Mounted Police*, seit ihrer Gründung vor mehr als 120 Jahren. Sioux-Häuptling Sitting Bull stellte sich vertrauensvoll unter den Schutz dieser Truppe, als er nach dem Gefecht gegen US-General Custer am Little Big Horn 1876 nach Kanada floh.

Die europäischen Vorfahren der Kanadier, vorwiegend Franzosen und Engländer, waren ja auch nicht als Eroberer ins Land, sondern als Fischer an die im 16. Jahrhundert noch ertragreichen Küsten Neufundlands gekommen. Ausgerechnet die Mode in der Alten Welt machte es möglich, daß der weiße und der rote Mann, nachdem sie sich erst einmal begegnet waren und Geschenke, darunter kanadische Tierfelle, ausgetauscht hatten, per Pelz zu Partnern wurden, zu Handelspartnern: In Europa, wo nur der Adel Jagdrechte besaß, brauchte man aufs dringlichste Tierfelle als Winterbekleidung und für die Herstellung der gerade kreierten Filzhut-Mode.

Nicht Siedler und Soldaten also, sondern Händler und Höker zogen als erste zu den Indianern im Westen, und ihren größten Landgewinn machten die späteren östlichen Provinzen ganz friedlich, als sie 1870 der Hudson's Bay Handelsgesellschaft ihren riesigen Marktbereich im Norden, jenseits des 60. Breitengrades, abkauften und damit das Staatsgebiet verdreifachten. Das partnerschaftliche Verhältnis aber blieb über die Jahrhunderte erhalten. Und das gilt bis heute auch für die anderen Bevölkerungsgruppen. Denn Minderheiten, könnte man sagen, sind sie alle. Ein Drittel der Einwohner haben britische, ein Viertel französische, jeweils ein knappes Fünftel andere europäische oder asiatische Vorfahren und zirka drei Prozent stammen ursprünglich aus Afrika. Sie alle leben mit den Nachkommen der Ureinwohner, 350 000 Indianern und 28 000 Inuit, nachbarschaftlich zusammen. Was für ein liebenswertes Land. *Rudolf Hildebrandt*

yoten durchstreifen dieses Gebiet. Banff war der erste Nationalpark und wurde 1885 geschaffen, um die heißen Quellen von Banff zu schützen.

KOOTENAY
Radium Hot Springs, British Columbia, Tel. (604) 347–96 15.
1406 qkm. 3 Campingplätze.
Am Westhang der Rocky Mountains. Berühmt für seine wild- und waldreiche Gebirgslandschaft. Kootenay beheimatet sowohl Gletscher als auch Kakteen. Den heißen Quellen im ockergelben Sinclair Canyon haben schon die Indianer wundersame Heilkraft zugeschrieben. Zu sehen und hören sind Grizzlys, Elche, Wölfe, Hirsche und Koyoten.

MT. REVELSTOKE
Revelstoke, British Columbia, Tel. (604) 837–75 00.
263 qkm. 2 Campingplätze.
Park am Westhang der Columbia Mountains. Das für kanadische Verhältnisse winzige Naturschutzgebiet, das 1914 gegründet wurde, umfaßt eigentlich nur den Berg vor der Haustür. Auf der 26 km langen Summit Road, die zum Gipfel führt (1938 m), kann man gut die Vegetationszonen erkunden. Die Pflanzenwelt am Gipfel hat eine nur drei Monate dauernde Wachstumsperiode im Jahr. Während der Sommermonate zaubern schneeweißes Wollgras und leuchtend roter Indian Paint Brush die tollsten Farbenspiele auf die Bergwiesen.

GLACIER
Revelstoke, British Columbia, Tel. (604) 837–75 00.
1350 qkm. 2 Campingplätze, 1 Lodge.
Im nördlichen Bereich der Selkirk Mountains. Bekannt wegen der mehr als 100 Gletscher, Wasserfälle, der dichten Bewaldung, des Bergpanoramas und des Denkmals für die Fertigstellung des Trans-Canada-Highways am Rogers-Paß. Das einsame Gebiet wird von Wölfen, Hirschen, Bergschafen, Grizzlys, Wanderfalken und Weißkopf-Seeadlern bewohnt.

YOHO
Field, British Columbia, Tel. (604) 343–67 83.
1313 qkm. 5 Campingplätze und die empfehlenswerte Emerald Lake Lodge (Adresse siehe Seite 168).
Das Hochgebirgsgebiet grenzt direkt an den Jasper National Park in Alberta. Dichte Wälder, vereiste Gletscher, wilde Flüsse und klare Seen locken die Besucher.

PACIFIC RIM
Ucluelet, British Columbia, Tel. (604) 726–77 21. 500 qkm.
1 Campingplatz, Hotels in Tofino.
Das schmale, langgestreckte Naturschutzgebiet an der Pazifikküste von Vancouver Island läßt sich in drei Sektoren unterteilen: West Coast Trail, The Broken Group Islands und Long Beach. Für die meisten Besucher erweist sich Long Beach als am einfachsten zugänglich. Auf Spaziergängen kann man Seelöwen, Robben, Orcas und Tümmler beobachten. Die Broken Group Islands werden von Adlern besiedelt. Walbeobachtungstouren starten von Ucluelet und Tofino. Die schönste Wanderroute ist der Rainforest Trail, der durch dichten, feuchten Regenwald führt.

KLUANE
Haines Junction, Yukon Territory, Tel. (403) 634–22 51. 22 015 qkm.
5 Campingplätze.
Das Gebiet im Südwesten des Yukon Territory besteht größtenteils aus gletscherbedeckten Hochebenen, zerklüfteten Hügeln und gewaltigen Bergriesen. Hier befinden sich der Mount Logan (6050 m), der höchste Gipfel Kanadas sowie das größte Eisfeld außerhalb der Polarregion. Besucher kommen hierher, um zu klettern, zu wandern und Kanu zu fahren.
Ernest Marchel

Schön weiß: SCHNEEZIEGE

Schön stark: ELCHBULLE

Schön müde: WASCHBÄR

Schön schlau: WOLF

NA, DU ALTES SKUNK!
Das Riesenland Kanada bietet Touristen zahlreiche Möglichkeiten, Bären, Biber, Elche, Wale und seltene Vogelarten in freier Wildbahn beobachten zu können. Viele Tierarten haben im Englischen deutlich andere Bezeichnungen als im Deutschen. Zum besseren Verständnis haben wir deshalb die wichtigsten und häufig im Land zu sehenden Arten zweisprachig aufgeführt.

Bald Eagle	Weißkopf-Seeadler
Polar/Black/ Grizzly Bear	Polar-/Schwarz-/ Grizzly-Bär
Beaver	Biber
Caribou	Rentier
Chipmonk	Streifenhörnchen
Coyote	Präriewolf
Cougar	Berglöwe
Dall/Stone Sheep	weißes/dunkles Bergschaf
Elk	Wapiti-Hirsch
Fox	Fuchs
Golden Eagle	Steinadler
Grayling	Äsche
Ground Squirrel	Erdhörnchen
Heron	Reiher
Hummingbird	Kolibri
Loon	Eistaucher
Lynx	Luchs
Moose	Elch
Mountain Goat	Schneeziege
Muledeer	Maultierhirsch
Muskrat	Bisamratte
Orca	Schwertwal
Osprey	Fischadler
Pike	Hecht
Porcupine	Stachelschwein
Ptarmigan	Alpenschneehuhn
Racoon	Waschbär
Salmon	Lachs
Seal	Seehund
Skunk	Stinktier
Squirrel	Eichhörnchen
Trout	Forelle
Walrus	Walroß
Wolverine	Vielfraß

Abb.: Leichtmetallfelgen Sonderausstattung

IMMER MITTENDRIN. ABER DOCH ANGENEHM ANDERS.

Wo das Leben pulsiert, wird etwas bewegt. Die Lichter der Großstadt sind da ein guter Wegweiser, die Rücklichter des Volvo 850 ein gutes Indiz.

Ist Dynamik gefragt, ist er dabei. Sein temperamentvolles 5-Zylinder-Triebwerk – vom ökonomischen 2,0-Liter mit 93 kW/126 PS bis zum agilen T-5 mit 166 kW/225 PS – kommt schnell auf Touren. Sein leichtes Handling – mit einem Wendekreis von nur 10,20 m – bringt Sie an Ort und Szene.

Er zeigt, wo es langgeht. Insbesondere in puncto Sicherheit: vorbildlich der von Volvo

DER SIPS-SEITENAIRBAG VON VOLVO. AN IHRER SEITE, IM SITZ. SERIENMÄSSIG FÜR FAHRER UND BEIFAHRER.

entwickelte SIPS-Seitenairbag. Genauso serienmäßig wie das SIPS-Seitenaufprall-Schutzsystem, ABS, Fahrer-Airbag und der integrierte Kindersitz. Den Beifahrer-Airbag bekommen Sie auf Wunsch – natürlich ohne Aufpreis.

Bliebe die Frage nach Kombi oder Limousine. Beide haben das gleiche markante Gesicht, beide den gleichen unverwechselbaren Charakter. Und beide kosten das gleiche. Kurz: Beim Volvo 850 ist vieles angenehm anders. Alles Weitere erfahren Sie vom Volvo 850 Info-Service, 50981 Köln, Tel.: 0180/33099, Fax: 0180/33009.

VOLVO 850.

MEIN VANCOUVER ISLAND

Leben in Gottes

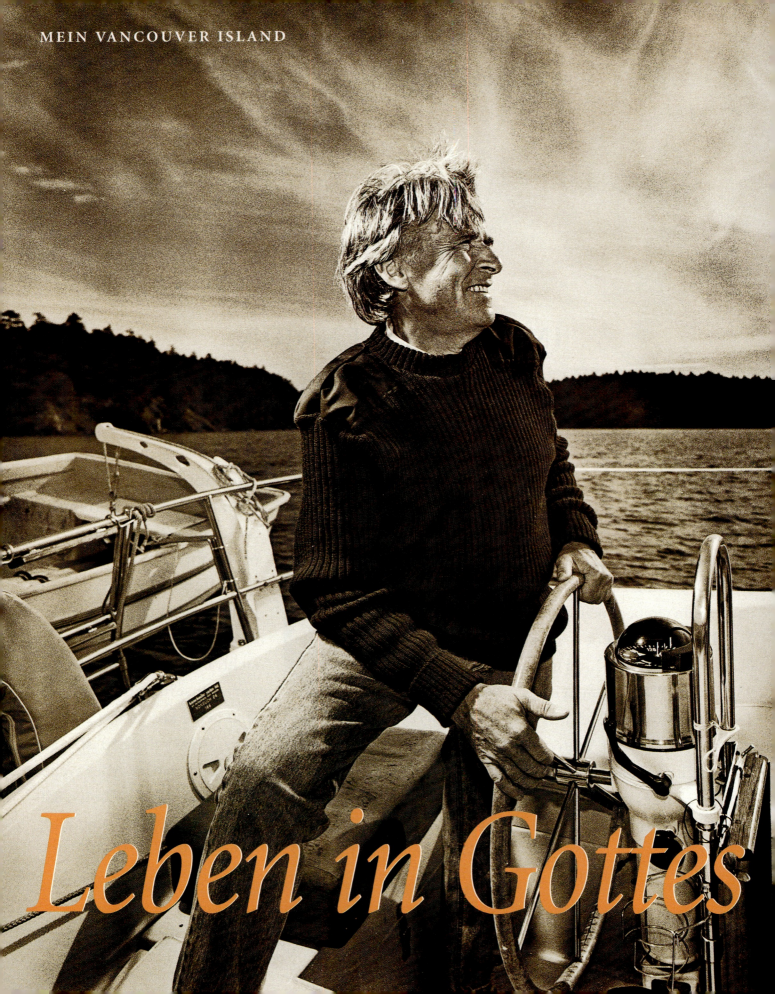

Regenwald vor der Haustür: Cathedral Grove Park

Günther Schramm auf seiner Segeljacht „Fidiralala"

Günther Schramm bekennt sich dazu: „God's waitingroom" ist ein Paradies für den Ruhestand

Wartezimmer

**Wenn der Tag anbricht:
Long Beach, Pacific
Rim National Park**

Vancouver Island ist etwa so groß wie Irland. Victoria, die Hauptstadt der Provinz British Columbia, liegt auf der Insel, deren Regenwald weltberühmt ist. VON GÜNTHER SCHRAMM

Der kleine längliche Klecks neben dem amerikanischen Festland auf der Weltkarte hinter dem Tagesschau-Sprecher war mir nie aufgefallen. Er war einfach zu klein. Und als ich mit meiner Frau im Jahre 1980 auf einer Kanada-Reise im Westin Bayshore Inn in Vancouver abstieg und ein mitreisender Freund uns fragte, ob wir mit zum Vancouver Island rüberfahren wollten, wußte ich tatsächlich nicht mal, daß es diese Insel gibt. Für mich (wie für viele Touristen) endete Kanada im Westen mit Vancouver. Ich war froh, dort angelangt zu sein, ich genoß den Blick aus unserer Suite über den Hafen und war eigentlich nicht sehr begeistert über diesen Vorschlag. Aber meine Frau meinte, wir seien unterwegs, um etwas von der Welt zu sehen, und deshalb schlossen wir uns diesem Trip an. Was als harmloser kleiner Ausflug gedacht war, veränderte unser Leben ziemlich dramatisch: Seit mehr als 15 Jahren leben wir nun auf diesem „länglichen Klecks".

Unsere Faszination begann bereits auf der Überfahrt mit der Fähre. Und ich möchte jedem Kanada-Besucher, der die Insel besuchen will, dringend raten, der Fähre den Vorzug vor dem Flugzeug zu geben. Natürlich ist es auch sehr reizvoll, den Anblick der Gulf Islands, die sich zwischen dem Festland und Vancouver Island erstrecken, aus der Vogelperspektive zu genießen. Aber die eineinhalbstündige Fahrt mit der Fähre hat für mich bis heute den Reiz nicht verloren. Nach der Überquerung der etwa 20 Meilen breiten Strait of Georgia vollführt die Fähre einen Slalom durch den engen Active Pass, bevor sie die geschützten Gefilde der Gulf Islands erreicht. Und spätestens hier gingen mir die Augen über, und ich dachte: „Was für ein Segel-Paradies!" Ich konnte damals nicht ahnen, daß diese unendlich malerischen Inseln mit ihren Tausenden Buchten nur den Auftakt zu noch weit spektakuläreren Segel-Abenteuern darstellen. Doch davon später mehr.

Hatte ich mein „Aha-Erlebnis" schon während der Überfahrt, war es nach der Landung nun an meiner Frau, in milde Ekstase zu verfallen. Wir hatten auf dieser Kanada-Reise (übrigens nicht unserer ersten) wieder „Natur satt" gehabt, waren wiederum überwältigt gewesen von soviel Schönheit. Aber das hier, das war irgendwie anders. Wir kurvten mit unserem Mietwagen auf Straßen, die mich an meine Kindheit erinnerten, durch eine liebliche Hügellandschaft, vorbei an kleinen Farmen und gepflegten Häusern, und waren dann plötzlich in Victoria, der Provinzhauptstadt von British Columbia. Und da war es dann endgültig um uns geschehen. Der kleine Hafen, das Parlamentsgebäude, das Empress Hotel, die hübschen kleinen Geschäftsstraßen, die mit üppigen Blumenkörben verzierten Straßen-Laternen … Wir waren überwältigt. Es war Liebe auf den ersten Blick. Wir änderten spontan unsere Reisepläne, erkundeten Victoria und Umgebung, bis für uns feststand:

Hier möchten wir leben! Aber wir beließen es nicht bei diesem Wunsch, nein, wir machten gleich „Nägel mit Köpfen" und kauften ein Grundstück.

Was auf der Weltkarte so klein erscheint, erweist sich beim Näherkommen doch als eine veritable Landmasse. Mit 440 Kilometer Länge und 120 Kilometer maximaler Breite entspricht Vancouver Island etwa der Größe Irlands. Man hat also kein unbedingtes Insel-Gefühl, obwohl die Nähe des Meeres überall spürbar ist. Die Struktur der Insel ist leicht zu beschreiben. Das Rückgrat ist eine zentrale Gebirgskette, die sich fast über die Gesamtlänge der Insel in deren Mitte erstreckt. Im Norden und Süden findet sich eine Hügellandschaft, und die seitlichen Flanken sind vergleichsweise flach. Die Westküste ist von den heranrollenden Brechern des Pazifik und von häufigen Regenfällen so überspült, daß es dort nur einzelne, kleine Ansiedlungen gibt, die von Fischerei und Tourismus leben. Die Südost-Flanke macht den einzig besiedelten Raum der Insel aus, mit der dichtesten Besiedelung auf der Halbinsel Saanich. Dort liegt im Süden die Hauptstadt Victoria, im Norden der internationale Flughafen, und ganz an der Nordspitze liegt die Swartz Bay, wo im Sommer die Fähren zum Festland im Einstunden-Rhythmus kommen und gehen. Und dieser Zipfel der Insel, gleichzeitig der südwestlichste Teil Kanadas, ist der Traum fast aller Kanadier für den Lebensabend. Und dort, auf der Saanich-Halbinsel, haben auch wir unser kleines Paradies gefunden.

Als wir Freunden in Vancouver begeistert von unserem Entschluß erzählten, waren sie entsetzt: „We call it God's waitingroom". Also da waren wir nun gelandet: in Gottes Wartezimmer. Die Bezeichnung stimmt irgendwie, wenn man das hohe Durchschnittsalter auf der Insel kennt. Aber das macht natürlich auch den Charme des gemächlichen Lebens aus. Man hat hier viel Zeit. Die Höchstgeschwindigkeit auf dem vierspurigen Highway ist 80 bis 90 Stundenkilometer. Und wenn sich der Fußgänger dem Bordstein nähert, halten die Autos, um ihm die Gelegenheit zum Überqueren zu geben. Das veranlaßte einen Freund, der uns besuchte, zu der empörten Äußerung: „Die zwingen einen ja, über die Straße zu gehen!" Auch wir hatten anfangs Probleme, nach all der Hektik in Deutschland, im Showbuseneß allemal, mit diesem neuen Lebenstempo klarzukommen. Ein Beispiel: Mein Nachbar hatte noch eine Bahn zu mähen, als ich ihm in den Garten schneite. Er ließ Mäher Mäher sein, und wir hatten einen lustigen Abend mit vielen Drinks. Und als ich am nächsten Tag im Vorbeifahren den ungemähten Streifen Gras sah, dachte ich: „Ob ich das je lernen werde?"

Die Freundlichkeit dem Fremden gegenüber (hier waren wir ja nun plötzlich Fremde) empfanden wir als überwältigend. Bei jeder Auskunft immer die gleiche Reaktion: „Oh, Ihr seid neu hier? Woher kommt Ihr? Willkommen in Kanada!" Das war sehr wichtig für uns, dieses permanente: „Welcome to Canada!" Natürlich ist da ein entscheidender Unterschied zu Deutschland: Kanada ist ein klassisches Einwanderungsland. Irgendwie ist jeder hier Einwanderer. Die Frage ist nur, in welcher Generation.

Es ist ja auch noch nicht so lange her, daß Captain Cook an der Nordwestküste unserer Insel im Nootka Sound vom Indianer-Häuptling Maquinna freundlich empfangen wurde. 1778 war das. Nur wußte Cook nicht, daß es sich um eine Insel handelte. Nichtsdestoweniger gilt er als der Entdecker der Insel. Den Insel-Status entdeckte vier Jahre später Captain Vancouver auf seiner verzweifelten Suche nach der Ost-West-Passage. Dabei erforschte er auch die Inside-Passage zwischen dem Festland und Vancouver Island. Jenes Labyrinth von Inseln, Fjorden und Buchten mit dem Herzstück „Desolation Sound Marine Park", das ich einmal im Jahr mit meinem Schiff ansteuere. Und wenn ich dann über die kleinen, unbewohnten Inseln mit den vielen Süßwasser-Seen wandere, dann tut mir Captain Vancouver wirklich leid, daß er dieses Paradies so anders erlebt hat. Orientierungslos im Nebel und Regen, spiegelt die so unpassende Namensgebung seine desolate Lage wieder.

Angelockt durch die Berichte der Entdecker über sagenhafte Pelz- und Bodenschätze gründete die Hudson Bay Company 1843 das Fort Victoria. Und damit begann die Besiedlung dieser neuen englischen Kolonie. Bereits 20 Jahre später, nach dem Goldrausch der 50er Jahre, etablierte sich Victoria als erste Stadt im westlichen Kanada. Und da war von der heutigen Weltstadt Vancouver noch keine Rede.

Inzwischen haben sich die Verhältnisse gründlich geändert. Victorias Chancen einer Handels-Metropole waren dahin, als der versprochene Anschluß an die *Canadian Pacific Railroad*, die Bahnlinie, die Kanada vom Atlantik bis zum Pazifik verband, nicht stattfand. Aber das ist Schnee von gestern. Heute sonnt sich Victoria in seinem Ruf als Regierungssitz, als Gartenstadt, als Pensionärs-Paradies und als die angeblich englischste Stadt nach London. Natürlich ist letzteres ein bißchen übertrieben. Aber man pflegt sorgsam das britische Image schon aus touristischen Erwägungen. Mit den Londoner Doppeldecker-Bussen, dem *Five o'clock tea* im Empress Hotel,

Wenn der Abend naht: Günther Schramm und seine Frau, Gudrun Thielemann, im Deep Cove Chalet

TV-Kommissare: Erik Ode und Günther Schramm

EIN KOMMISSAR IN KANADA

In 97 Folgen der ZDF-Krimiserie „Der Kommissar" (von 1968 - 1976) spielte sich der gebürtige Potsdamer Günther Schramm an der Seite von Erik Ode in die Herzen der TV-Gemeinde. Begonnen hatte er 1950 mit einer Schauspielausbildung in Hamburg, Engagements am Thalia Theater und an den Hamburger Kammerspielen folgten. Seine Liebe zur Bühne hat der 1981 nach Vancouver Island übergesiedelte Hobby-Bäcker trotz der Erfolge als Quiz- und Showmaster („Alles oder nichts", „Erkennen Sie die Melodie") nicht verloren: Mindestens einmal jährlich kehrt der Bambi-Preisträger auf deutsche Bühnen zurück: „Zum Brötchenverdienen". Seine Ehefrau, Gudrun Thielemann, steht ihm bei diesen Gastspielen zuweilen beiseite: Sie ist Schauspielerin.

MEIN TIP

ARNO SURMINSKI
Schriftsteller

„Quer durch Vancouver Island führt eine Straße, die am pazifischen Ozean endet. Dort an der Steilküste liegt im Pacific Rim National Park der schönste Campingplatz, den ich je gesehen habe und dessen einziger Mangel der ist, daß man im eiskalten Meer nicht baden kann. Einige Meilen nordwärts am Dead end der Straße befindet sich das Fischerstädtchen Tofino, ein malerischer Ort mit auf Felsen gebauten Restaurants und einer Breitleinwandaussicht auf die Inselwelt der Pazifikküste. Als ich den Wirt eines Fischrestaurants frage, wie es hier im Winter aussieht, zeigt er die Küste hinunter Richtung Mexiko: „Im Winter kannst du dich in Tofino eine Woche lang auf die Straße legen, ohne von einem Auto überfahren zu werden."

mit Kricket im Park und dem jährlichen Zelebrieren des *Victoria Day*, des Geburtstags der legendären Queen Victoria. Dieses englisch-europäische Gepräge unserer kleinen, gemütlichen Hauptstadt ist es denn auch, das alljährlich im Sommer Tausende Touristen aus aller Welt anzieht. Natürlich gibt es auch bei uns die Dinge, die „man gesehen haben muß". Das ebenso informative wie unterhaltsame Provincial Museum zum Beispiel, das Parlaments-Gebäude, Chinatown, Bastion Square in der Altstadt und natürlich die Parks. Allen voran Beacon Hill Park, wo Sie nicht nur den höchsten Totempfahl bewundern können, sondern auch die Meile Null, den Startpunkt des Trans Canada Highway, der mit 7820 Kilometern längsten Straße der Welt. Sie sollten aber auch wissen, daß für viele Gartenfreunde allein der Besuch des weltberühmten Butchart Garden Grund genug zum Besuch der Insel ist. – Den Ausflug zu diesem sehenswerten Garten könnten Sie mit dem Besuch meines ganz in der Nähe gelegenen Lieblings-Restaurants verbinden. Nein, es stimmt einfach nicht, daß die kanadische Küche nur *Fastfood* und *Rancher steaks* zu bieten hat. Wer die Insel verläßt, ohne dem Deep Cove Chalet einen Besuch abgestattet zu haben, der hat sich um eine große kulinarische Erfahrung gebracht. Um den Chef Pierre zu erleben und sich von ihm verwöhnen zu lassen, kommen die Gäste selbst aus Vancouver herüber.

Immer wieder verblüffend für unsere Gäste ist die Tatsache, daß wenige Kilometer entfernt von soviel gepflegter Idylle der Urwald beginnt. Und es bleibt mir unvergeßlich, wie mich beim ersten Passieren des Schlagbaumes an einer der vielen Forststraßen, *Logging roads*, die ins Innere der Insel führen, das Schild beeindruckte, das mich ermahnte, meinen Treibstoff und meine Verpflegung zu überprüfen, da jenseits dieses Schlagbaumes die Wildnis beginne. Wir haben zwar keine Grizzlys, aber viele Schwarzbären. Und wir haben die reichste *Cougar*-Bevölkerung Kanadas. Das sind die Berglöwen, die, immer wieder ihren alten *Trails* folgend, sich selbst bis in Victorias Innenstadt verirren. Es war natürlich *Talk of the town*, als vor zwei Jahren ein Cougar in der Tiefgarage des gepflegten Empress Hotels auftauchte. Man schloß die Scherengitter, ein Wildhüter betäubte die Bestie, und am nächsten Tag wurde der Cougar zurücktransportiert in den Busch. In solchen Fällen gibt es im Radio *Cougar alarm*, und man läßt Kinder und Haustiere dann besser nicht vor die Tür.

Wenn Sie sich nicht auf den ziemlich brutalen Forststraßen durchrütteln lassen wollen, dann empfehle ich Ihnen den gepflegten Island Highway über Nanaimo (zweitgrößte Stadt der Insel) nach Parksville. Von dort führt Sie der Highway Nummer 4 zum atemberaubenden Pacific Rim National Park. Aber halten Sie bitte an Cathedral Grove Park, um die Erhabenheit der teilweise weit über 500 Jahre alten Douglasien und Zedern zu bewundern. Auf der Fahrt zur Westküste werden Sie dann leider auch Zeuge der Schattenseiten unserer schönen Insel. Sie sehen einige der berüchtigten Kahlschläge, die weltweit Empörung ausgelöst haben und die hier vor zwei Jahren zu fast bürgerkriegsähnlichen Protesten führten. Menschen, die nicht mehr bereit waren, den Raubbau an der Natur, das brutale Kahlschlagen der alten Baumbestände hinzunehmen, warfen sich vor die Bulldozer der Holzindustrie, die die Naturwälder in erschreckendem Tempo niederwalzen. Die Gefängnisse reichten nicht aus, um alle die aufzunehmen, die wegen zivilen Ungehorsams verhaftet wurden. Und das Ganze in einem Land, das zusammen mit vielen anderen Ländern das Abholzen des brasilianischen Regenwaldes streng verurteilt.

Aber wenn Sie den Pacific Rim Park erreicht haben, ist die Welt wieder in Ordnung. Zwischen Tofino im Norden und Ucluelet im Süden erstreckt sich das Herzstück des Parks: Long Beach. Ein elf Kilometer langer, weißer Sandstrand mit wunderbar gepflegten Trails, die so gestaltet sind, daß sie jedermann begehen kann. Diese Trails, die teils am Strand, teils durch den Regenwald, der die Küste säumt, führen, werden zu einem unvergeßlichen Erlebnis.

Südlich von Long Beach beginnt dann bald der legendäre Westcoast Trail. Ursprünglich ein Lebensrettungspfad für gestrandete Seeleute, ist er heute eine der großen Herausforderungen für Wagemutige aus aller Welt. Obwohl einem auf dieser strapazenreichen Tour, für die man je nach Kondition sieben bis 14 Tage braucht, und für die man seine Verpflegung mitschleppen muß, wirklich nichts geschenkt wird, bestehen inzwischen Wartelisten.

Es gäbe noch so viel zu erzählen! Von den über 50 Provincial Parks zum Beispiel, von denen der größte, der Strathcona Park, genau in der Mitte der Insel gelegen, alleine 230 000 Hektar Gebirgslandschaft umfaßt. Von all den herrlichen Campingplätzen, von denen man in Europa nur träumen kann. Von unserem Skigebiet. Von unserem gerühmten Klima, das milde, kurze Winter und lange, niemals zu heiße Sommer bringt. Und auch von den exotischen Arbutus-Bäumen, die es nur hier in der pazifischen Region gibt, und die uns viermal pro Jahr beschäftigen, indem sie nacheinander die Blüten, die Blätter, die Rinde und schließlich die Beeren verlieren. Im Winter stehen sie in grüner Pracht.

Aber ich wollte Sie ja nur neugierig machen auf meine Insel, damit Sie den „kleinen, länglichen Klecks" auf der Weltkarte nicht einfach übersehen, so wie ich es tat, bevor er mir zur neuen Heimat wurde.

Infos und Karte: siehe Seite 154 ff

Foto: Gabriele Fromm

WELCOME UND BIENVENUE IN KANADA.

WILLKOMMEN IM LEBEN.

Deutschlands meiste Kreditkarte – bei allen Banken und Sparkassen.

MONTRÉAL

WIE IN PARIS: Die Hauptkirche heißt NOTRE-DAME. Auf dem Denkmals-Sockel: Stadtgründer Paul Chomedey de Maisonneuve

UNSERE ANTWORT AUF
Montparnasse

Wie bitte? Doch, doch, so sehen das die Franzosen der Neuen Welt: Die Rue Saint-Denis ist genauso pariserisch wie der Boulevard Montparnasse

WIE IN FRANKREICH: Lebenslust auf der RUE ST.-DENIS

WIE IN EUROPA: Messehallen MARCHÉ BONSECOURS und Folklore

Beton- und Glaspaläste dominieren DOWNTOWN

Ab Juni geht's ins Freie: Picknick im PARC ST.-LAURENT

TagTRÄUMER

Wenn ich einmal reich wär': Zimmermädchen im RITZ CARLTON

Eine sportliche Stadt: OLYMPIA-STADION von 1976 und Rollerblader von 1996

Eine tolerante Stadt: heiße Ledersachen für den heißen Sommer

Montréal ist mit einer Million Einwohnern die größte Stadt Kanadas. Sie liegt auf einer Insel im Sankt-Lorenz-Strom.

VON WALTER WERTHMÜLLER MIT FOTOS VON TINA HAGER

Geographisch gesehen liegt Montréal nur gut eine Flugstunde nördlich von New York, aber etwa acht westlich von Paris, dazwischen der Atlantik. Kulturell und kulinarisch dagegen steht der Mont Royal direkt neben dem Montmartre, und statt der hektischen Ellbogen-Mentalität, die im nahen *Big Apple* dominiert, huldigt man oben am Sankt-Lorenz-Strom dem urfranzösischen *Savoir-vivre*. Die jungen Damen strahlen den Charme und die schlichte Eleganz der Pariserin aus und verbringen den Abend liebend gern mit jungen Männern, die Jean-Jacques, Jean-Marie, Jean-Luc heißen. Man schmilzt nahtlos ins Dekor der hypergestylten Restaurants entlang der Rue Saint-Denis und zelebriert begeistert die neuesten kulinarischen Exzesse der sichtbar ebenso gestylten Chefs. Und sie, die die dampfumwölkte Küche längst verlassen haben und direkt im Rampenlicht der Eßbühne um die Gaumen-Gunst der Gourmets buhlen, danken ihnen den Star-Status mit wilden Kreationen.

Rein optisch gesehen vermittelt Montréal auf den ersten Blick einen recht zwiespältigen Eindruck. Das Stadtbild – besonders *Downtown* – sieht aus, als sei Godzilla vor geraumer Zeit einmal durch die Stadt gestapft: Ein paar wenige alte Gebäude, die die Abbruch-Orgie überlebt haben, teilen ihren Lebensraum mit nichtssagenden Büro- und Geschäftshäusern und hypermodernen Glaspalästen amerikanischen Ursprungs. Es geschah, Ende der 60er Jahre, als Montréal vehement dem Fortschritt opferte und globale Partys wie die Olympischen Spiele (1976) und die Weltausstellung gab. Das einzige Viertel von historischer Bedeutung, das den Zahn der Zeit überlebt hat, ist das *Vieux Montréal* unten am Fluß, wiederbelebt als große Touristenattraktion mit Restaurants, Gartenlokalen, Klubs und Souvenir-Läden.

Haupttreffpunkt der Gegend ist die Place Jacques Cartier, die wie eine ausgestreckte Zunge vom Hôtel de Ville, von dessen Balkon Charles de Gaulle damals dem französischsprechenden Volk die schicksalsträchtigen Worte „Vive le Québec libre!" auf den separatistischen Weg mitgab, zum Fluß hinunter hängt. Heute ist der ehemalige Marktplatz Treffpunkt der internationalen Klampfen-, Feuerspeier-, Mimen-, Jongleur- und Sing-along-Garde, deren Hüte und Instrumentenkoffer nach Münzen aus den umliegenden Gartenrestaurants lechzen.

Ein Gläschen Weißwein für den „Copain", den Kumpel: CAFÉ ALEXANDRE

Unten auf der Promenade, entlang den alten Docks und Lagerschuppen treibt's die Jugend auf Rollerblades, als läge Montréal am kalifornischen Pazifik. In einer der Hallen ist ein permanenter Flohmarkt untergebracht, der aber leider zum Souvenir-Basar verkommen ist. Ein Amphibienbus führt Touristen sowohl auf der Straße als auch im Wasser spazieren (sehr witzig), und abenteuerliche Geister können sich in Wildwasser-Abfahrten von höchstem Schwierigkeitsgrad gleich am Fuße der Stadt stürzen (einmalig auf der Welt). Besinnlichere Seelen halten sich dagegen an die schattigen Gassen der Altstadt mit Läden, traditionellen französischen Restaurants und einer Kathedrale, die einen Besuch wert ist. Ehrwürdig steht die alte, schräge Basilique de Notre-Dame (vier Meter Gefälle vom Eingangstor bis zum Altar auf der anderen Seite) seit Jahrhunderten fest. Sie prunkt mit einem tiefblauen, sternenübersäten, künstlichen Himmel, einer der größten Orgeln des Kontinents, einer unvergleichlichen Akustik (Symphoniekonzerte), geschnitzten Kanzeln und Emporen und der gewaltigsten Glocke Nordamerikas (zwölf Tonnen gegossenes, schwingendes Metall), genannt „Gros Bourdon".

Montréal, man weiß es, ist im Winter bitter kalt. Davon zeugt ein ausgedehntes Labyrinth von unterirdischen Shopping-Center Downtown, kilometerlang, verflochten und querverbunden, verwirrend und unendlich scheinend für den Fremden. Modeläden, Bäckereien, Restaurants, Imbißecken, Drogerien, Gemüsehandlungen, Kinos reihen sich nahtlos aneinander. Eine gigantische Maulwurfburg einer Konsumgesellschaft, die dem eisigen Hauch des Winters erfolgreich ein Schnippchen geschlagen hat. Das erstaunlichste Bollwerk dieser Entwicklung ist auf dem Gelände der Cathédrale Christ Church, der Hauptkirche der anglikanischen Diözese, an der Rue Ste-Cathérine entstanden. Die Kirchenväter sahen sich aus Finanznot gezwungen, den Grund vor, hinter, über und unter der Kirche einem Bau-Konsortium für 99 Jahre in Erbpacht zu überlassen, worauf sich das alte Gotteshaus alsbald freischwebend auf Stahlstelzen wiederfand, rundum alles ausgehöhlt. Heute steht die Kirche auf dem modernsten, unterirdischen Shopping-Center Montréals und ruht als brüchiges Relikt vergangener, besinnlicher Tage im Schoße eines Büro-Glaspalastes, der 38 Stockwerke spitz in die Höhe schießt. Ein symbolträchtiges Monument!

Im Sommer aber schäumt Montréal über vor Lebensfreude und Sonnengier. Die Geschäftsleute im Busineß-Viertel lockern ihre Krawatten und nehmen den Lunch in einem der zahlreichen Straßencafés ein. Geflochtene Stühle und runde Tische hinter Topfpflanzen sind Pariser Blendwerk. Man trinkt *un verre du vin blanc*, flirtet (Damen), gockelt herum (Herren), schlägt den *Copain* (Kumpel) freundschaftlich auf die Schulter und küßt die Serviererin leicht auf die Wange, zündet sich eine Gitanes-Import an und nimmt's nicht so genau mit der Zeit. Ziemlich leger, ziemlich französisch.

Das Jazz-Festival, eines der größten der Welt, zieht jeden Sommer Tausende von Fans aus aller Herren Länder an. Rund um die Place des Arts unterhalb der McGill-Universität an der Rue Sherbrooke, dem kulturellen Zentrum Montréals, wo sonst Opern und Symphonie-Konzerte aufgeführt werden, vibriert die Luft bis tief in die Nacht hinein im Rhythmus der In- und Outdoor-Konzerte. Kaum sind die Jazzer verschwunden, überschwemmen die Cineasten die Stadt. Filmfestival. Freilichtvorführungen. Dazwischen nonstop Straßenpartys, Feuerwerke, Ausgelassenheit.

Das Leben findet draußen statt – in zahllosen Parks und Grünflächen, die die Stadt durchziehen und auflockern. Da ist der Mont Royal, der königliche Berg, der majestätisch über der Stadt thront und einen unvergleichlichen Rundblick über die Innenstadt, den Sankt-Lorenz-Strom und die Île Ste.-Hélène gewährt.

Foto: Acquardro/Look

Nachtschwärmer

Guter Klang in der Musikszene: CLUB VOLTAIRE

Guter Klang bei Billig-Essern: GALAXIE DINER

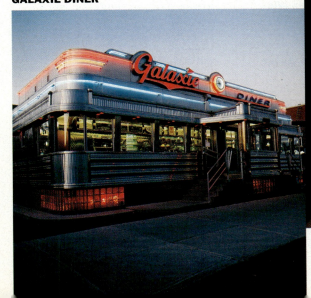

Guter Klang beim Mixen: frische Cocktails im AIR DU TEMPS

NICHT UMSONST WERDEN DIE MEISTEN GELÄNDEWAGEN NUR IN DER STADT GEFAHREN.

Daß Land Rover seit 15 Jahren die offiziellen Fahrzeuge der Camel Trophy stellt, könnte durchaus an der Land Rover-typischen Verläßlichkeit liegen. Schließlich tun 70% aller seit 1948 gebauten Land Rover-Modelle noch heute  unermüdlich ihren Dienst in allen Winkeln dieser Erde.

Und so ist auch der Land Rover Discovery mit seinem permanenten Allradantrieb, dem kraftvollen und doch sparsamen 2.5 Liter Turbodiesel-Direkteinspritzer, einer Anhängelast von maximal 3,5 Tonnen und serienmäßigem Fahrer-Airbag etwas ganz Besonderes: ein Geländewagen, mit dem man überall gut ankommt.

DISCOVERY.

Fragen Sie nach den Leasing- und Finanzierungsangeboten der ROVER BANK Zweigniederlassung der BMW Bank GmbH. Tel.: 089-3184-4510.

Der Berg wurde vom gleichen Mann konzipiert, der New York den Central Park bescherte: Frederick Law Olmsted. Am Rande des wild-romantischen Geländes, das zu Fuß oder per Droschke „erfahren" werden kann, befindet sich die katholische Heilskirche St. Joseph's Oratory, wo auf Wunder *à la Lourdes* gehofft werden darf. Sie ist über eine steil himmelwärts strebende Treppe erreichbar. Und wer Buße tut, erklimmt sie Tritt um Tritt, auf den Knien, die Hände andächtig vor dem Gesicht gefaltet. Wie die junge Frau vom Lande, die ihre braunen, gestrickten Strümpfe auf ihrem einsamen Leidensweg nach oben durchscheuerte, den Kopf verborgen unter einem groben Leinentuch.

Ausgedehnte Wiesen und Picknick-Plätze unter schattigen Blätterdächern auch auf der Île Ste.-Hélène, wo sich der Vergnügungspark La Ronde mit einer Achterbahn als Prunkstück dreht und windet und wo sich die Schreie der Möven mit dem Gekreische der Teenager mischen. Die Île Notre-Dame, gleich daneben, ist jedes Jahr im Juni Schauplatz des kanadischen Formel 1-Grand-Prix, ausgetragen auf dem Circuit Jacques Villeneuve, und beherbergt ferner das Casino de Montréal. Täglich traben mehr als 10 000 Glücksritter vor und jagen ihren Millionenträumen an 65 Spieltischen und 1200 Slot-Maschinen nach. Nebenbei: Das Restaurant in der Spielhölle brilliert mit außerordentlich feinen Speisen.

Jahrein, jahraus brodelt's auf dem Boulevard St.-Laurent, im Viertel der Jugendlichen und der Portugiesen, Latinos und Griechen ... *The Main*, wie die Straße im Jargon heißt, offenbart ihren Charakter in der Beschreibung der Geschäfte entlang einer kurzen, wahllos herausgepickten Strecke von etwa 500 Metern: *La Vieille Europe* mit Produkten aus Osteuropa und Vorderasien, etwa: transsylvanisches Gulasch aus der Büchse; „Schwartz", ein jüdischer Delikatessenladen mit heißen Trockenfleisch-Sandwiches; das Warenhaus „Warschau"; daneben die „Metzgerei Haffner", deutsche Wurstwaren, deutsche Sprache. Dazwischen ein außerordentliches Spektrum ethnischer Restaurants, wo von Austern über Spaghetti bis zu Fisch und Fleisch – gebacken, gebraten, gegart, gewickelt, aufgespießt, roh – alles zu haben ist, was die Hungersinne ersehnen, meist gut, meist preiswert.

Parallel zur Rue St.-Laurent verläuft die Rue St.-Denis, der mittlerweile sehr schicke Vorläufer des Stadtviertel-Booms. Restaurant reiht sich an Restaurant, jedes mit ein paar Tischen unter Sonnenschirmen zur Straße hin, manche mit rückseitigen Gärten. Alle sind sie an schönen Tagen vollgepackt. Ausgehen und Essen ist mit Abstand der beliebteste Sport in Montréal, wie mir meine Tischnachbarin, Marie-Louise, beim Beefsteak Tartar im Bistro L'Express augenzwinkernd kundtut. Selbst wenn man mit der Miete im Rückstand ist. Oh, là, là! Die Rivalität zwischen den Etablissements liegt riechbar in der Luft. Eine gesunde, auf die Töpfe konzentrierte Rivalität, die hervorragende Resultate bringt. Gegenwärtiger Favorit der Genießer ist „Toqué!", was – frei übersetzt – „leicht angeschlagen" oder „verrückt" heißen mag. Knallige Farben und schräge Geometrie geben den Rahmen für eine ebenso farbige wie inspirierte *Cuisine du marché*. Jedes Gericht ist eine Überraschung im Hinblick auf Speisekombinationen und Präsentation. Da werden Landschaften serviert, mit Gemüsetälern, Tomatenflüssen, Entenbrustschlünden, Estragonpalmen, Schnittlauchsteppen usw. Eine Abenteuerreise für Augen-, Nasen-, Gaumen-Spezialisten in die Abgründe der *Cuisine verticale*.

„Die Rue St.-Denis", sagen die Frankophonen in Montréal, „ist unsere Antwort auf den Boulevard Montparnasse". Montréal ist eine Stadt für Genießer, und Genießer sind immer auch Kulturbegabte. Kein Wunder also, daß die Stadt eine bemerkenswerte, lebendige Theaterszene aufzuweisen hat. Ferner das weltberühmte „Orchestre Symphonique de Montréal", zahlreiche Ballett- und Tanzgruppen, eine Zirkusschule der Leute vom meistumjubelten Zirkus der Welt, dem „Cirque du Soleil", das Musée des Beaux-Arts, Musée d'Art Contemporain, Galerien.

Nachtklubs, Diskos – die frischesten und verrücktesten ebenfalls an und um The Main, die plüschigeren Downtown – schließen erst in den frühen Morgenstunden, und es gibt Rock und Jazz, French Rock und French Jazz, Striptease, Poesielesungen, Lambada, Chansons, Wienerwalzer. Wenn man Montréal kurz und bündig charakterisieren müßte, würde ich mich mit folgendem Vergleich entscheiden: Was in New York leidenschaftliche Vergnügungssucht ist, ist in Montréal die vergnügliche Leidenschaft, gut, fröhlich und intensiv zu leben. *Savoir-vivre* eben.

P.S.: Mein Geheimtip: „Outremont". Aber, bitte, nicht weitersagen. ○

DAS LAND ROVER DISCOVERY SONDERMODELL TROPHY.

Einen echten Land Rover zu fahren, ist keine Frage des Preises. Denn jetzt können Sie das Original mit vielen Extras schon ab 48.900 DM* erwerben. Ihr Preisvorteil: 4.000 DM**

Frontschutzbügel mit Fernscheinwerfern

Klimaanlage

Leichtmetallfelgen mit 235er Bereifung

Die Sondermodell-Ausstattung umfaßt weiterhin:
- Reserveradabdeckung
- Trophy-Decor
- Metallic-Lackierung in Niagara-Grey oder Epsom-Green.

Haben Sie Fragen zum Land Rover Discovery Trophy? Wir beraten Sie gerne. Tel.: 01 80-2 34 96 34

*Unverbindliche Preisempfehlung ab Lager Land Rover
**gegenüber der unverbindlichen Preisempfehlung eines gleichwertig ausgestatteten Basismodells

DISCOVERY.

INFO MONTRÉAL

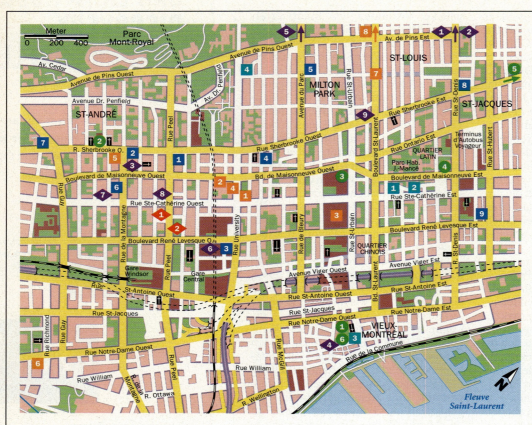

AUSKUNFT

1 GREATER MONTRÉAL CONVENTION & TOURISM BUREAU
*Montréal, H3A 1X6,
1555 Rue Peel, Suite 600,
Tel. (514) 844–54 00,
Fax: 844–57 57.*

2 CENTRE INFOTOURISTE
*1001 Square Dorchester,
Tel. 873–20 15.
Geöffnet tgl. 8.30–19.30 Uhr
(10. Juni bis Anfang Sept.).*

HOTELS

1 LE WESTIN MONT-ROYAL
*H3A 2R6, 1050 Rue Sherbrooke Ouest, Tel. 284–11 10,
Fax: 845–30 25.
300 Zimmer: DZ 200–240 $.*
Gilt als „Crème de la crème" und hat zwei der besten Restaurants der Stadt. Ein beheizter Outdoor-Swimmingpool mit Tunnel führt ins Gebäude. Guter Service.

2 RITZ-CARLTON KEMPINSKI
*H3G 1H6, 1228 Rue Sherbrooke Ouest, Tel. 842–42 12,
Fax: 842–33 83.
201 Zimmer: DZ 205–230 $.*
Sehr europäisch. Liz Taylor und Richard Burton heirateten hier. Gutes Restaurant. Der Sonntagsbrunch beim „Ententeich" ist ein absolutes „Muß".

3 LE REINE ÉLIZABETH
*H3B 4A5, 900 Blvd. René-Lévesque Ouest,
Tel. 861–35 11, Fax: 954–22 56.
929 Zimmer: DZ 165–265 $.*
Ein massives „Canadian Pacific" im Zentrum von Downtown, direkt über dem „Gare Central". Beherbergt das legendäre Restaurant „Beaver Club".

4 DELTA MONTRÉAL
*H3A 2T4, 475 Av. Président-Kennedy, Tel. 286–19 86,
Fax: 284–43 06.
443 Zimmer: DZ 115–135 $.*
Sehr französisch. Restaurant und Piano-Bar dekoriert wie im Paris des 19. Jahrhunderts. Exercise-, Pool- und Sportanlagen.

5 DU PARC
*H2X 3P8, 3625 Blvd. St-Laurent, Tel. 288–66 66, Fax: 288–24 69.
358 Zimmer: DZ 89–125 $.*
Ein paar Schritte vom Mont Royal Park entfernt. Pools, Tennis, Squash, Dachgarten und Shopping Mall.

6 DE LA MONTAGNE
*H3G 1Z5, 1430 Rue de la Montagne, Tel. 288–56 56,
Fax: 288–96 58.
135 Zimmer: 129–195 $.*
Die Eingangshalle erinnert an eine Disko aus den 70ern, samt nackter, schmetterlingsbeflügelter Nymphe. Ein Tunnel verbindet das Hotel mit einer Bar.

7 CHÂTEAU VERSAILLES
*H3H 1E3, 1659 Rue Sherbrooke Ouest, Tel. 933–36 11,
Fax: 933–71 02.
175 Zimmer: DZ 105–189 $.*
Besteht aus vier umgewandelten Herrschaftshäusern und der Dependance „La Tour". Beweist Klasse: ausgesuchte Bilder und zahlreiche antike Möbel.

8 CHÂTEAU DE L'ARGOAT
*H2L 1K1, 524 Rue Sherbrooke Est, Tel. 842–20 46,
Fax: 286–27 91.
26 Zimmer: DZ 50–120 $.*
Schlößchen in Schneeweiß. Intim und gediegen.

9 DAYS INN VIEUX-MONTRÉAL
*H2L 4C6, 1199 Rue Berri,
Tel. 845–92 36, Fax: 849–98 55.
154 Zimmer: DZ 70–140 $.*
Nähe der Universität und der Rue St-Denis. Im Haus ein beliebtes, italienisches Restaurant – gut und preiswert.

RESTAURANTS

1 L' EXPRESS
*3927 Rue St-Denis,
Tel. 845–53 33. Menü ab 15 $.*
Bestes Bistro der Stadt: laut, fröhlich, effizient. Mit ausgezeichneter Küche.

Die Tierwelt verdrehte sich den Hals nach uns.

Wir schliefen in Fünf-Sterne-Hotels oder unter Millionen von Sternen.

Unser Urlaub war perfekt von Sonnenaufgang bis -untergang.

Traumurlaub bucht man im Lufthansa City Center Reisebüro: Tel. 0180-5 58 58.

Ob ans andere Ende des Globus oder tief ins Innere Afrikas, ob auf allen Weltmeeren kreuzen oder die Welt darunter entdecken. Oder vielleicht reizt Sie eines der vielen Reiseziele in dieser Zeitschrift. Wie auch immer. Wenn Ihr Reisebüro ein Lufthansa City Center ist, dann ist das schon mal ein gutes Zeichen. Denn wir sorgen dafür, daß Sie die schönsten Erinnerungen mit nach Hause bringen. Und daß Ihr Urlaub so wird, wie Sie sich Urlaub vorstellen.

Weil von Anfang an alles bestens geplant und perfekt organisiert ist. Weil erfahrene Urlaubsexperten und Reiseprofis Ihre Berater sind. Und weil Ihnen in einem Lufthansa City Center Reisebüro nicht nur die ganze Urlaubswelt zur Auswahl steht, sondern auch die Reiseveranstalter, die auf Qualität genauso großen Wert legen wie wir selbst.

So wird aus Urlaubsträumen Ihr Traumurlaub. Ihr Reisebüro ist schließlich ein Lufthansa City Center.

300 Lufthansa City Center Reisebüros in Deutschland. Unter einer Nummer erreichbar: 0180-5 58 58.

Die Reisebüros.

INFO MONTRÉAL

2 TOQUÉ !
*3842 Rue St-Denis,
Tel. 499–20 84. Menü ab 30 $.
Geöffnet Mo.–So., Dinner.*
Das gegenwärtig meistdiskutierte und beliebteste Lokal. Außerordentliche Kombinationen und Kreationen.

3 LE CAFÉ DE PARIS
*Im Ritz Carlton Kempinski,
1228 Rue Sherbrooke Ouest,
Tel. 842–42 12. Menü ab 35 $.
Geöffnet Mo.–So. Lunch.*
Sehr europäisch und gediegen. Der Sonntags-Brunch, bei schönem Wetter im Garten, ist ein unvergeßliches Erlebnis.

4 BONAPARTE
*443 Rue St-François-Xavier,
Tel. 844–43 68. Menü ab 30 $.
Geöffnet Mo.–So. Dinner,
Mo.–Fr. Lunch.*
Ein Bijou im Herzen von Vieux Montréal mit leichter, klassisch-französischer Küche.

5 MILOS
*5357 Av. du Parc,
Tel. 272–35 22. Menü ab 40 $.
Geöffnet Mo.–So. Dinner,
Mo.–Fr. und So. Lunch.*
Man wähnt sich in einem griechischen Fischerdorf. Milos hat alles, was die Weltmeere zum Essen hergeben.

6 THE BEAVER CLUB
*Im Hotel Le Reine Élizabeth,
900 Blvd. René-Lévesque,
Tel. 861–35 11. Menü ab 40 $.
Geöffnet Mo.–So. Dinner,
Mo.–Fr. und So. Brunch.*
Ein sehr traditioneller, von den ersten Pelzhändlern gegründeter Klub. Noch immer hängen Biber-, Bären- und Bisonfelle an den Wänden. Bekannt für seine französische Haute Cuisine.

7 LES HALLES
*1450 Rue Crescent,
Tel. 844–23 28. Menü ab 45 $.
Geöffnet Mo.–Sa. Dinner,
Di.–Fr. Lunch.*
Bistro, das aus einem französischen Film der 40er Jahre stammen könnte. Kellner tragen Schürzen und über dem Arm ein weißes Tuch. Guter Weinkeller.

8 PEEL PUB
*1107 Rue Ste-Cathérine/
1106 Rue de Maisonneuve,
Tel. 844–67 69.
Geöffnet Mo.–So. 6.30–3 Uhr.*
Treffpunkt für Leute mit großem Hunger zu unmöglichen Zeiten. Küche rund um die Uhr. Unterhaltung, DJ's, gigantische TV-Screens.

9 BUONA NOTTE
*3518 Blvd. St-Laurent,
Tel. 848–06 44. Menü ab 20 $.
Geöffnet Mo.–So. Dinner,
Mo.–Fr. Lunch.*
Szene-Treff: Sehr jung, sehr hip, sehr laut. Häufig überfüllt, da sehr beliebt. Feine Pastas und Pizzas.

SHOPPING

1 LES-PROMENADES-DE-LA-CATHÉDRALE
*625 Rue Ste-Cathérine Ouest,
Rue University.*
Die ungewöhnliche Lage unter der Christ-Church-Cathédrale macht Les-Promenades-de-la-Cathédrale zur Lieblings-Mall der Montréaler. Unter 150 Boutiquen und Läden befindet sich auch „The Linen Chest", Kanadas größter Leinen-Outlet.

2 PLACE MONTRÉAL TRUST
1500 Av. Mc Gill Collège.
110 edel dekorierte Designer-Outlets offerieren teuren Trend: von High-Fashion-Garderobe bis zum T-Shirt.

3 COMPLEXE DÉSJARDINS
Boulevard René-Lévesque und Rue St-Urbain
Eine Multi-Etagen-Atrium-Mall mit rauschenden Brunnen und exotischen Pflanzen verführt so manchen zum Kaufrausch.

4 CENTRE EATON
677 Rue Ste-Cathérine.
Interessant, neben dem breiten Warensortiment, ist das In-House-Restaurant, eine Art déco-Replik auf den Dining-Room des berühmten Dampfers „Île de France" – Lady Eatons Lieblingskreuzfahrtschiff.

5 HOLT RENFREW
1300 Rue Sherbrooke.
Der älteste Laden der Stadt, gegründet 1837, Pelzlieferant der Britischen Krone. Queen Elizabeth II. erhielt 1947 von Holts einen speziell gefertigten Labrador-Nerz als Hochzeitsgeschenk.

6 NOTRE-DAME WEST
Zwischen Rue Guy und Av. Atwater.
Diese Gegend hat sich vom schäbigen Ramschladen-Quartier zum Antiquitäten-Mekka gemausert. Atwater-Market mit frischem Gemüse, Wurst- und Fleischwaren, Blumen.

7 THE MAIN
Blvd. St-Laurent.
Ein abwechslungsreiches Gewirr ethnischer Läden. Unbedingt besuchen: „La Vieille Europe" und den Supermarkt „Warshaw".

8 LAURIER OUST
Oberer Blvd. St-Laurent, Outremont, zwischen Av. du Mont-Royal und St. Viateur.
Montréals Pendant zu New Yorks Soho. Chic, trendy, teuer, sehr französisch.

NACHTLEBEN

1 MÉTROPOLIS
*59 Rue Ste-Cathérine Est,
Tel. 288–20 20.*
Die jungen Montréaler sind voll auf dem Disko-Trip. Metropolis ist die funkelndste und vibrierendste unter allen.

2 LES FOUFS
97 Rue Ste-Cathérine Est.
Zentrum der lokalen Rock-Szene, zeigt aber auch Up-and-Coming-Bands aus den USA.

3 L'AIR DU TEMPS
*191 Rue St-Paul Ouest,
Tel. 842–20 03.*
Ein Mekka für Jazz-Fans: Klein, rauchig, intim – so wie man sich einen Jazz-Club wünscht.

4 CLUB VOLTAIRE
*11 Prince-Arthur Street West,
Tel. 843 6760, tgl. von 21.00 – 3.00 geöffnet.*
Relaxte Atmosphäre, eine Bücherwand sorgt für literarisches Ambiente. Täglich Lifebands – Jazz, Rock, Pop, Funk.

SEHENSWERTES

1 BASILIQUE DE NOTRE-DAME
Rue Notre-Dame, Place d' Armes.
Rechteckige, unglaublich farbige und reich dekorierte Kirche. Einzigartige Akustik für klassische Konzerte.

2 MUSÉE DES BEAUX-ARTS
*1380 Rue Sherbrooke/Rue Bishop.
Geöffnet Di.–So. 10–18 Uhr.*
Das älteste Museum Kanadas brilliert mit einer Sammlung europäischer und nordamerikanischer Kunst. Interessant die Abteilung mit Kunst- und Handwerksgegenständen der Indianer und Inuits.

3 PLACE DES ARTS
*Boulevard de Maisonneuve/
Rue St. Urbain.*
Ein multimediales Zentrum der „offiziellen" Kultur Montréals: Oper, Theater, Symphoniekonzerte, spezielle Veranstaltungen.

4 CINÉMATHÈQUE QUÉBEÇOISE
335 Blvd. de Maisonneuve.
Für drei Dollar kann man sich im Museum über die Geschichte des Filmemachens informieren und zwei Movies genehmigen.

5 PARC OLYMPIQUE
4777 Rue Pierre de Coubertin.
Haupt-Attraktionen: Der Olympic Tower mit phantastischer Rundsicht, das Bio-Dome mit vier Klimazonen der Erde unter einem Dach, ferner der Botanische Garten mit märchenhaft exotischen Landschaften Chinas und Japans.

6 IMAGES DU FUTURE
Vieux Port, 85, Rue St-Paul.
Futuristisch-wissenschaftliches Sammelsurium technischer Art, wo man aktiv spielen kann. *W.W.*

ARKTISCHES ABENTEUER – OHNE KÄLTESCHOCK

BEI IHREM ORLANDO-BESUCH UNBEDINGT MIT EINPLANEN!

NEU

WILD ARCTIC℠

Reisen Sie dorthin, wo Sie niemals zuvor gewesen sind. Ins Herz der Arktis. Erleben Sie die Schönheit riesiger Gletscher und monumentaler Lawinen. Bestaunen Sie Beluga-Wale, Eisbären und andere Wunder der arktischen Welt. Besuchen Sie die faszinierende Heimat des Killerwals Shamu, und treffen Sie verspielte Seehunde und Seelöwen. Und da Sea World Florida im Bereich Erhaltung und Schutz der Meerestiere führend ist, können Sie hier sogar die Manatees, die vom Aussterben bedrohten Seekühe, beobachten. Außerdem warten einmalige Show-Sensationen wie *Shamu: World Focus*℠, *Mermaids, Myths and Monsters*® und die neue Abenteuer-Show *Baywatch*™ *at Sea World* auf Sie. Entdecken Sie das Abenteuer, wenn Sie nach Orlando kommen. Nur Sea World bringt Sie dorthin.

ERÖFFNUNG SOMMER 96

KEY WEST AT SEA WORLD

ORLANDO, FLORIDA

WIR BRINGEN SIE DORTHIN, WO SIE NIEMALS ZUVOR GEWESEN SIND.

© 1995 Sea World, Inc. An Anheuser-Busch Theme Park. All Rights Reserved.

GASPÉ

Wie der PUNKT auf dem *i*

Am berühmten Felsen von Percé endet eine Halbinsel, wie es sie romantischer kaum irgendwo in der nördlichen Hemisphäre gibt

Mittelmeer? Nein: Fischer an der Baie des Chaleurs

Riviera? Nein: Garten mit Aussicht in Percé, vor dem 400 Meter langen „Rocher"

Lediglich drei Autostunden von der turbulenten Großstadt Québec entfernt, liegt ein sehr friedliches, gänzlich „unmodernes" Stückchen Erde, das die Frankokanadier Gaspésie nennen. Es ist die Halbinsel zwischen dem gewaltigen Sankt-Lorenz-Strom und der Baie des Chaleurs. VON KLAUS VIEDEBANTT MIT FOTOS VON IMKE LASS

Sie kommen zu spät, Monsieur", sagte der ältere Herr am Nebentisch, als ich durch das Restaurantfenster zeigte und den schönen Blick auf den Felsen von Percé pries. Zu spät? Hatte das für seine gute Küche gerühmte Hotel La Normandie solch unwirtlich knappe Frühstückszeiten? „Nein, Monsieur", antwortete lachend der Tischnachbar, „aber um die wahre Schönheit des Felsens würdigen zu können, kommen wir beide zu spät – mindestens drei Jahrhunderte."

Der ältere Herr, ein Urlauber aus Montréal, erwies sich als ein guter Kenner der Geschichte Québecs. Der berühmte Felsen von Percé, dank seines tunnelartigen Durchbruchs ein Wahrzeichen der Provinz, habe einst vier solcher Portale gehabt, erzählte Monsieur Lemaire. Seeleute schilderten vor 300 Jahren den auffälligen Felsen an der Einfahrt in den Sankt-Lorenz-Strom. Wann die ersten beiden Portale eingestürzt sind, weiß niemand. Das dritte kollabierte 1845, nur eine Felssäule erinnert heute noch daran. Auch die Tage des letzten Tunnels sind gezählt: Jede Welle verbreitet ihn. Doch nicht nur das spektakuläre „Loch", der ganze Kalksteinfelsen ist gefährdet. Und der ist immerhin 438 Meter lang und 88 Meter hoch. Aber Jahr für Jahr trägt der Atlantik rund 300 Tonnen Gestein ab.

Die Berge, die den Ferienort **PERCÉ** überragen, bestehen aus härterem Gestein und bilden das nördliche Ende der Appalachen, die im Süden der USA, in Georgia, beginnen. Sie bilden, hier unter den Namen Monts Notre Dame und Monts Chic-Chocs, die Gaspé-Halbinsel zwischen der langgezogenen Mündungsbucht des Sankt-Lorenz-Stroms und der Baie des Chaleurs, die Québec von der Provinz New Brunswick trennt.

Die Halbinsel und die benachbarte Region Bas-Saint-Laurent am Südufer des Sankt-Lorenz-Stroms sind die historisch wohl bedeutendsten Landschaften Kanadas. Gaspé war einst von den Micmac-Indianern besiedelt, die heute noch ein kleines Reservat bei Maria bewohnen. Bei der heutigen Stadt Gaspé – das Micmac-Wort bedeutet „Ende der Welt" – ging 1534 Jacques Cartier an Land und beanspruchte es für den französischen König. Das war die Geburtsstunde Kanadas. Ihm folgten später Siedler aus Frankreich und von den Britischen Inseln, eine Mischung, die sich heute noch in den Ortsnamen widerspiegelt. Die frühe Besiedlung und die günstige Lage am Meer gab vor allem der Küste wirtschaftlich gute Möglichkeiten; deshalb sind viele Abschnitte dicht besiedelt, verkehrsreich und weniger attraktiv. Die zurecht gerühmte, schöne Landschaft der Gaspésie findet sich vornehmlich in den National- und Provinzparks, die allerdings einen großen Teil der Halbinsel einnehmen.

Die Kleinstadt **SAINTE-FLAVIE** gilt als Zugangsort zur Gaspésie. Hier beginnt und endet die Schleife der Hauptstraße 132, die rund um die Halbinsel führt. Zwei der meistbesuchten Attraktionen der Region liegen hier, das Atlantische Lachs-Zentrum und die Métis-Gärten. In den *Jardins de Métis* gedeihen mehr als 1000 verschiedene Blumen- und sonstige Pflanzenarten, die man soweit nördlich eigentlich nicht mehr erwartet hätte. Eine geschützte Lage läßt den am Meer gelegenen Park seit den 20er Jahren erblühen. Er ist das Werk von Elsie Reford. Ihr Onkel, der Eisenbahnkönig Lord George Stephen, hatte das Land als Angelrevier für Lachse gekauft. Er gab es seiner Nichte später zum Geschenk, sie formte daraus den heutigen Park. Im noblen Haus der Refords fanden ein kleines Museum und ein Restaurant Platz, das auch die kräftig-würzige Regionalküche serviert.

Das *Centre d'Interprétation* bei Sainte-Flavie macht vertraut mit dem Lachs, der in den Flüssen der Halbinsel einige seiner wichtigsten Laichgründe hat. In verschiedenen Aquarien schwimmen Lachse unterschiedlichen Entwicklungsstandes, ein Video schildert die wirtschaftliche Bedeutung des Lachsfangs für die Region. Im Sommer läßt sich verfolgen, wie eine „Lachslimousine" die im Fluß aufsteigenden Fische an einem

Ein kanadischer Beuys?
Ja: Marcel Gragnous
Sea-art bei Sainte-Flavie

Frühstück im Grünen? Ja: Morgensonne über der Halbinsel Forillon

Damm vorbei stromaufwärts transportiert. Einige Kilometer weiter ostwärts, in Matane, kann man zwischen Juni und Oktober beobachten, wie die Lachse stufenweise auf einer „Fischleiter" stromaufwärts springen.

Rund 140 Kilometer weiter ostwärts ragt ein ungewöhnliches Gerät 110 Meter hoch in den Himmel: Die Éolienne de Cap-Chat, die Windkraftanlage bei Cap-Chat, rotiert mit zwei Blättern vertikal um eine Achse. Bei kräftigem Wind versorgt sie etwa 400 Häuser mit Energie. High-Tech auch im benachbarten **SAINTE-ANNE-DES-MONTS**, wo das neue Informationszentrum „Explorama" mit interaktiven Computern das maritime Leben rings um die Halbinsel erläutert – eine passende Ergänzung zum Parc de la Gaspésie, dessen Centre d'Interprétation die Gebirgslandschaft erklärt. Der mehr als 800 Quadratkilometer große Provinzpark wird überragt vom Mont Jacques-Cartier, mit 1268 Metern Québecs höchster Berg. Die Höhenlage beschert dem Park eine subarktische Pflanzenwelt, in der – eine biologische Rarität – auch Karibus neben Elchen und Rehwild leben. Die Wanderwege durch diese Wildnis sind mehr als 100 Kilometer lang.

Die Straße, die von Sainte-Anne-des-Monts in den Park führt, durchquert die Halbinsel von Nord nach Süd. Die klassische Gaspésie-Rundfahrt folgt jedoch weiterhin der Küste, wo auf dem Felsen von **LA MARTRE** der wohl meistfotografierte Leuchtturm Québecs knallrot und achteckig über dem Dorf thront. Neben dem Turm wurde ein kleines Museum zum Thema Leuchttürme eingerichtet. Hier, wo die Berge nahe ans Meer rücken und aus dem Wasser bizarre Felsklippen ragen, beginnt der schönste Teil der Strecke. Die rätselhaften Farbtupfer im Himmel werden, je näher man an das klippenumrahmte Dorf Mont-Saint-

Pierre kommt, als Paraglider erkennbar. 430 Meter hoch ist der Fels, von dem sich die Himmelsflieger mit ihren Fallschirmen oder leichten Fluggeräten abstoßen.

Bei Sainte-Madeleine biegt eine Nebenstraße ab in die Berge, zur Kupferminenstadt Murdochville, wo Besucher auch den Kupferabbau unter Tage erleben können. Die Hauptstraße windet sich zwischen Meer und Bergen hindurch zur Spitze der Halbinsel. Wenige Kilometer hinter dem 37 Meter hohen Leuchtturm von Cap-des-Rosiers, dem höchsten in Kanada, liegt die Einfahrt in den Forillon-Nationalpark. Er umfaßt die gesamte Nordostspitze der Halbinsel und wurde 1970 mit dem Thema „Harmonie zwischen Menschen, Land und See" gegründet. Beim Informationszentrum des Parks wurde ein kurzer Rundweg angelegt, der die unterschiedlichen Vegetations- und Lebensformen dieser Landschaft erläutert: Dünen, Salzwassersümpfe und die majestätisch-schroffen Felsregionen mit ihrer subarktischen Pflanzenwelt. Vom Nationalpark aus lassen sich oft Wale und Robben beobachten. Am Südufer des Parks, an der Baie de Gaspé, sind einige Häuser des einstigen Fischerdorfs Grande-Grave erhalten. Insbesondere der originalgetreu ausgestattete Laden und Handelsposten von Hyman & Sons gibt einen guten Eindruck vom Leben der Fischer, die meist von den britischen Kanalinseln eingewandert waren.

Handelsmänner wie Mister Hyman aus Jersey waren die legitimen Vorfahren der „Pannenhelfer", die heute ein sympathisches Kennzeichen der Provinz sind. *Dépanneurs* gibt es in jeder Stadt Québecs, Kaufleute, die in ihren kleinen Läden morgens früh und noch spät in der Nacht alles offerieren, was man zum Überleben braucht: eine Flasche Rotwein, ein Paket Windeln, einen karierten

Das Gold des Spätsommers: Weizenernte bei Paspébiac

Das Rot der frühen Jahre: uralter Leuchtturm bei La Martre

Schreibblock, ein Päckchen Puddingpulver. Und am Tresen wird ein frisches Sandwich zusammengebaut, Belag nach Wunsch. Der Dépanneur in **GASPÉ**, der selbstverständlich meinen Heißhunger nach Schoko-Croissants stillen konnte, erwies sich überdies als Touristikexperte. Die Stadt, die der Halbinsel ihren Namen gab, habe eigentlich nur zwei ernstzunehmende Touristenattraktionen, die Kathedrale und das Museum. Letzteres, so riet er, solle ich in den Vormittagsstunden meiden, denn dann wimmele es dort von Schulklassen.

Also zuerst in die *Cathédrale de Gaspé et Croix de Jaques Cartier*. Sie wurde 1934 zur 400-Jahr-Feier Kanadas eingeweiht und ist die einzige hölzerne Kathedrale Nordamerikas. Das große Steinkreuz neben dem Gotteshaus soll an Cartiers erstes Kreuz auf kanadischem Boden erinnern. Nicht minder stolz ist die Stadt auf ihr *Musée de la Gaspésie*, eine interessante Sammlung zur Geschichte der Halbinsel. Das Museum wirkt allerdings etwas ungepflegt, es ist – im Gegensatz zur multikulturellen Historie der Gaspésie – strikt französisch ausgerichtet. Englischsprachige Besucher erhalten nur ein paar dürftige Übersetzungszettel in die Hand gedrückt. Eindrucksvoll ist hingegen das Jacques-Cartier-Denkmal vor dem Museum: Sechs große Stelen zeigen die Szenen von der Begegnung Cartiers mit den Indianern.

Von Gaspé sind es ca. 75 wunderschöne Kilometer entlang der bergigen Küste bis **PERCÉ**, das dank seines durchlöcherten Felsens die touristische Metropole der Region wurde. Vom Mont Sainte-Anne herab bietet sich ein prachtvoller Blick auf die Stadt, den *Rocher Percé* und die benachbarte Île Bonaventure, ein Vogelschutzgebiet, auf der Amerikas größte Tölpel-Kolonie (bis zu 60 000 Vögel) zu besichtigen ist. Mehrere Firmen offerieren Bootstouren zu beiden Inseln, anlegen können sie allerdings nur auf Bonaventure. Den Percé-Felsen kann man jedoch bei Ebbe zu Fuß erreichen. Der französische Schriftsteller und Lyriker André Breton philosophierte: „Die Zivilisation ist, ungeachtet der unlösbaren Interessenkonflikte, die sie zerrütten, *eins* wie dieser Felsen, auf dessen Spitze wie der Punkt auf dem i das Haus des Menschen steht."

Die bei Percé beginnende Südküste der Halbinsel, durch die Bergkette im Landesinneren geschützt vor den kalten arktischen Nordwinden, gilt als „Québecs Riviera". Das ist zwar eine gelinde Übertreibung, aber im Sommer sind die Badestrände in den kleinen Buchten ein beliebtes Ziel der Québecer. Die ausländischen Touristen zeigen sich eher an historischen Stätten interessiert. Beispielsweise an der Stadt, die Charles Robin 1767 bei **PASPÉBIAC** als Exporthafen für den in der Alten Welt begehrten luftgetrockneten oder gesalzenen Kabeljau anlegen ließ. *Gaspé Cure* nannte man die Fische damals in England, das Allheilmittel von Gaspé.

BONAVENTURE, gut 20 Kilometer weiter westlich gelegen, kann mithalten. Die Stadt hat ihre stattliche Gemeindehalle zu einem Museum für die *Acadiens* umgestaltet. Acadiens sind französische Siedler, die aus Nova Scotia vertrieben wurden, nachdem die Provinz 1713 an die Briten fiel. Viele der Flüchtlinge suchten damals Zuflucht an der Baie des Chaleurs. Das diese fruchtbare Küste bei englischen Siedlern ebenso geschätzt war, beweist im Nachbarort **NEW RICHMOND** das *British Heritage Centre*, ein ausgedehntes Freiluftmuseum, in dem Gebäude mit britischer Tradition von der ganzen Halbinsel zusammengetragen wurden.

Um einiges älter, etwa um 370 Millionen Jahre, sind die Fundstücke, die dem **MIGUASHA PROVINCIAL PARK** zu internationalem Ruhm verhalfen. Die Felsen des Parks sind voll von Pflanzen- und Tierfossilien, deren Herkunft in einem Informationszentrum anschaulich erläutert werden.

Wenige Kilometer westlich der Stadt, in der eine Brücke über die Bucht nach New Brunswick führt, biegt die Küstenstraße 132 ab in die Berge und quer durch die Halbinsel zurück an die Nordküste. Die Straße ist, ausgenommen ein paar Dörfer, stets gesäumt von Wäldern und relativ wenig befahren. Um so erstaunlicher war der Verkehrsstau kurz hinter Causapscal, wo auf einmal ein dutzend Autos je Fahrtrichtung verlassen auf der Straße standen. Die Autoinsassen, erkennbar alle Touristen, hatten sich an einer Stelle mit der Kamera im Anschlag zusammengerottet. Auf die Frage, was es denn zu sehen gebe, antworteten alle fast wie im Chor: „Ein Bär. Im Gebüsch neben der Straße ist ein Bär." Zu sehen war von dem Petz allerdings nichts. Ich stieg wieder ins Gefährt und rollte weiter. Wer immer da jemandem einen Bären aufbinden wollte – mir nicht. In der Tankstelle in Sainte-Flavie, die ich mit fast leerem Tank erreichte, lagen Broschüren aus, Titel: „Warning – You are in Black Bear Country." ○

Europas Sieger von morgen.

Heute in einem Fonds der DWS:
Top 50 Europa.

Der Aktienfonds mit einer besonderen Investmentphilosophie. Sein Name ist Programm: Top 50 Europa steht für 50 ausgewählte deutsche und europäische Aktiengesellschaften, die sich durch ihre vielversprechenden Zukunftsperspektiven besonders empfehlen.

◆

Ziel ist es, die Gesellschaften zu finden, die langfristig überdurchschnittliche Ertrags- und Kurssteigerungen für die Anleger versprechen. Stichwort: Shareholder Value. Gesucht sind Unternehmen, die sich unter anderem durch eine zielgerichtete Ertragsstrategie und ein aktionärsorientiertes Management auszeichnen.

◆

Alles Weitere über diese Fondsidee wissen die Anlageberater unserer Gesellschafterbanken, z. B. die der Deutschen Bank. Den Verkaufsprospekt, die allein verbindliche Grundlage für den Erwerb unserer Fonds, bekommen Sie dort oder direkt von der DWS, Postfach 10 06 20, 60006 Frankfurt am Main. Tagesaktuelle Infos zu unseren Fonds erhalten Sie außerdem auch unter Btx: *DWS# und Internet: http://www.dws.de

```
Informations-Coupon:
Ich möchte mehr wissen. Schicken Sie mir
bitte Unterlagen über Top 50 Europa.
Tel.: 069/710 02,
Fax: 069/719 09-169.

Name:

Vorname:

Straße:

PLZ/Ort:

Telefon:
                                    ADAC
```

INFO GASPÉ

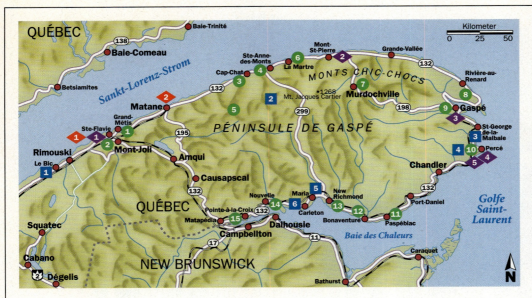

AUSKUNFT

1 ASSOCIATION TOURISTIQUE DE LA GASPÉSIE
Sainte-Flavie, G0J 2L0, 357 Route de la Mer, Tel. (418) 775–22 23.

2 BUREAU RÉGIONAL D'INFORMATION TOURISTIQUE
Matane, G4W 3P5, 968 Av. du Phare Ouest, Tel. (418) 562–10 65.

HOTELS

1 AUBERGE DU MANGE GRENOUILLE
Le Bic, G0L 1B0, 148 Rue Sainte-Cecile, Tel. (418) 736–56 56, Fax: 736–56 57. 11 Zimmer: DZ 50–80 $, inkl. Frühstück.
Ehemaliges Kaufmannshaus, umgebaut in ein zauberhaftes Landgasthaus.

2 AUBERGE GÎTE DU MONT-ALBERT
Sainte-Anne-des-Monts, G0E 2G0, Route 299, Parc de la Gaspésie, Tel. 763–22 88, Fax: 763–78 03. 48 Zimmer und 20 Cottages: DZ 79–99 $.
Moderne Hotelanlage mitten im Park. Guter Ausgangspunkt für Wanderungen. Das Restaurant entspricht in Küche und Service nicht ganz den Erwartungen.

3 AUBERGE FORT-PRÉVEL
Saint-Georges-de-la-Malbaie, G0C 2X0, Route 132, 2053 Blvd. Douglas, Tel. 368–22 81, Fax: 368–13 64. 71 Zimmer und Cottages: DZ 69–89 $.
Gut ausgestattetes Hotel am Meer mit Sportanlagen, einschließlich 9-Loch-Golfplatz.

4 LA NORMANDIE
Percé, G0C 2L0, Route 132 Ouest, Tel. 782–21 12, Fax: 782–23 37. 45 Zimmer: DZ 50–125 $.
Mehrfach ausgezeichnetes Hotel mit der Atmosphäre eines Country Inn. Schöne Lage mit Blick auf den Felsen von Percé.

5 AUBERGE HONGUEDO
Maria, G0C 1Y0, Route 132, 548 Blvd. Perron, Tel. 759–34 88, Fax: 759–58 49. 60 Zimmer: DZ 64–88 $.
Besonders geschätzt bei Lachs-Anglern. Skigebiete in der Nähe.

6 HOSTELLERIE BAIE BLEUE
Carleton, G0C 1J0, 482 Blvd. Perron, Tel. 364–33 55, Fax: 364–61 65. 95 Zimmer: DZ 69–143 $.
Modernes Hotel mit umfangreichen Freizeit-Programmen, einschließlich Lachsangeln.

RESTAURANTS

1 CAPITAINE HOMARD
Sainte-Flavie, 180 Route de la Mer, Tel. 775–80 46. Menü ab 20 $. Geöffnet mittags und abends (April bis Ende Sept.).
Spezialisiert auf Gaspé-Hummer, die etwas kleiner als die Neuengland-Hummer sind.

2 LES JOYEUX NAUFRAGES
Mont-Saint-Pierre, 7 Pierre Mercier, Tel. 797–20 17. Menü ab 20 $. Geöffnet tgl. mittags und abends (Mai bis Oktober).
Restaurant am Fuß des Mont Saint-Pierre mit Fischgerichten.

3 LA BELLE HÉLÈNE
Gaspé, 135a Rue de la Reine, Tel. 368–14 55. Menü ab 40 $. Geöffnet tgl. abends, September bis Juni nur Di.–Sa.
Fisch- und Wildgerichte und Schokoladenkreationen.

4 RESTO-BAR LE MATELOT
Percé, 7 Rue de l'Église, Tel. 782–25 69. Menü ab 20 $. Geöffnet tgl. ab 10 Uhr.
Muscheln, Hummer und Meerestiere, abends mit Unterhaltungsprogramm.

5 LA MAISON DU PÊCHEUR
Percé, 155 Place du Quai, Tel. 782–53 31. Menü ab 40 $. Geöffnet tgl. zum Frühstück, Lunch und Abendessen (Juni bis Oktober).
Großes Restaurant, auf Fisch und Meeresgetier spezialisiert. Der Chefkoch wirbt damit, daß er selbst nach Seeigeln taucht.

SEHENSWERTES

1 JARDINS DE MÉTIS
Grand-Métis, 200 Route 132, Tel. 775–22 21.
Die Gärten sind von Juni bis Ende September täglich von 8.30–20 Uhr, das Museum in der Villa Reford ist von 9–18 Uhr geöffnet. Das Restaurant erwartet seine Gäste von 9–19.30 Uhr.

② **CENTRE D'INTERPRÉTATION DU SAUMON ATLANTIQUE**
Bei Sainte-Flavie, 900 Route de la Mer, Tel. 775–29 69. Geöffnet tgl. 9–17 Uhr (Mitte Juni bis Ende September).
Im Sommer spezielles Programm für Kinder. In der Snackbar gibt es Speisen mit Lachs.

③ **ÉOLIENNE DE CAP-CHAT**
Bei Cap-Chat, an der Route 132, Tel. 786–57 19. Geöffnet 24. Juni bis z. Labor Day Anfang Sept. tgl. 8.30–17.30 Uhr.
Die stärkste und höchste Windmühle ihrer Bauart in der Welt.

④ **EXPLORAMA**
Sainte-Anne-des-Monts, 1 ière Av. Ouest, Tel. 763–25 00. Geöffnet tgl. 9–21 Uhr (Juni bis Oktober).
Das Interpretationszentrum zur Natur und Geschichte erlaubt teilweise eigene Versuche.

⑤ **GASPÉSIE**
Siehe Nationalparks.

⑥ **CENTRE D'INTERPRÉTATION DES PHARES**
La Martre, 10 Av. du Phare, Tel. 288–56 98.
Geöffnet tgl. 9–17 Uhr (Ende Juni bis z. Labor Day Anf. Sept.).
Das Museum bietet Führungen durch den roten Leuchtturm aus Holz, der 1906 errichtet wurde.

⑦ **CENTRE D'INTERPRÉTATION DU CUIVRE**
Murdochville, 345 Route 198, Tel. 784–33 35. Geöffnet 10–16 (Ende September bis Mitte Mai), 9–18 Uhr (Sommer).
Führung durch einen früheren Kupferschacht, anschließend wird eine Mine besucht.

⑧ **FORILLON**
Siehe Nationalparks.

⑨ **MUSÉE DE LA GASPÉSIE**
Gaspé, 80 Blvd. Gaspé, Tel. 368–57 10. Geöffnet tgl. 8.30–20.30 (Sommer), ansonsten Mo.–Fr. 9–17 Uhr.
Heimatmuseum zur Geschichte der Siedler auf der Halbinsel.

⑩ **PARC DE L'ÎLE-BONAVENTURE-ET-DU-ROCHER-PERCÉ**
Percé, 4 Rue de Quai, Tel. 782–22 40. Geöffnet tgl. 9–17 Uhr (Anfang Juni bis Mitte Okt.).
Bootstouren zu den Inseln und organisierte Führungen über die Vogelinsel Bonaventure.

⑪ **SITE HISTORIQUE DU BANC-DE-PASPÉBIAC**
Paspébiac, Route du Quai, Tel. 752–62 29. Geöffnet tgl. 9–18 Uhr (Mitte Juni bis Labor Day).
In restaurierten Gebäuden des einstigen Hafens demonstrieren Handwerker ihre Kunst.

⑫ **MUSEÉ ACADIEN DU QUÉBEC**
Bonaventure, 95 Av. Port-Royal, Tel. 534–40 00. Geöffnet tgl. 9–20 (Juni bis September), ansonsten Mo.–Fr. 9–12 und 13–17, Sa. und So. 13–17 Uhr.
Museum zur Kultur der Acadiens an der Baie-des-Chaleurs.

⑬ **GASPESIAN BRITISH HERITAGE CENTRE**
New Richmond, 351 Blvd. Perron Ouest, Tel. 392–44 87. Geöffnet tgl. 9–18 Uhr.
Freilichtmuseum zur Geschichte britischstämmiger Siedler. Rundfahrten sind möglich.

⑭ **PARC DE MIGUASHA**
Nouvelle, 231 Miguasha Ouest Nouvelle, Tel. 794-24 75. Geöffnet tgl. 9–18 Uhr (Mitte Juni bis September).
Das Info-Zentrum bietet Touren durch seine Sammlung, durch das Laboratorium und zu den Fundstätten an den Klippen.

⑮ **LIEU HISTORIQUE NATIONALE DE LA BATAILLE-DE-LA-RESTIGOUCHE**
Pointe-à-la-Croix, Route 132, Tel. 788–56 76. Geöffnet 9–17 Uhr (Juni bis Mitte Oktober).
Zentrum zur Erinnerung an die letzte Schlacht zwischen Franzosen und Briten in Kanada. *K.V.*

KANADA
USA & Alaska

Auszug aus dem 44-Seiten-Katalog '96:

SUPERCITY TORONTO
6-Tage-Städtereise
mit LUFTHANSA.........ab DM **1.495,-**

SUPERCITY VANCOUVER
Verlängerungsmög. Hawaii o. Fiji
6-Tage-Städtereise
mit LUFTHANSA.........ab DM **1.695,-**

IMPRESSIONEN DES OSTENS
9-Tage-Erlebnisreise
mit LUFTHANSA.........ab DM **2.245,-**

KANADAS WESTEN
11-Tage-Erlebnisreise
mit LUFTHANSA.........ab DM **2.795,-**

HISTORISCHE STÄTTEN
14-Tage-Erlebnisreise
mit LUFTHANSA.........ab DM **3.095,-**

TREKKING IN DEN ROCKIES
16-Tage-Erlebnisreise
mit LUFTHANSA.........ab DM **3.695,-**

KANUTOUR IN BRITISH COLUMBIA
16-Tage-Erlebnisreise
mit LUFTHANSA.........ab DM **3.695,-**

KANADA & ALASKA
23-Tage-Erlebnisreise
mit LUFTHANSA.........ab DM **8.900,-**

Informationen und Kataloge in über 4.800 führenden Reisebüros oder bei:

GeBeCo

24118 Kiel · Holzkoppelweg 19a
Tel.: 0431 - 5 46 57 0 · Fax: 0431 - 5 46 57 57

PREISE

Wal-Versprechen
Viele Veranstalter von Walbeobachtungs-Touren erstatten die Fahrtkosten, wenn die Passagiere das riesige Meerestier nicht zu sehen bekommen. Keine Erfolgsgarantie geben dagegen Verleiher von Angelrouten

MENUE
In den meisten Mittelklasse-Restaurants wird der Gast für 20 bis 25 $ gut bedient. Davon kosten Suppe, Hauptgang und Dessert 12 bis 15 $, der Rest ist für Getränke, Steuern und Trinkgeld (je 15 Prozent der Rechnung) fällig.

TAXI
Wenn Sie in ein Taxi einsteigen, zeigt das Taxameter bereits 2,20 $ an. Zu dieser Grundgebühr kommt für jeden Kilometer Fahrt ein Dollar hinzu. Einfach. Teuer.

HOTELZIMMER
Welche Leistungen der Zimmerpreis umfaßt, verraten oft nur Abkürzungen: AP (*american plan*) bedeutet, daß der Preis allein für die Übernachtung gilt. EP (*european plan*) schließt das Frühstück mit ein, MAP (*modified american plan*) zusätzlich ein Dinner.

KANU/KAJAK-MIETE
Für 20 bis 40 $ am Tag können Sie mit einem geliehenen Kanu Kanadas Seen und Flüsse naturnah erkunden.

WHALE-WATCHING
Eine Schwanzflosse genügt, um die Teilnehmer einer Wal-Fahrt in großes Entzücken zu versetzen. Und die Chancen, wenigstens ein Stück vom Schwertwal (Foto) zu sehen, stehen an der Ost- und Westküste gut. So gut, daß viele Veranstalter den Fahrpreis von etwa 35 $ erstatten, falls sich kein bißchen Wal blicken läßt.

HELIKOPTER-RUNDFLUG
Aus der Adlerperspektive und ganz nah dran wirken Kanadas Landschaften noch gewaltiger, noch beeindruckender, als vom Boden aus. Ein Rundflug per Helikopter eröffnet spektakuläre Aussichten. Die schönste Tour über das Yukon-Gebiet zum Beispiel beginnt am Kluane Lake und führt vorbei an hochalpinen Gebirgen über das Slims River Tal bis zum Kaskawulsh Gletscher. Preis: 85 $ pro Person.

ANGLERAUSRÜSTUNG
In Kanada fischen Sie nicht im Trüben, sondern in klaren Gewässern. An idyllischen Plätzen können Angler vor allem dem Lachs und der Forelle nachstellen, mit einer gemieteten Anglerausrüstung für 20 bis 30 $ am Tag.

RAFTING
Je nach Schwierigkeitsgrad der Strecke und Dauer der Fahrt kostet ein Schlauchboot-Ritt auf wildem Wasser zwischen 25 und 90 $.

EISHOCKEY
Tickets für Eishockey-Spiele sind äußerst begehrt, nicht

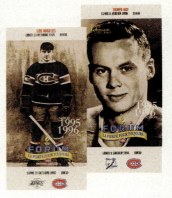

nur, wenn auf ihnen Eishockey-Größen wie Aurèle Joliat und Tom Johnson abgebildet sind. Glücklich, wer eine Eintrittskarte ergattert, ob zu nur 10 $ oder zu 60 $. Die Saison für Kanadas beliebteste Sportart dauert von Oktober bis April.

UMRECHNUNGS-TABELLE
Stand April 1996

DM	Can $	Can $	DM
1,–	0,89	1,–	1,13
5,–	4,45	5,–	5,65
10,–	8,90	10,–	11,30
50,–	44,50	50,–	56,50
100,–	89,00	100,–	113,00
500,–	445,00	500,–	565,00
1000,–	890,00	1000,–	1130,00

Fotos: G. Kopp; G. Gropp; H. Keyser

TECHNIK ZUM VERLIEBEN

Bang & Olufsen

Innovationen sind bei Bang & Olufsen zentrale Themen. Ein Ziel unserer Konzepte ist dabei immer: außergewöhnliches Home-Entertainment mit grenzenlosen Möglichkeiten für Sie zu entwickeln. Ein Ergebnis unter anderen: Fernsehen der Zukunft ist mehr als nur Fernsehen – mit BeoVision Avant, dem ersten integrierten 16:9-Multiformat- und Videosystem, das diese Bezeichnung wirklich verdient. Und ab sofort auch mit Dolby® Surround-Sound.

Home-Entertainment mit BeoVision Avant: 16:9-Bild und original Dolby® Surround-Sound mit zentralen Lautsprechern sowie vier zusätzlichen Aktiv-Lautsprechern.

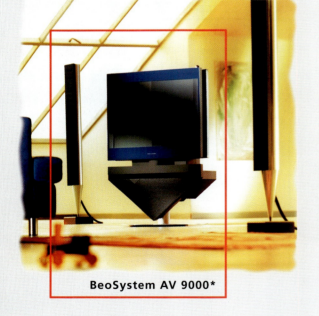

BeoSystem AV 9000*

Faszinierende und gewaltige Klangerlebnisse rundum in den eigenen vier Wänden mit einem System der obersten Kategorie: Das BeoSystem AV 9000 gilt als eines der perfektesten Surround-Konzepte für optimale Kino-Atmosphäre zu Hause. Überzeugen Sie sich selbst!

Dolby® ist ein eingetragenes Warenzeichen der Dolby Laboratories Licensing Corporation

Einmalig, die neue Fernbedienung Beo4 für alle Bang & Olufsen-Systeme. Handlich, intelligent, vielseitig, übersichtlich, praktisch!

Beo4

SURROUND-SOUND MIT FORMAT.

Der vollintegrierte HiFi-Stereo-Videorecorder. Ästhetisch, logisch und mit automatischer Sender- und Zeiteinstellung.

Das Multiformat: Jede gesendete Bildgröße kann optimiert werden. 16:9, 14:9, 4:3, kein Problem. Durch das patentierte VisionClear-System werden in jedem Fall beste Bildeigenschaften erzielt. Zusätzlichen Sehkomfort bietet der integrierte, drehbare Motorfuß.

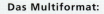 Vier Farben stehen für Ihren BeoVision Avant zur Auswahl!

BeoVision Avant*, BeoSound Ouverture*, BeoLab 6000

Mehr als nur Fernsehen! BeoVision Avant in Kombination mit BeoSound Ouverture und dem Aktiv-Lautsprecher-Paar BeoLab 6000: Ein Audio-/Videokonzept, zusätzlich erweiterbar zum Beispiel mit den Aktiv-Lautsprechern BeoLab 8000 für den original Dolby® Surround-Sound; und Mittelpunkt im BeoLink®-System für Bild und Klang auf Schritt und Tritt.

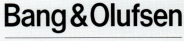

Bang & Olufsen
TECHNIK ZUM VERLIEBEN

GARANTEN FÜR ENTSPANNTES SEHEN.

Bang & Olufsen-Systeme zeigen ihre guten Seiten zu jeder Zeit: auch ausgeschaltet. Ganz gleich, ob auf dem Stand, auf dem Boden, an der Wand oder mitten im Raum!

Ideal: Der extrem niedrige HiFi-Stereo-Videorecorder BeoCord VX 7000 macht aus jedem MX-Fernseher ein integriertes Videosystem!

BeoVision MX 6000*

Gehäusefarben, die Ihnen sonst niemand bietet.

Alles in kompakter Größe: Hervorragende Bildqualitäten und eine klangvolle Tonwiedergabe – dank VisionClear und den weiterentwickelten LogLine-Lautsprechern.

Bang & Olufsen
TECHNIK ZUM VERLIEBEN

BeoVision MX 4000*

Die Fernsehsysteme mit der patentierten VisionClear-Bildoptimierung von Bang & Olufsen bieten Qualität, die man tatsächlich sehen kann. Selbst bei direktem Lichteinfall. Natürliche Farben und Kontraste, klare Details und eine immer gleichbleibende Schärfe auch bei verändertem Umgebungslicht sind einfach selbstverständlich. Denn: Konstante Bildqualität und optimaler Sehkomfort sind die zwei wesentlichen Begriffe, auf die wir Wert legen. Zur Schonung Ihrer Augen!

VISIONCLEAR

Die neuen Farben des BeoVision MX 7000!

HiFi-Klang aus Stereo-Aktiv-Lautsprechern – wie bei einem großen Audiosystem. Denn ein Film lebt nicht vom Bild allein.

BeoVision MX 7000* mit BeoCord VX 7000*

In BeoVision MX 7000 können Sie vieles sehen: Das TV-System mit dem 70° drehbaren Motorfuß, eventuell auch das TV-System mit integriertem HiFi-Stereo-Videorecorder – und ganz sicher den weltweit ersten Fernseher mit HiFi-Aktiv-Lautsprechern in Monitor-Optik. Für ein gewaltiges Klangvolumen wie bei einem großen Audiosystem!

Beo4

Wer bereits einmal eine Bang & Olufsen-Fernbedienung in der Hand hatte, weiß, was Bedienkomfort und Qualität heißen. Die Tasten von Beo4 erklären sich fast von alleine.

PERFEKTES SPIEL IN VIELEN VARIANTEN.

Technische Perfektion und Ästhetik: Klanggewaltige Aktiv-Lautsprecher aus poliertem Aluminium, die sich edel in jedes Ambiente integrieren. Für die schönsten Musikerlebnisse!

BeoLab 6000

Sicht- und spürbare Eleganz in jeder Hinsicht: Glastüren öffnen und schließen sich automatisch dank optischer Sensoren. Sobald das System aktiviert ist, wird das Innenfeld sanft beleuchtet.

Beo4. Die Fernbedienung, mit der sich alle Funktionen sichtbar leichter steuern lassen.

Beo4

BeoSound Ouverture*

BeoSound Ouverture ist das erfolgreiche Musik-Konzept in unübertroffener Einheit. Denn um das Konzept herum gruppieren sich viele Aufgaben: Als zentrales Audiosystem für raumübergreifende Musikerlebnisse, als zeitprogrammierbare CD-Player-, Kassettendeck- und Radio-Einheit – kombinierbar mit allen Bang & Olufsen-Aktiv-Lautsprechern.

Technische Perfektion in Einheit mit optischen Werten und handwerklicher Qualität ist für Bang & Olufsen oberstes Gebot. Unser Konzept des „flexiblen Klangs" zum Beispiel integriert ebenso das akustische wie das ästhetische Erlebnis: Die individuelle Zusammenstellung eines exzellenten, umfassenden Unterhaltungssystems ist bei uns immer möglich!

BeoSystem 2300

Ein weiterer großer Vorteil für Flexibilität: BeoSound Century ist mit nur einem einzigen Stecker anzuschließen – für Musikgenuß überall!

Eine Meisterleistung ganz besonderer Art: Mit der Titelsequenz-Programmierung von BeoSystem 2300 lassen sich einzelne Musikstücke auf bis zu 100 CDs nach Lust und Laune zusammenstellen. Die Reihenfolge kann selbstverständlich abgespeichert werden.

Einfacher geht's kaum: Dank intelligenter Bedienerführung mit beleuchteten Tasten!

BeoSound Century

Unglaublich, aber wahr: Vier starke HiFi-Komponenten mit weniger als 10 cm Tiefe – inklusive der Aktiv-Lautsprecher. Radio, CD-Player und Kassettendeck können zusätzlich mit der Fernbedienung Beo4 gesteuert werden.

Bang & Olufsen

TECHNIK ZUM VERLIEBEN

VERNÜNFTIGE ANSICHTEN ZUM THEMA MUSIK.

Kreativität dient bei Bang & Olufsen vor allem dazu, neue Erlebniswelten durch funktionelle Details sowie durch vielfältige Anwendermöglichkeiten zu formen. Wir bestehen einfach darauf, daß sich Technologien niemals zwischen Wunsch und Erlebnis stellen. Technik ist für den Menschen da, nicht umgekehrt!

Durch den sanften Druck auf Lichtpunkte unter glatten Flächen öffnen sich die Komponenten für CD und Kassette.

Glanzstücke von einem der führenden Hersteller von Aktiv-Lautsprechern: BeoLab 8000 Für einen natürlichen, kraftvollen Klang in außergewöhnlicher Form.

BeoCenter 9300*

Bang & Olufsen
TECHNIK ZUM VERLIEBEN

HiFi-Systeme gibt es viele. Unterschiede liegen weniger in der grundlegenden Technik, sondern mehr in dem, wie Hören und Erleben kombiniert wird – wie hier zum Beispiel. Spiegelglatte Flächen aus getöntem Glas und poliertem Aluminium konkurrieren auf faszinierende Weise miteinander und zeigen immer wieder verblüffende, verborgene Talente.

BEOLINK®. BESTE UNTERHALTUNG VON RAUM ZU RAUM.

NEUHEIT

BeoLink® beim Telefonieren
BeoCom 5000*

Das erste schnurlose Telefon auch für die Lautstärkeregelung bei Audio- und Videosystemen. Für beste Verbindungen überall zu Hause!

BeoLink® in der Küche
BeoLab 2000*

Mit oder ohne Fernbedienung können Sie mit diesem Linkraum-Lautsprecher alle Audioquellen nutzen, die Ihr System im Hauptraum zu bieten hat.

NEUHEIT

BeoLink® im Schlafzimmer
BeoVision MX 4002*

Der kompakte Linkraum-Fernseher der MX-Serie. Dieses TV-System kann Sie morgens mit Ihrer Lieblings-CD wecken!

BeoLink® im Hauptraum
BeoVision Avant* und BeoSound Ouverture*

Grenzenlose Möglichkeiten – auch an der Wand: Mit dem Linkraum-Stereo-Lautsprecher – für alle Audioquellen und für TV-Ton!

2 JAHRE GARANTIE

BEOLINK SYSTEM *

BeoLink® im Arbeitsraum
BeoLab 3500*

Beo4

Halten Sie alle Funktionen in einer Hand: Mit der system-übergreifenden Fernbedienung.

Beo Leasing

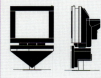
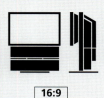

VIDEO-SYSTEME	BeoCenter AV 9000	BeoVision Avant	BeoVision MX 7000[1] MX 6000[2] / MX 4000[3] ME 6000[4] / MX 4002[5]	BeoCord VX 7000	Beo4
				VHS-HiFi-Videorecorder	• Neuartiges Bedienkonzept
				• 8 Timerprogramme	• Individuelle Menüführung
				• Standbild, Zeitlupe, Zählwerk mit Bildindex und Restzeit, VPS	• Preis: DM 350,–*
				• 59 Programmspeicher	
				• Audio/Video Longplay	**Light Control 2**
				• Video-Archiv-System	• Über Fernbedienung steuerbarer Lichtdimmer
				• Link-fähig	• Für alle Beleuchtungskörper geeignet (Leuchtstoff nur EIN/AUS)
				• Farben wie MX 7000 und schwarz, schwarz/weiß	• Niedervolt nur mit Wickeltrafo möglich
				• Preis: DM 3000,–*	• Farbe: Weiß/Schwarz
					• Preis: DM 250,–*
Abmessungen (B x H x T):	70,5 x 108 x 60 cm	73 x 103 x 58 cm	65 x 67,5 x 46,5 cm[1,2,4] / 51 x 55 x 41,5 cm[3,5]		
Bildschirmdiagonale:	70 cm	70 cm (16:9)	70 cm[1,2,4] / 55 cm[3,5]	**BeoCord V 6000**	
Tatsächlich sichtbares Bild:	66 cm	67 cm	66 cm[1,2,4] / 51 cm[3,5]	VHS-HiFi-Videorecorder	
Farbsystem TV:	MULTINORM, NTSC über AV	PAL B/G, NTSC über AV	PAL[1,2,3,5] / PAL-SECAM[4], NTSC über AV[1–5]	• 8 Timerprogramme	
Videotext:	FLOF, 6 Sprachen, 4 Speicher	325 Seitenspeicher Instant-Text	FLOF, 6 Sprachen, Speicher[1–5]/Top[4]	• Standbild, Zeitlupe, Zählwerk mit Bildindex und Restzeit, VPS	
Ton:	A2 Stereo	A2 Stereo	A2 Stereo[1–5]	• 59 Programmspeicher	
Zwei-Kanal-Ton:	●	●		• Audio/Video Longplay	
Leistungswert nach I.E.C.:	80 W (Center-Lautsprecher)	2 x 80 W	2 x 80 W[1] / 2 x 40 W[2,3,5] / 2 x 20 W[4]	• NTSC-Wiedergabe	
Akustisches System:	Dolby® Surround-Sound-System mit Aktiv-Lautsprechern	2 x Aktiv-Lautsprecher, Baß-Reflex	Aktiv-Lautsprecher mit 4 Endverstärkern (B-Amping)[1] / 2 x Baß-Reflex, 2-Weg[2] / 2 x Log Line, Breitband-Lautsprecher[3,4,5]	• Farbe: Schwarz	
				• Preis: DM 1700,–*	
Anschlüsse:	2 x Euro-AV, Super-VHS	3 x Euro-AV, 1 x Y/C	2 x Euro-AV, S-VHS, Kopfhörer[1–5], AUX[1–3] u. Powerlink-Anschlüsse[1–3]	**BeoSat LM/AV**	
Motorgestell, Preise:	Schwenkbar ±33°, integriert	Schwenkbar 70°, integriert	Schwenkbar 70°, DM 810,–*[1,2] / DM 560,–*[3,5]	• Als Einbausatz	
Motorplatte, Preise:	–	–	DM 400,–*[1,2,3,5]	• Verwendung für LX, MX und AV 9000	
Farben:	Blau/Schwarz	Perlschwarz, Perlrot, Perlgrün, Perlblau	Schwarz[2–5], Weiß[2,3,5], Grau[2], Blau[3,5], Rot[2], Cerise[3,5], Jade[3] (MX 7000***)	• Video-Aufnahme im TV-Stand-by mit VX 7000	
Besondere Ausstattung:	Dolby® Surround Pro Logic-Decoder, Link-Master, VisionClear, mech. Vorhang, Option für SAT-Empfänger, PIP-Modul	Multi-Format, VisionClear, Master-Link-Verbindung, Option für SAT-Empfänger, PIP-Modul, Dolby® Surround-Sound	Patentiertes VisionClear-System, Option für SAT-Empfänger, MAC-Decoder und PIP-Modul**[1,2,3], ML-Eingang[5]	• Tunerbereich 950–2050 MHz 22 kHz Tonsignal	
				• 99 Programmspeicher	
Unverbindliche Preisempfehlung:	DM 12.945,–*, inkl. Beo4, HiFi-Videorecorder BeoCord VTR 9000 und Center-Lautsprecher	DM 8400,–* inkl. Fernbedienung Beo4 und HiFi-Videorecorder	DM 3850,–*[1] / DM 3100,–*[2] DM 2500,–*[3] / DM 2600,–*[4] DM 2900,–*[5] inkl. Beo4[1,2,3,5] / BeoLink 1000[4]	• Preis: DM 600,–*	

Beo Leasing

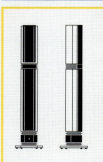
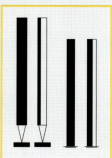
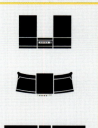

LAUT-SPRECHER	BeoLab Penta 3	BeoLab 8000[1] BeoLab 6000[2]	BeoLab 2000[1] BeoLab 3500[2]	BeoLab 4500	BeoVox CX 100[1] / CX 50[2] / IWS 2000[3]
Abmessungen (B x H x T):	36 x 165 x 34 cm	17 x 132 x 15 cm[1] / 10 x 110 x 8 cm[2]	40 x 28,5 x 15,8 cm[1] / 111 x 9,5 x 11 cm[2]	45 x 54 x 8 cm	12 x 32 x 20,5 cm[1] / 12 x 20,5 x 20,5 cm[2] / 20,5 x 36,5 x 9,5 cm[3] (n. Einbaumaß!)
Gehäusevolumen:	32 Liter	5,3 Liter[1] / 3 Liter[2]	1,3[1] / 0,8[2] Liter je Körper	5,4 Liter	4 Liter[1] / 2 Liter[2] / –[3]
Akustisches Prinzip:	Baß-Reflex	Baß-Reflex[1,2]	Baß-Reflex[1,2]	Baß-Reflex	Druckkammer[1,2] / Einbau[3]
Leistungswert nach I.E.C. Input:	–				
Output:	281 W	143 W[1] / 59 W[2]	41 W[1] / 71 W[2]	116 W	200 W[1] / 100 W[2] / 80 W[3]
Tieftöner:	4 x à 13 cm	2 x à 10 cm[1] / 2 x à 9 cm[2]	2 x 10 cm[1] / 2 x 9 cm[2]	13 cm	2 x à 10 cm[1] / 1 x à 10 cm[2] / 13,3 cm[3]
Mitteltöner:	4 x 8 cm				
Hochtöner:	2,5 cm	1,8 cm[1,2]	2,5 cm[1] / 1,8 cm[2]	2,5 cm	2,5 cm[1,2,3]
Frequenzbereich x4/–8 dB:	41–20.000 Hz	52–20.000 Hz[1] / 55–20.000 Hz[2]	61–20.000 Hz[1] / 70–22.000 Hz[2]	54–20.000 Hz	50–20.000 Hz[1] / 80–20.000 Hz[2] / 55–20.000 Hz[3]
Farben:	Gebürsteter V2-Stahl	Poliertes Aluminium[1,2]	Aluminium, grauer Kunststoff[1] / Poliertes Aluminium, Bespannung schwarz[2]	Grau, gebürsteter V2-Stahl	Weiß, Grau, Schwarz, gebürstetes Aluminium[1,2] / Weiß, lackierfähig[3]
Anmerkungen:	Aktiv-Lautsprecher	Aktiv-Lautsprecher[1,2]	Aktiv-BeoLink-Lautsprecher[1,2]	Aktiv-Lautsprecher	Passiv-Lautsprecher[1,2] / Einbau-Lautsprecher[3]
Unverbindliche Preisempfehlung (Stückpreis):	DM 2950,–*	DM 2690,–*[1] / DM 1990,–*[2]	DM 1.350,–*[1] / DM 2200,–*[2]	DM 1650,–*	DM 560,–*[1] / DM 460,–*[2] / DM 460,–*[3]

* Unverbindliche Preisempfehlung der Bang & Olufsen Deutschland GmbH, D-82205 Gilching   *** Für BeoVision MX 7000 ab sofort: Perlschwarz, Perlrot, Perlblau, Perlgrau, Perlgrün, Weiß.
** Nur in Verbindung mit SAT oder VX

Die Farben bei Bang & Olufsen:

Schwarz/Perlschwarz | Weiß | Grau | Rot | Blau | Jade | Celticgrau | Saxonblau | Gothicgrün | Cardinalrot | Cerise | Malachitgrün | Lapisblau

BeoLeasing

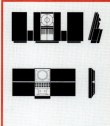

Lautsprecher-Option

AUDIO-SYSTEME

	BeoSound Ouverture im BeoSystem AV 9000	BeoCenter 9300	BeoSound Ouverture	BeoSystem 2300[1] BeoSound Century[2]
Abmessungen (B x H x T):	siehe Einzelkomponenten	76 x 11 x 34 cm	32 x 36 x 16 cm	83 x 36 x 16 cm[1] / 75 x 37 x 10 cm[2]
Leistungswert nach I.E.C.:	–	2 x 80 Watt/8 Ω	2 x 65 Watt (Beolab 2500)	2 x 65 W (BL 2500)[1] / 2 x 50 W[2]
Empfohlene Fernbedienung:	Beo4 inkl.	Beo4	Beo4	Beo4[1,2]
Vorwahltasten:	2 x 30 UKW oder AM	30 UKW oder AM	2 x 30 UKW oder AM	2 x 20 UKW od. AM[1] / 30 UKW[2]
Aufnahmesystem:	HXPRO	HXPRO	HXPRO	HXPRO[1,2]
Rauschunterdrückung:	Dolby® B NR	NR-B	Dolby® B NR	Dolby® B NR[1] / NR-B[2]
Titelprogrammierung:	CD- und A-Tape	CD- und A-Tape	CD- und A-Tape	CD[1,2] und A-Tape[2]
Zusatzfunktionen:	Audio-Master im BeoSystem AV 9000, Timer programmierbar, RDS	Timer programmierbar	Timer programmierbar, Random und Repeat bei CD, Master-Link-Verbindung	Zufallsgenerator bei CD[1], CD-Synchron-Start[2], Tischstand (Tiefe 17 cm)[2], RDS Option[1]
Systemvernetzung:	Master Link-Verbindung zum BeoCenter AV 9000	BeoLink-kompatibel, AV-Integration	AV-Integration	BeoLink-kompatibel über MCL-2P, AV-Integration[1] / AUX-IN[2]
Farben:	Schwarz	Poliertes Aluminium, getöntes Glas, weiße Leisten	Korpus Schwarz – mit allen Aktiv-Lautsprecher-Systemen von Bang & Olufsen voll kompatibel. Boxenfarben für BeoSystem 2300 siehe BeoSystem 2300	Korpus Schwarz, Boxen Malachitgrün, Lapisblau, Granitschwarz, Granatrot[1] / Korpus Schwarz, Boxen Celticgrau, Saxonblau, Gothicgrün, Cardinalrot, Schwarz[2]
Unverbindliche Preisempfehlung:	DM 25.425,–* für komplettes BS AV 9000 bestehend aus: BeoCenter AV 9000, BeoSound Ouverture, je 2 x BeoLab 8000/6000, 10 m ML-Kabel, Beo4, exkl. Stand DM 650,–*.	DM 4500,–* exkl. Fernbedienung und Lautsprecher	DM 2990,–* exkl. Fernbedienung und Lautsprecher DM 4590,–* mit 2x BeoLab 2500, exkl. Fernbedienung	1: DM 3900,–* mit 2x BeoLab 2500, exkl. Fernbedienung DM 2300,–*[1] exkl. Fernbedienung und Lautsprecher 2: DM 2900,–* exkl. Fernbedienung

TELEFONE

	BeoCom 5000	BeoCom 1400[1] T / W	600[2]	2000[3]	BeoCom 1600[1]	2400[2]
Druckkammer-Lautsprecher:	–	–	–	●	●	●
Display:	–	–	–	●	–	alphanumerisch
Lautstärke-Regelung:	●	–	–	●	●	●
Kurzwahlspeicher:	10	–	–	10	20	10	121
Wahlwiederholung:	1x	1x	1x	1x	3x	6x	9x
Zielwahlspeicher:	–	–	–	3x	1x	2x	–
Link-Funktion:	Option	TL	WL	–	–	Option	Option
Postzulassung:	●	●	●	●	●	●	●
Flash-Funktion:	●	●	●	●	●	●	●
Erdtaste:	●	–	–	auf Anfrage	●	●
Zuleitung/TAE-Norm:	3 m	2 m	2 m	3 m	3 m	3 m	3 m
Notizblock:	–	–	–	–	–	–	–
Zusatzfunktion:	Linkfähig als Version BeoCom 5000 AV	Linkfähig in TL- und WL-Version[1] / –[2] / Raumlautsprecher und Freiwahlmöglichkeit[3]			Raumlautsprecher und Freiwahlmöglichkeit[1,2] Erweiterte Datenbank[2]	
Farben:	Mattschwarz, Saxonblau	Mattschwarz, Saxonblau, Gothicgrün, Cardinalrot[1,2,3]			Cardinalrot, Gothicgrün, Mattschwarz[1,2]	
Unverbindliche Preisempfehlung:	DM 450,–*/DM 550,–* mit Link	T/W: DM 175,–*[1], TL/WL: DM 250,–*[1] DM 150,–*[2] / DM 275,–*[3]			DM 275,–*[1] / DM 350,–* mit Link[1] DM 375,–*[2] / DM 450,–* mit Link[2]	

BeoCom 9500
- Eines der kleinsten D-Netz-Telefone am Markt (B 4,9 x H 13 x T 2,4 cm)
- ergonomische Tastatur für sicheres Wählen
- 30 Stunden Stand-by
- 3 Stunden Gesprächszeit mit „Plusakku"
- Telefonbuchfunktion
- Wahlwiederholung der 9 zuletzt angewählten Nummern
- Druckkammerlautsprecher
- exzellente Sprachqualität
- ablesbare Gesprächsdauer
- Komplett-Sperre gegen unberechtigten Zugriff
- Nummernspeicher-Anzahl von SIM-Karte abhängig

BeoTalk
- Volldigitaler Anrufbeantworter
- Für BeoCom 1400
- Ansagetext bis zu 5 min, 20 s
- Aufzeichnungskapazität bis zu 5 min, 20 s
- Wiedergabe in HiFi-Qualität
- Fernabfrage/Mailbox
- Preis: DM 375,–* mit BeoCom 1400, DM 240,–* ohne BeoCom

2 JAHRE GARANTIE

Auf alle Audio- und Videosysteme gewähren Bang & Olufsen und die autorisierten Fachhändler eine auf zwei Jahre verlängerte Garantie.

BEOLINK SYSTEM

Alle Funktionen der Audio- und Videosysteme werden über ein einziges Terminal geregelt: raumübergreifend und scheinbar grenzenlos.

BeoLeasing

Alle Bang & Olufsen Audio- und Videosysteme (ab DM 2500,–) können über den autorisierten Fachhandel geleast werden: schnell, einfach, problemlos. Nutzen Sie unser Angebot und fragen Sie Ihren Fachhändler!

* Unverbindliche Preisempfehlung der Bang & Olufsen Deutschland GmbH, D-82205 Gilching

Die genannten Ausstattungsmerkmale gelten nur in Verbindung mit aktuellen Bang & Olufsen-Systemkomponenten. Dolby® ist ein eingetragenes Warenzeichen der Dolby Laboratories Licensing Corporation. Preis-/Technische Änderungen und Irrtümer vorbehalten.

Granit-schwarz | Granatrot | Perlgrau | Perlrot | Perlgrün | Perlblau

Bang & Olufsen-Systeme muß man erleben, um ihre Faszination zu verstehen!

Für eine exklusive Beratung und individuellen Service stehen Ihnen unsere autorisierten Händler gerne zur Verfügung.

1 **Berlin:** B & O Center, Bregas, Lietzenburger Str. 99 • B & O Center, Musik & Design, Knesebeckstr. 38 • Audio Forum, Nestorstr. 56 • Blue Tel, Kurfürstendamm 125 • B & O Center Bregas, Nonnendammallee 93 • d&m HiFi am Roseneck, Hohenzollerndamm 95 • Firschke, Hauptstr. 60/61 • Fleggaard, Karl-Liebknecht-Str. 9–11 • Grawert, Karl-Marx-Str. 50 • HiFi im Hinterhof, Großbeerenstr. 66 • Hintze, Reichsstr. 6 • KaDeWe, Tauentzienstr. 21 • Karstadt, Herrmannplatz • Karstadt Wedding, Müllerstr. 25 • Labenski, Kaiser-Wilhelm-Str. 70 • Netzeband, Bahnhofstr. 18 • Piesnack, Müllerstr./Seestr. • Saturn, Alexanderplatz 8 • Schaulandt, Schloßstr. 1 • Schaulandt, Am Juliusturm 40–46 • Tema, Kurfürstendamm 206 • Ton & Design, Tempelhofer Damm 200 • Tonhaus in Friedenau, Rheinstr. 67 • Zeisberg, Unter den Eichen 84d • **Eisenhüttenstadt:** City-Radio, Lindenallee 34 • **Frankfurt/Oder:** City-Radio, Karl-Marx-Str. 185 • **Greifswald:** Wickleder, Mühlenstr. 27/28 • **Güstrow:** A•B•T, Gleviener Str. 2 • **Königs Wusterhausen:** Media Center Haupt, Fontaneplatz 10d • **Neubrandenburg:** Wasmund, Neutorstr. 32 • **Potsdam:** Girnt, Am Kanal 12 • **Rostock:** Meissner, Portcenter • Taschenbrecker, Wismarsche Str. 14 • **Sagard / Rügen:** HDT Duellmann, Glower Str. 27 • **Schwerin:** H&W Trading, Ellenried 5 • **Stralsund:** HiFi Corner, Langenstr. 67 • **Waren:** Gest, Goethestr. 33 • **Warnemünde:** Meissner, Mühlenstr. 13 • **Wildau:** Videotronik Haupt, Freiheitstr. 83 •

2 **Ahrensburg:** Aurich, Große Str. 6a • Lau, Hamburger Str. 2 • **Bad Schwartau/Lübeck:** Koschke, Rathausgasse 2 • **Bad Segeberg:** Baer, Hamburger Str. 13–21 • **Bremen:** Barlage, Gerhard-Rohlfs-Str. 63 • Barlage, Schüsselkorb 26 • Barlage, Alter Dorfweg 3-50, Roland-Center • Barlage, Emil-Sommer-Str. 4–6 • Czember, Hindenburgstr. 9–11 • High-Tech-Halle, Max-Planck-Str. 3 • Steinborn, Am Wall 162 • Tonus Stereoland, Am Wall 172 • **Bremerhaven:** Bening, Columbus-Center • Tootal Markt, Industriestr. 33 • **Buchholz:** Bellmann, Hamburger Str. 14a • **Buxtehude:** Scheer, Hauptstr. 5 • **Celle:** Nehrig, Nordwall 37a–38 • **Cuxhaven:** Bening, Abschnede 205 • **Delmenhorst:** TV-HiFi-Video G. John, Lübecker Weg 39 • **Elmshorn:** Dörr, Alter Markt 2 A • **Emden:** Rehbock, Neutorstr. 26 • **Eutin:** Kischkat, Königstr. 14 • **Flensburg:** TV Monitor, Engelsbyer Str. 65 • **Hamburg:** B & O Center, Aurich, AEZ Einkaufszentrum, Heegbarg 31 • B & O Center, Koll & Partner, Bleichenbrücke 2 • B & O Center, A•B•T, Friedrich-Ebert-Damm 112 • B & O Center, A•B•T, Im Hanseviertel, Große Bleichen 36 • B & O Center, Aurich, Elbe-Einkaufszentrum, Osdorfer Landstr. 135 • Absolute Sound, Eppendorfer Landstr. 13 • Brinkmann, Spitalerstr. 10 • Hamburger HiFi Center, Große Theater Str. 7 • Marquardt, Lüneburger Str. 8 • Masters Athmer, Blankeneser Bahnhofstr. 48 • Matzen, Poelchaukamp 25–27 • Redöhl, Rahlstedter Bahnhofstr. 57 • Schaulandt, Wandsbeker Marktstr. 103–10 • Schaulandt, Nedderfeld 98 • Schaulandt, Alte Holstenstr. 30–32 • Schaulandt-Harburg, Großmoorbogen 7 • Thomas, Osdorfer Landstr. 11 • **Hamburg-Altona:** Schaulandt, Ottenser Hauptstr. 10 • **Hamburg/Wentorf:** Hass TV & HiFi, Hauptstr. 8 • **Horneburg:** Goltzsch, Vordamm 1 • **Itzehoe:** Wulf, Bahnhofstr. 23 • **Kiel:** Schaulandt, Sophienhof • **Kiel-Altenholz:** Freitag, Klausdorfer Str. 95 • **Kiel-Kronshagen:** B & O Center, Begehr, Kieler Str. 62–64 • **Leer:** Hoppe, Mühlenstr. 33 • **Lübeck:** Koll & Partner, Königstr. 55 • Schaulandt, Sandstr. 17–23 • **Lüneburg:** Nolte, Neue Sülze 21 a • Profi Music, Auf dem Kauf / Ecke Lüner Str. • **Mölln:** M.O.S, Am Kurgarten 7 • **Neumünster:** Lorenzen Team, Mühlenstr. 2 • **Neustadt/Holstein:** Studio zum Felde, Vor dem Kremper Tor 6 • **Norden:** Rehbock, Neuer Weg 97/98 • **Nordenham:** Jansen, Hansingstr. 38 • **Oldenburg:** Abonyi, Nelkenstr. 4 • Ripken & Ripken, Alexanderstr. 192 • Ursin, Lange Str. 27 • **Osterholz-Scharmbeck:** Elsner, Bahnhofstr. 80 • **Ottersberg:** Dodenhof, Posthausen • **Papenburg:** Mega Markt, Zur Seeschleuse 1 • **Pinneberg:** Masters Röge, Damm 48 • **Ratzeburg:** Stapelfeldt, Schragenstr. 14 • **Rendsburg:** Kienass, Schleswiger Chaussee 269–277 • **Rotenburg:** Musikhaus Vajen, Am neuen Markt 14 • **Scheeßel:** Hillmann, Große Str. 12 • **Schönberg:** Nordmark, Große Mühlenstr. 5 • **Stade:** Masters Streek, Hansestr. 32 • **Syke:** Timke, Bassumer Str. 1 • **Tinnum/Sylt:** Ekong-Grube, Alte Dorfstr. 9 • **Uelzen:** Pommerien, Lüneburger Str. 14 • **Verden/Aller:** Bungalski, Große Str. 117 • **Westerstede:** Coldewey, Burgstr. 8 • **Wiesmoor:** Harms, Hauptstr. 134 • **Wilhelmshaven:** Ripken & Ripken, Güterstr. 35 • Tiemann, Mozartstr. 2 • **Winsen:** E-Markt Härtel, Lüneburger Str. 13 • **Wismar:** Funkhaus Küchenmeister, Hegede 5 •

3 **Bad Hersfeld:** Gärber, An der Obergeis 1 • **Bad Oeynhausen:** High Tech, Weserstr. 11 • **Bad Wildungen:** Blum, Itzelstr. 15 • **Bielefeld:** Hört sich gut an, Zimmerstr. 8 • Jupit - Tonstudio, Sunderweg 4 • TV-HiFi-Video Masters Messner, Westerfeldstr. 28 (Schildesche) • TV-HiFi-Video Masters Messner, Jöllenbecker Str. 138 • **Blomberg:** Raithel, Langer Steinweg 25 • **Braunschweig:** Schaulandt, Sack 5–11, im City Point • Wyrwas, Humboldtstr. 23 • **Braunschweig/Wenden:** B & O Center, Ulrich, Hauptstr. 16 • **Burg:** RFT, Schartauer Str. 31 • **Burgwedel:** Teuber, Am Markt 13 • **Detmold:** Fehring, Niemeierstr. 8 • Güse, Krumme Str. 14 • **Dillenburg:** Klein, Herwigstr. 3 • **Einbeck:** Brandt, Marktstr. 17 • **Espelkamp:** Koch, Breslauer Str. 25 • **Fulda:** EFM Müller, Kohlhäuserstr. 73 • Gärber, Abtstor 5–9 • **Gießen:** Schäfer & Blank, Sonnenstr. 3 • **Gifhorn:** Rentschler, Cardenap 5 • **Goslar:** HDE Kirsch, Okerstr. 8 • **Göttingen:** B & O Center, Wolf & Bornell, An der Nikolaikirche • Fäth, Lange Geismarstr. 28 • **Gütersloh:** Bücker, Berliner Str. 63 • **Halberstadt:** Nickel, Am Johannesbrunnen 23–24 • **Haldersleben:** RFT, Kirchstr. 12 • **Hameln:** K & M, Wehler Weg 61 • **Hannover:** B & O Center, Ulrich, Luisenstr. 10–11 • HiFi Meile, Volgersweg 12 • Horten Galeria, Seilwinder Str. 8 • Krebs am Aegi, Friedrichswall 8 • Ziese & Giese i. d. Luise, Theaterstr. 14 • **Herford:** Meyer-Arend, Steinstr. 20 • Unger, Mindener Str. 85 • **Hildesheim:** Technosound, Scheelenstr. 3/4 • Ulrich, Zingel 13 • **Holzminden:** Schidlack & Sohn, Halbmondstr. 12–14 • **Höxter:** Schidlack & Sohn, Am Markt 8 • **Kassel:** Maurer, Fünffensterstr. 2a • Pitsch, Untere Königsstr. 70 • Sound 77, An der Garnisonkirche 3 • TV-Center Maurer, Fünffensterstr. 4 • Weber, Wilhelmstr. 1 • **Lage:** TV-HiFi-Video Masters Büschemann, Luisenstr. 9 • **Lemgo:** Czechau, Breite Str. 65 • **Magdeburg:** Karstadt, Breiter Weg 128 • RFT, Max-Otten-Str. 2 • Ton-Art, Große Diesdorfer Str. 14 • TV-HiFi Masters RFN, Kastanienstr. 39 • **Marburg:** acoustics, Steinweg 35 a • Media Land, Im Schwarzenborn 2 • **Minden:** Knicker & Wortmann, Königsstr. 45 • **Neustadt a. Rbg.:** Ellermann, Zwischen den Brücken 2 • **Nienburg:** Interfunk Balk, Lange Str. 20–22 • **Paderborn:** Beverungen, Bayernweg 60–64 • Nixdorf, Grüner Weg 6 • Unger, Karl-Schurz-Str. 2–4 • **Peine:** Menz, Am Markt 7 • **Rheda-Wiedenbrück:** Bröckelmann, Klingelbrink 18 • **Rinteln:** High Tech, Bahnhofstr. 32 • **Salzgitter:** Mega Company, Peiner Str. 107 • **Schwalmstadt:** Blum, Bahnhofstr. 37 • **Spenge:** Koch, Lange Str. 35-37 • **Stadthagen:** Niemitz, Obernstr. 41/42 • **Verl:** Beckhoff, Uhlandstr. 2 • **Versmold:** Aring, Berliner Str. 2 • **Warburg:** Unger, Paderborner Tor 102 • **Wernigerode:** Kirsch, Dornbergsweg 51 • **Wetzlar:** Schneeberg-Neumann, Silhöferstr.25–27 • **Witzenhausen:** Flip Light, Mündener Str. 19 bei C.J. • **Wolfsburg:** Beckmann, Porschestr. 44 • Kronhagel, Goethestr. 51 • **Wolfsburg-Ehmen:** Schulz, Moerser Str. 51 • **Zerbst:** Körting, Breite Str. 49 •

4 **Ahaus:** Dieker, Adenauerring 4 • **Albersloh:** Drepper, Kirchplatz 1 • **Bad Iburg:** Künen, Osnabrücker Str. 14 • **Bocholt:** Nienhaus, Jerichostr. 51 • **Bochum:** Flasche, Kortumstr. (im Kortumhaus) • Flasche, Massenbergstr. 18 • Knoop, Kortumstr. 13 • Schossau, Kortumstr. 120 • Völker, Herner Str. 285–287 • **Borken:** Borkener Fernsehdienst, Nordring 120 • Küchen Kraft, Bocholter Str. 172 • **Coesfeld:** Pier, Gartenstr. 13–15 • **Dormagen:** Studio Halada, Kölner Str. 55 • **Dorsten:** Winter, Lippestr. 15 • **Dortmund:** B & O Center, Crohn, Kampstr. 41 • Karstadt Einrichtungshaus, Kampstr. 1 • Lingenhoff, Hohe Str. 28 • Saturn, Westenhellweg 70-84 • Schlücker, Alte Benninghofer Str. 17 (Hörde) • **Duisburg:** B & O Center, Majert, Friedrich-Wilhelm-Str. 96 • Schossau, Duisburger Str. 226 • **Dülmen:** An den Türmen, Coesfelder Str. 7 • **Düsseldorf:** B & O Center, Hafermann, Steinstr. 11a (Kö-Galerie) • Böhm, Luegallee 112 • Brandenburger, Steinstr. 27 • Evertz, Königsallee 63 • Fehrenbach, Gumbertstr. 88 • Koch, Schadowstr. 60 • Pechan, Kaiserswerther Markt 51 • Schossau, Königsallee 106 • **Emmerich:** Nienhaus, Speelbergerstr. 146 • **Emsdetten:** Peter's HiFi Video Center, Am Markt 2–4 • **Essen:** Bago bei belker...wohnen, Huyssenallee 82–86 • Balster, Marktstr. 57 (Borbeck) • Daum, Schulte-Hinsel-Str. 2 • Lindner, Kirchfeldstr. 5 (Kettwig) • Pawlak, Schwarze Meer 12 • Plettenberg, Brückstr. 55 (Werden) • Radio Fern, Kettwiger Str. 96 • Schossau, Kopstadtplatz 10 • **Geeste:** Cosse, Am Postamt 1 • **Geldern:** Hornbergs, Harttor 5 • **Gelsenkirchen:** Richter, Bahnhofstr. 18 • **Gelsenkirchen-Buer:** Langenfeld, Polsumer Str. 118 • Marten, Rottmannsiepe 4 • **Goch:** Thonnet, Bahnhofstr. 33 • **Grefrath:** Fernbach, Hohe Str. 41 • **Greven:** Schröder, Martinistr. 21 • **Grevenbroich:** Bodewitz, Königstr. 33 • **Gronau:** Herba Electronic, Ochtruper Str. 107–111 • **Haltern:** Kloth, Rekumerstr. 54 • **Haren:** Bose, Papenwiese 1 • **Heiligenhaus:** Köhler, Hauptstr. 133 • **Hilden:** Schönenborn, Düsseldorfer Str. 71 a • **Ibbenbüren:** Rethmann, Rheiner Str. 9 • **Kevelaer/Rh.:** Gerats, Markt 1–3 • **Krefeld:** Kox, Uerdinger Str. 616 (Bockum) • Kretschmer, Friedrich-str. 34 • Schossau, Ostwall 150 • Surkamp, Konventstr. 14 (Hüls) • **Langenfeld:** Rettkowski, Solinger Str. 84 • **Lohne:** Kalvelage, Bahnhofstr. 12 • **Meppen:** Lutat, Auf der Herrschwiese 5–9 • **Moers:** HiFi-Forum Moers, Friedrichstr. 9 • Majert, Bahnhofstr. 36 (2 Kapellen) • **Mönchengladbach:** B & O Center, Gottschalk, Bismarckstr. 20 • Gottschalk, Limitenstr. 60 (Reydt) • Schmitz, Hindenburgstr. 118 • **Mülheim:** Schaulandt, Hans-Boeckler-Platz 10 • **Mülheim/R.:** Karstadt, Humboldtring (Heißen) • Schmäring, Kaiserstr. 49 • **Münster:** Hüffer, Heinrich-Brüning-Str. 6 • Linnenbaum, Pienersallee 2 • Morava, Stubengasse 22 • Schilling, Hörster Str. 49 • **Neuss:** CHC Media Park, Im Taubental 36 (Grimmlinghausen) • **Nordhorn:** Horstmann, Hauptstr. 24 • **Oberhausen:** Grobe, Dorstener Str. 309 • Möbelstadt Rück, Straßburger Str. 58 • **Ochtrup:** Albers, Weilaustr. 1 • **Osnabrück:** B & O Center, O. Busmann, Hasestr. 16 • Reimer, Iburger Str. 19 • **Ratingen:** Johann + Wittmer, Kaiserswerther Str. 95 • van Triel, Dorfstr. 71 (Homberg) • **Ratingen-Hösel:** Stein, Eggerscheider Str. 9 • **Recklinghausen:** Moldenhauer, Bochumer Str. 85 • **Rheinberg:** Komossa, Orsoyer Str. 11 • **Rheine:** Saatjohann, Münsterstr. 1a • **Solingen:** Jüntgen, Grünewalder Str. 76 • Schossau, Hauptstr. 90 • Schultes, Konrad-Adenauer-Str. 12 • **Steinfurt:** Klaasmeier, Tecklenburger Str. 13 • **Tönisvorst:** Brings & Weckauf, Vorster Str. 2 • **Velbert:** Ströter, Heiligenhauser Str. 9 • **Viersen:** Paschmanns, Gladbacher Str. 11–13 • **Voerde:** Scholz, Rathausplatz 29 • **Waltrop:** Eichten, Dortmunder Str. 18 • **Warendorf:** Hifitreff, Wilhelmstr. 4 • **Werlte:** Klumpe, Hauptstr. 79 • **Wesel:** Medialand, Schermbecker Landstr. 35 • **Wülfrath:** Bast, Im Spring 6 • **Wuppertal:** B & O Center, HiFi Design, Bundesallee 217 (Elberfeld) • Evertsbusch, Langerfelder Str. 133 (Langerfeld) • HiFi Studio 9, Gewerbeschulstr. 21 (Barmen) • Schossau, Neumarktstr. 40 • Schuster & Ernst, Wilhelmstr. 3 •

5 **Aachen:** ProMedia, Stiftstr. 10 • Radio Ring, Ursulinerstr. 7 • **Aachen-Eilendorf:** Thies, Von-Coels-Str. 220 • **Ahlen:** Promedia Wolter, Weststr. 74 • **Aldenhoven:** Alsi Lentronik, Mühlenstr. 56 • **Alzey:** Raab, Ostdeutschestr. 15 • **Arnsberg:** Buchardt, Gutenbergplatz • **Bad Honnef:** Reitz, Linzer Str. 7 • **Bad Kreuznach:** Suppes, Planiger Str. 358 • **Beckum:** Pelkmann, Neubeckumer Str. 18 • **Berg. Gladbach:** Kuhlmann, Hauptstr. 164 • Kürten, Hauptstr. 293 • **Bestwig:** Hegener, Bundesstr. 171 • **Bingen:** Lotz, Saarlandstr. 144 • **Bingen/Büdesheim:** Lotz, Saarlandstr. 144–150 • **Bonn:** FME, Kaiserstr. 9 • Geulen, Römerstr. 60 • Haus der Musik und Technik, Wenzelgasse 13 • N. Schuldt, Oxfordstr. 2 • **Brilon:** Schleich, Bahnhofstr. 15 b • **Brühl:** Paffenholz, Uhlstr. 81 • **Burbach:** Klein, Nassauische Str. 12–14 • **Düren:** Gunkel, Wirtelstr. 28 • **Eitorf:** Meis, Goethestr. 13 • **Euskirchen:** HiFi Adolph, Malmedyer Str. 24 • **Finnentrop-Fretter:** Corte, Giebelscheidstr. 5 • **Geilenkirchen:** Wolf, Nik.-Becker-Str. 2 • **Geseke:** Schürholz, Lüdische Str. 2–4 • **Gevelsberg:** Völker, Hagener Str. 400 • **Gummersbach:** Simons, Gummersbacher Str. 67 • **Hagen:** B & O Center, Streibart, Eilper Str. 84 • Garthe, Kampstr. 34 • **Hamm:** Auditorium, Feidikstr. 93 • **Heinsberg:** Plum, Hochstr. 74 • **Heinsberg-Unterbruch:** Plum, Alte Schmiede 88 • **Hürth:** Medialand Theisen, EKZ Hürth-Park • **Idar-Oberstein:** Krieger-Elektra, Hauptstr. 373a • **Ingelheim:** Ziegelmayer, Bahnhofstr. 7 • **Iserlohn:** Erben, Friedrichstr. 13 • **Jülich:** Müller, Marktstr. 5 • **Kall:** Döhler, Benzstr. / Industriegebiet • **Klein-Winternheim:** Janz, Bahnhofstr. 34 • **Koblenz:** Rhein Radio, Viktoriastr. 8 • Stein, Rheinstr. 24 • **Kohlscheid:** Schiffer, Markt 50 • **Köln:** B & O Center, I. Schuldt, Apostelnstr. 9–11 • B & O Center, Art Media, Hohenstauffenring 62 • B & O Center, E. Jäger, Hauptstr. 39 (Rodenkirchen) • Graf, Neumarkt 12 • HiFi Studio Eins, Glockengasse/Neue Langgasse • Jäger, Falder Str. 9 • Radio Donath, Rondorfer Hauptstr. 42 (Rondorf) • Radio Nord, Neusser Str. 257 (Nippes) • Saturn, Hohe Str. 41–53 • Saturn, Hansaring 97 • Zabel, Dürener Str. 238 (Lindenthal) • **Kreuztal:** Teleservice, Marburger Str. 60 • **Kürten-Eichhof:** Schätzmüller, Lindlarer Str. 3 • **Leverkusen:** B & O Center, D. Cokan, Wiesdorfer Platz (Die Luminaden) • Radio City, Wiesdorfer Platz 47 • Stolz, Quettinger Str. 20 • Winzen, Kölner Str. 67 (Opladen) • **Lippstadt:** Media-Park-Eberlein, Erwitter Str. 111–114 • **Lüdenscheid:** HiFi-Forum, Wilhelmstr. 48 • **Mainz:** Bauer, Ludwigstr. 3 • Helffenbein, Korbgasse 1 • **Mainz-Hechtsheim:** Bauer, Rheinhessenstr. 7 • **Mayen:** Geiermann, Göbelstr. 12 • **Menden:** Preuss, Südwall 35 • **Overath:** Radio City, Propsteistr. 16–22 • **Rennerod:** Stecker-Center, Hauptstr. 23 • **Rheinbach:** HiFi Adolph, Himmeroder Wall 7 • **Rösrath-Forsbach:** Scheldt, Bensberger Str. 272 • **Sankt Augustin:** Wiehlpütz, Bonner Str. 80 • **Schwelm:** Becker, Hauptstr. 115 • **Schwerte:** HHKT, Sonnenstr. 9–11 • **Siegburg:** Wiehlpütz, Am Markt 26 • **Siegen:** Göttert, Hauptmarkt 11 • HiFi 2000, Marburger Str. 37 • **Soest:** Pfeffer, Leckgadum 5 • **Sundern:** Blome, Settmeckestr. 10 • **Trier:** Blang, Paulinstr. 17 • **Unna:** Treibel, Massener Str. 23 • **Waldbröl:** Bergerhoff, Nümbrechter Str. 2 • **Warstein:** Müller, Domring 3 • **Wesseling:** Expert Bär, Brühler Str. 115 • **Wipperfürth:** Ackerschott, Gladbacher Str. 16 •

6 **Alsbach:** Stein, Bahnhofstr. 2 • **Alzenau:** Radio Ostheimer, Brentanostr. 9 • **Aschaffenburg:** Amelung, Würzburger Str. 22 • Radio Ostheimer, Goldbacher Str. 12 • **Bad Camberg:** Schütz, Bahnhofstr. 21 • **Bad Dürkheim:** Teutsch, Bruchstr. 2 • **Bad Homburg:** Hepe, Haingasse 22 • **Bad Orb:** Stock, Bahnhofstr. 6 • **Bensheim:** DIE HIFI PROFIS, Schwanheimer Str. 146 • **Bexbach:** Essig & König, Rathausstr. 57 • **Bruchköbel:** Technik Markt Erdmann, Hauptstr. 39–41 • **Darmstadt:** DIE HIFI PROFIS, Saalbaustr. 8–10 • Wilms, Heidelberger Landstr. 223 (Eberstadt) • **Dreieich-Buchschlag:** Electronicoff, Im Steingrund 3 • **Eberbach:** Grisstede & Laule, Friedrichstr. 6 • **Frankenthal:** Hirsch & Ille, Westl. Ringstr. 2 • **Frankfurt:** B & O Center, Raum Ton Kunst, Neue Kräme 29 • B & O Center, HiFi Profis, Eschenheimer Tor 2 • Busold & Sohn, Flinschstr. 33 • Diehl, Kaiserstr. 40 • Diehl, Zeil-Galerie, Zeil 8 • Diehl, Opernplatz 2 • Diehl, Holzgraben 5–7 • Fischer, Textorstr. 27 • Hertie die 4., Zeil 90 • Jilg, Berner Str. 11 • **Freigericht:** Benzing, Kirchstr. 2-4 • **Groß-Gerau:** DUK, Frankfurter Str. 35 • **Groß-Umstadt:** Zwiener, Bruchweg 12 • **Hanau:** Schneider, Hauptstr. 17 a • **Heidelberg:** B & O Center, Schwarz & Lang, Brückenkopf 1/2 • Teutsch, Rohrbacher Str. 13–15 • **Hochheim:** Kyritz, Mainzer Str. 1–3 • **Hofheim/Ts.:** Born, Am Untertor 1 • **Homburg:** Ulmcke, Talzentrum • **Kaiserslautern:** Frohnhöfer, Karl-Marx-Str. 13 • **Karben:** Botz, Dieselstr. 1 • **Kelkheim:** Radio Born, Frankfurter Str. 26 • **Königstein:** Alter, Kirchstr. 7 • **Langen:** Vogdt, Riedstr. 12 • **Lebach:** Maldener, Marktstr. 14–16 • **Limburgerhof:** Alt, Speyerer Str. 89 • **Ludwigshafen:** Lang, Ludwigsstr. 54 a • **Mannheim:** B & O Center, Q4, Q 4,12 • Hirsch & Ille, N5, 11–13 • Hirsch & Ille, N4, 21–23 • MT-HiFi-Tonstudio, Kaiserring 30 • Teutsch, Gutenbergstr. 35 • **Merzig:** Müller, EKZ Merzig • **Merzig/Besseringen:** Radio Funk, Bezirksstr. 112 • **Mörfelden-Walldorf:** Willenbring, Treburer Str. 24 • **Mühlheim:** Sound & Vision, Offenbacher Str. 37 • **Mutterstadt:** Borger+Franzreb, Neustadter Str. 17 • **Neu-Isenburg:** Reibert, Frankfurter Str. 96 • **Nidda:** Master's Seipp, Neue Straße 4 • **Nußloch/Heidelberg:** Reidel, Kaiserstr. 10 • **Obernburg:** Kunisch, Römerstr. 37 • **Pirmasens:** Bruckner, Schloßstr. 3 • **Saarbrücken:** B & O Center, Maas, Dudweiler Str. 49a • Krüsmann, Bahnhofstr. 38 • **Saarlouis-Röderberg:** Harres AV Company, Carl-Zeiss-Str. 7 • **Schlangenbad:** Volk, Rheingauer Str. 13 • **Schönau:** Odenwälder, Hauptstr. 44 • **St. Wendel:** Multi Media, Ziegeleistraße • **Viernheim:** Adler & Hanf, Rathausstr. 52 • **Wiesbaden:** B & O Center, HiFi Profis, Wilhelmstr. 18 • DIE HIFI PROFIS, Rheinstr. 29 • Zinnecker, Burgstr. 8 •

7 **Aalen:** Nubert, Bahnhofstr. 111 • **Albstadt-Ebingen:** Haas & Alber, Schloßberg-Center • **Backnang:** Fachmarkt 2000, Sulzbacher Str. 166 • **Bad Wimpfen:** Finninger & Helbach, Rappenauer Str. 1 • **Baden-Baden:** B & O Center, Schuback, Lange Str. 4 • **Beilstein:** Riha, Hauptstr. 2 • **Bietigheim-Bissingen:** Expert Schmid, Stuttgarter Str. • **Böblingen:** Rebmann, Klaffensteinstr. 26 • **Böblingen-Schönaich:** Schild, Cheruskerstr. 6 • **Brackenheim:** Federmann, Georg-Kohl-Str. 47 • **Bretten:** Sauter, Weißhofer Str. 100 • **Bruchsal:** Jöst, Im Wendelrot 5 • **Bruchsal-Untergrombach:** Mangei, Weingartener Str. 20 • **Bühl/Baden:** Casa Blanca, Am Bannweg 8 • **Efringen-Kirchen:** Pro Media, Im Rebland Center • **Emmendigen:** Flösch, Am Elzdamm 61 • **Esslingen:** Burkard, Pliensaustr. 47 • Eberspächer, Pliensaustr. 36 • R+B, Oberer Metzgerbach 20 • **Fellbach:** Radio Bauer, Bahnhofstr. 115 • **Filderstadt-Bernhausen:** Ottmüller, Plieninger Str. 4 • **Freiburg:** B & O Center, Silomon, Dietler-Passage • Haberstroh, Ecke Günterstal-/Basler Str. • Schäfer, Mooswaldallee 4 • **Freudenstadt:** Neef, Martin-Luther-Str. 6 • **Geislingen (Steige):** AlbMarkt, Eybstr. 100 • **Göppingen:** Mediencenter Höhl, Am Autohof 30 • **Grenzach-Wyhlen:** Pro Media, Gartenstr. 19 a • **Heilbronn:** B & O Center, Klang & Design, Marktplatz 4 • **Heitersheim:** Fischer-Müller GmbH, Hauptstr. 47 • **Herrenberg:** TV Masters Eichhorn & Wimmer, Walther-Knoll-Str. 1 • **Karlsruhe:** B & O Center, Soinegg, Amalienstr. 47 • Freytag, Karlstr. 32 • Teutsch, Unterweingartenfeld 4 • **Karlsruhe-Durlach:** Kolbe, Pfinztalstr. 59 • **Kehl:** Zaspel, Hauptstr. 57 • **Kirchheim/Teck:** Bukatsch, Wellingstr. 10 • **Köngen:** Bukatsch, Hirschstr. 8 • **Konstanz:** Phono Motion, Rudolf-Diesel-Str. 1 • Sigerist, Bodanplatz 10–12 • **Lahr:** Flösch, Breisgaustr. 37 • **Landau:** Sinn, Reiterstr. 8 • **Leinfelden-Echterd.:** Neff, Bernhäuser Str. 8 • **Lörrach:** B & O Center, Matthes, Teichstr. 27 • Villringer, Weiler Str. 5a • **Ludwigsburg:** Talmon-Gros, Pflugfelder Str. 4 • **Metzingen:** Ruoff, Schloßstr. 13 • **Münsingen:** Wellhäuser, Hauptstr. 22 • **Nagold:** Denz, Am Vorstadtplatz • **Oberkirch:** Schwarz, Hauptstr. 53 • **Oberkochen:** Elektra Oberkochen, Heidenheimer Str. 5 • **Offenburg:** PureSound, In der Jeuch 3 • **Pforzheim:** B & O Center, Sonnet, Deimlingstr. 21 • Sonnet, Blumenstr. 3 • **Pfullingen:** B&O Center Schollenberger, Daimlerstr. 11 • **Rastatt:** Octomedia, Bahnhofstr. 19 • **Reutlingen:** Ankele+Weckler, Bayernstr. 2 • **Schramberg:** Radio Flaig, Oberndorfer Str. 18–20 • **Schwäbisch Gmünd:** Nubert, Goethestr. 69 • Zepf, Hintere Schmiedgasse 2 • **Schwäbisch Hall:** Wolpert, Aschenhausweg 19 • **Sindelfingen:** Aring, Wettbachstr. 13 • **Singen:** Stengele, Hauptstr. 3 • **Sinsheim:** B & O Center, Reidel, Hauptstr. 27 • **Sinzheim:** ABC, In den Lissen 16 • **Stuttgart:** B & O Center, Bauer, Calwer Passage • Scheck, Johannesstr. 35 • Studio 26, Sophien-str. 26 • **Stuttgart-Vaihingen:** Bürkle & Schöck, Vaihinger Markt 26 • **Tübingen:** B & O Center, Mayer, Metzgergasse 25 • On-Off, Vor dem Kreuzberg 3 • **Tuttlingen:** Klaiber, Stockacher Str. 4–6 • **VS-Schwenningen:** Top Tech, In den Muslen 1 • **VS-Villingen:** Hoerco, Vockenhauser Str. 22 • Schläfke, Berliner Str. 9+13 • **Waiblingen:** Bauer, Am Stadtgraben 13 • **Waldshut:** Matthes, Kaiserstr. 37 •

8 **Aschheim:** Bauer, ehemals Brenner, Erdinger Str. 9 • **Augsburg:** B & O Center, Müller, Am Perlachberg 3 • **Bad Aibling:** Lengauer, Münchner Str. 1 • **Bad Reichenhall:** Kraus, Kammerbotenstr. 5 • **Bad Waldsee:** Mayer, Am Ravensburger Tor 15 • **Bad Wiessee:** Prestel, Prinzenruhweg 4 • **Bad Wörishofen:** Riedl, Hochstr. 22 • **Berchtesgaden:** Obraczka, Königseer Str. 26 1/3 • **Biberach-Riss:** Oelmaier, Ulmer-Tor-Str. 8–10 • **Burgau:** Endt, Käppele 10 • **Dachau:** Hruby, Augsburger Str. 19 • **Dingolfing:** Expert Feuchtgruber, Stauseestr. 2 • **Eichstätt:** Radio Knör, Pfahlstr. 29 • **Erding:** Becht, Max-Planck-Str. 16 b • **Freising:** Baran, Heiliggeistgasse 6 • **Friedrichshafen:** Müller, Ravensburger Str. 29 • **Friedrichshafen/Ailingen:** Laubenberger, Hauptstr. 62 • **Friesenried:** Gerum, Allersberger Weg 1 • **Fürstenfeldbruck:** Car Trends, Leonhardsplatz 4a • **Garmisch-Partenkirchen:** Huter, Chamonixstr. 6 • Röhrich, Zugspitzstr. 45 • **Grafing:** Carpus, Rotter Str. 16 • **Gröbenzell:** Gleiß, Tannenfleckstr. 1 / Ecke Olchinger Str. • **Grünwald:** B & O Center, first audio, Emil-Geis-Str. 5 • **Haar:** Andreas, L.-v.-Beethoven-Str. 27 • Schmalzgruber, Wasserburger Str. 27 • **Heidenheim:** Weisser, Grabenstr. 3 • **Immenstadt:** Radio Frey, Marienplatz 21 • **Ingolstadt:** Schönauer & Ostermeier, Esplanade 3 • **Kaufbeuren:** Expert Techno Markt, Sudetenstr. 6 • **Kempten:** Tannheimer, Lindauer Str. 12 • **Königsbrunn:** TV-HiFi Anzenhofer, Haunstetter Str. 103 • **Krailling:** B & O Center, Fortissimo, Gautinger Str. 51 • **Landsberg/Lech:** Der neue Bals, Lechwiesenstr. 66 • **Landshut:** efa, Luitpoldstr. 7+9 • Zirngibl, Regierungsplatz 567 • **Lenggries:** Stöger, Marktstr. 5 • **Lindau:** HiFi Ecke, Bregenzer Str. 29 • **Memmingen:** Keil, Kalchstr. 24 • **Mengen:** Buck, Hauptstr. 39 • **München:** B & O Center, D. Reisenberger, Hackenstr. 5 • B & O Center, D. Reisenberger, Maxburgstr. 4 • B & O Center, first audio, Wolfratshauser Str. 234 • Audio Objekte, Brienner Str. 54 • Bauer, Humboldtstr. 32 • Baumüller, Oberföhringer Str. 226 • Ernstberger, Kaiserstr. 61 • Fortissimo, Landsberger Str. 459 • HiFi Concept, Wörthstr. 45 • HiFi Treffpunkt, Albert-Roßhaupter-Str. 40 • Karstadt, Neuhauser Str. 44 • Liebhart, Hofangerstr. 12 • Saturn, Schwanthaler Str. 115 • Saturn im OEZ, Pelkovenstr. 155 • Schütze, Thomas-Dehler-Str. 12 • **Neuburg:** Masters Gems, Münchner Str. 95 • **Neuötting:** Enzinger, Lohgerberstr. 11 • **Oettingen:** Viehweg, Schloßstr. 40 • **Ottobrunn:** Fli-Ra-Do, Hubertusstr. 2 • **Penzberg:** Masters Marksteiner, Bahnhofstr. 16 • **Pfaffenhofen:** e-markt Olbrich, Josef-Fraunhofer-Str. 41 • **Pfarrkirchen:** Theiner, Franz-Stelzenberger-Straße • **Prien:** Stiebler, Geigelsteinstr. 20 • **Ravensburg:** Bauer, Marktstr. 32 • **Rosenheim:** Stern, Max-Josefs-Platz 5 • **Salem:** Metz, Schloßseeallee 2–4 • **Senden-Wullenstetten:** Lander, Römerstr. 63 • **Stadtbergen:** Müller, Wankelstr. 5 • **Starnberg:** Kiffer, Maximilianstr. 19 • **Traunreut:** Augenschein, Kantstr. 12 • **Ulm:** B & O Center, Endrulat, Kramgasse 3 • **Ulm-Jungingen:** TV HiFi Masters Grees, Ehmannstr. 1 • **Wangen/Allg.:** Nachbaur, Zunfthausgasse 6 • **Weilheim:** Primatechnik, Schmiedstr. 8 • Schöffmann, Fischergasse 16 • **Wertingen:** Gutmeyr, Äußere Kanalstr. 1 •

9 **Ansbach:** Zettlmeissl, Oberhäuserstr. 55 • **Bad Mergentheim:** Teutsch, Bahnhofsplatz 3 • **Bad Neustadt/Saale:** Mega Company, Industriestr. 12 • **Bamberg-Hallstadt:** Schiffauer HiFi, Biegenhofstr. 10 • **Bayreuth:** Baumann, Ludwig-Thoma-Str. 20 • **Cham:** K+B Fachmarkt, Rodinger Str. 20 (im Regentalcenter) • **Coburg:** Riemann, Mohrenstr. 30 • **Deggendorf:** Linke-Legleiter, Metzgergasse 21 • **Eisenach:** HiFi Heiß, Marktgasse 1–2 • **Erfurt:** B & O Center, Media Mobil, Marktstr. 19 • **Erlangen:** B & O Center, Schnatzky, Nürnberger Str. 24–26 (Grande Gallerie) • **Euerdorf:** Schneider, Schweinfurter Str. 37 • **Fichtelberg:** Forster, Gablonzer Str. 15 • **Forchheim:** Mose, Äußere Nürnberger Str. 14 • **Fürth:** Schnatzky, Hirschenstr. 16 • **Gunzenhausen:** Jenning, Bahnhofstr. 21 • **Hof:** Abeßer, Marienstr. 78 • Granz, Königstr. 50 • Masters HiFi Studio, Ludwigstr. 75 • **Kronach:** Zara, Rodacher Str. 14 • **Marktredwitz:** Plischke, Klingerstr. 3–5 • **Mühlhausen/Thür.:** Expert Teleradio, Klosterstr. 5 • **Neumarkt:** Preissler, Regensburger Str. 55 • **Nordhausen:** TV Masters Gunst, Poststr. 7 • **Nürnberg:** B & O Center, Kreitmeier, Kaiserstr. 39 • Kölbl + Kalb, Moltkestr. 1 • Kreitmeier, Mögeldorfer Hauptstr. 49 • Saturn, Am Weissen Turm • **Passau:** Linke-Legleiter, Theresienstr. 10 • **Plattling-Pankofen:** Nothaft, Pankofen 21 • **Regensburg:** B & O Center, Ratisbona, Neue Waaggasse 1 • Weigl, Watmarkt 3 • **Schweinfurt:** Top 3 Markt, Friedrich-Gauß-Str. 2 • Uhlenhuth, Albrecht-Dürer-Platz 2 • **Weiden:** Helgert & Bäumler, Dr.-Pfleger-Str. 32 • **Weidenberg:** Pöhlmann & Schlegel, Birkenstr. 9 • **Weimar:** Vahsholz, An der großen Wiese 1 • **Würzburg:** Duttenhofer, Domstr. 5 • Hofmann & Schneider, Sanderstr. 27 •

0 **Altenburg:** Jäger, Ringstr. 1 • **Bautzen:** Borrmann, Wendische Str. 1 • **Chemnitz:** PFU, Straße der Nationen 46 • **Chemnitz-Oberlichtenau:** Pro Tech, Mittweidaer Str. 30 • **Chemnitz-Röhrsdorf:** B & O Center, Ralph Müller, Wildparkstr. 3 (Am Chemnitzcenter) • **Cottbus:** Merz, Stadtpromenade 11 • **Döbeln:** Radio Namyslo, Zwingerstr./Neugasse 1 • **Dresden:** DWS, Webergasse 11 • Grawert, Freiberger Str. 35 • Karstadt, Prager Str. 12 • media center, Königsbrücker Str. 49 • Technik-Haus, Leipziger Str. 109 • **Freiberg:** rfe, Bahnhofstr. 44 • **Gera:** Masters Jörk, Breitscheidstr. 4 • **Görlitz:** Musikhaus Barth, Augustastr. 15 • **Halle:** B & O Center, HiFi am Hallmarkt, Oleariusstr. 4 • Expert, Leipziger Str. 13 • **Hoyerswerda:** Electronic-Service-Center, L.-Herrmann-Str. 97 • **Jena:** Expert Hempfling, Goethe Galerie • **Köthen:** Eichler, Augustenstr. 98 • **Leipzig:** Karpa, Mockauer Str. 123 • Kramer Klang & Design, Markt 9 • **Merseburg:** Willing & Erbert, Burgstr. 21 • **Naumburg:** Bild & Ton, Weißenfelser Str. 30 • **Pirna:** Michel, Rottwerndorfer Str. 41 • **Plauen:** Teuschler, Windmühlenstr. 6 • **Reichenbach:** Butz, Albertistr. 13 • **Riesa:** Akustik Exklusiv, Dr.-Scheider-Str. 4 • **Roßlau:** Körting, Goethestr. 17 • **Senftenberg:** City-Radio, Am Neumarkt 1–5 • **Zittau-Hörnitz:** »HI-TECH »«Partner«« Groß«, Zittauer Str. 10a • **Zwickau:** Schlegel, Marienthaler Str./Sonnenstr. 2 •

Bang & Olufsen

TECHNIK ZUM VERLIEBEN

Bang & Olufsen Deutschland GmbH
Rudolf-Diesel-Straße 8 · D-82205 Gilching bei München · Telefon 0 81 05/3 89-129 · Telefax 0 81 05/3 89-280
Österreich: Tel. 01/878 09 0 · Schweiz: Tel. 01/8 38 81 11

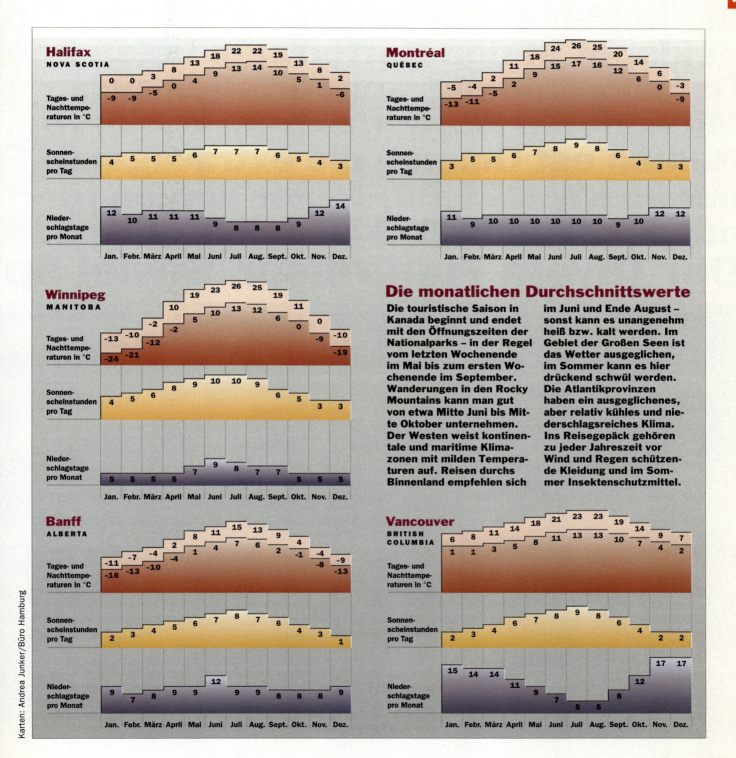

Heiß oder weiß?

Kanada läßt die Wahl: Im Sommer können Sie im Binnenland schwitzen oder im äußeren Norden frieren – oder in den Küstengebieten angenehm warme Temperaturen genießen

Die monatlichen Durchschnittswerte

Die touristische Saison in Kanada beginnt und endet mit den Öffnungszeiten der Nationalparks – in der Regel vom letzten Wochenende im Mai bis zum ersten Wochenende im September. Wanderungen in den Rocky Mountains kann man gut von etwa Mitte Juni bis Mitte Oktober unternehmen. Der Westen weist kontinentale und maritime Klimazonen mit milden Temperaturen auf. Reisen durchs Binnenland empfehlen sich im Juni und Ende August – sonst kann es unangenehm heiß bzw. kalt werden. Im Gebiet der Großen Seen ist das Wetter ausgeglichen, im Sommer kann es hier drückend schwül werden. Die Atlantikprovinzen haben ein ausgeglichenes, aber relativ kühles und niederschlagsreiches Klima. Ins Reisegepäck gehören zu jeder Jahreszeit vor Wind und Regen schützende Kleidung und im Sommer Insektenschutzmittel.

Denken Sie bei der Wahl Ihres K
Sie haben einen neuen, einsitzigen Sp
geklappt in den Kofferraum legen kön
Der ist geräumig, komfortabel, sicher u
Mit anderen Worten: extrem vernünftig.
Nomen est Omen – die extravagante F
der 95 kW (129 PS)-Motor sorgen für ri
aus Spaß ruhig Ernst werden, ohne daß
Der Toyota FunCruiser. Soviel Sp

Beim Toyota Händler kriegen Sie Spaß. FunCruiser 5türig ab DM 37.080,– (unverbindliche Preisempfehlung der Toyota Deutschland GmbH ohne Überführung). Finanzierung über die Toyota Kreditbank GmbH oder die Toyota Leasing GmbH. Info-Material unter 01 80/5 35 69 69.
BTX: *40063 #.

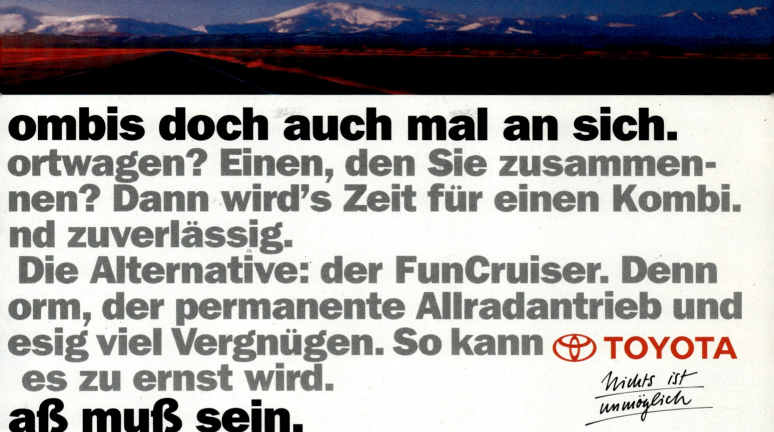

ombis doch auch mal an sich.
ortwagen? Einen, den Sie zusammen-
nen? Dann wird's Zeit für einen Kombi.
nd zuverlässig.
Die Alternative: der FunCruiser. Denn
orm, der permanente Allradantrieb und
esig viel Vergnügen. So kann
es zu ernst wird.
aß muß sein.

TOYOTA

Nichts ist unmöglich

Die Hitze des Gefechts: Karneval bei minus 15 Grad

QUÉBEC
Der *frostigste* Frohsinn der Welt

Und trotzdem weht der Atem der Geschichte im „Neuen Frankreich" menschlich warm

Die Liebe der Franzosen: Quartier du Petit-Champlain

Der Prunk der Jahrhundertwende: Hotel Château Frontenac

Die Stelle, wo sich der Sankt-Lorenz-Strom auf „nur" einen Kilometer verengt, nannten die Algonkin-Indianer Kebec. Die Franzosen übernahmen das Wort: Québec ist die Hauptstadt der mehrheitlich französischsprachigen Provinz, die ebenfalls Québec heißt.

VON KARL GÜNTER SIMON

Am Morgen der Blick aus dem Fenster: ein Baukran, Rauch aus Fabrikschloten, Kirchtürme, fein ziseliert, und moderne Wolkenkratzer. Das Licht taucht alles in eine brutale Klarheit, macht auch das Banale monumental; der Himmel wie aus Glas. Draußen der schneidende Wind, die Schneeberge meterhoch vor den Häusern, dazwischen Skulpturen, aus Eis gemeißelt, Köpfe, Tiere, Mauern und Paläste.

Wir stehen auf der Mole des alten Hafens von Québec. Fotografen, Reporter; Wollmützen, Mundschutz, Anorakkapuzen; fröhliche Menschen, tapsend in schweren Stiefeln, vermummt bis zur Nasenspitze, Eisbären-Charme. Er sei, sagt ein Kollege aus Schweden, ein *Festival collector*, aber dies hier, der Eiskarneval sei einzigartig. Rio kennt jeder, und Schweden ist protestantisch. Hier sind die Jesuiten gelandet und nicht die Puritaner.

Gestern abend zog die Parade durch die Grande Allée. Keine Bonbons, kein Konfetti, kein Tanzmariechen, keine nackten Mulattinnen – dafür der Punsch aus hohlen Spazierstöcken, mollig verpackte Mädchen. Der *Bonhomme Carnaval*, ein dicker Schneemann in weißer Kunststoffhülle, küßte seine Prinzessinnen nur symbolisch. Der berühmte kanadische Winterstiefel, warme Füße bis minus 60, fuhr im eigenen Wagen; die Trompeten trugen Mäntel, damit die Töne nicht erfrören. Auch Gäste aus Südamerika: Bolivianer, kältetrainiert im Altiplano. Manche Wagen sahen aus wie Panzer oder wie das Papstmobil: Hinter Glaswänden tanzten Menschen wie Gespenster. Auch die Zuschauer tanzten, wenn auch tapsig – die beste Art, nicht festzufrieren.

Das Schauspiel, das nun am Hafen beginnt, ist der Schluß- und Höhepunkt des Karnevals. Da kommen sie über das Eis: Je fünf Mann schieben ein Kanu, ein Bein im Boot, das andere draußen, um sich abzustoßen, so wie Kinder Roller fahren. Sie erreichen rutschend den Strom, wo die Eisschollen treiben, springen ins Boot, paddeln ein Stück, klettern wieder aufs Eis, schieben, bezwingen Gebirge, stürzen wieder ins Wasser. Und wieso treiben die Schollen bergauf, Richtung Montréal? Das sei die *Marée*, sagt ein lokaler Fachmann – tatsächlich die Flut? Hier, mehr als 700 Kilometer vom Meer entfernt, die Wirkung der Gezeiten? Das hieße, die Flut der Nordsee würde den Rhein bis Basel schieben, mit einer fünf Meter hohen Welle. Köln, Karlsruhe, Straßburg wären unter Eis begraben.

Wir stehen an einem historischen Ort. Amerika wurde zweimal entdeckt – genauer gesagt: zweimal erobert und viermal entdeckt, dreimal von oben und einmal von unten. Vor zehn- oder zwanzigtausend Jahren – die ältesten Steinwerkzeugfunde werden auf 16 000 Jahre datiert – zogen asiatische Stämme über die schmale Landbrücke im kalten Norden, dort, wo heute die Beringstraße die Kontinente trennt. Als die Gletscher

Eisbären-Charme: vier kältetrainierte Karnevalistinnen

Fotos: A. Mosler; Mauritius; Simpson/Tony Stone; Raach/Look

Die Kraft der großen Siege: Notre-Dame-des-Victoires

Paris in Québec: Frühlingserwachen in der Altstadt

Historischer Sport: paddeln gegen Strom und Eis

der Eiszeit die Täler räumten, zogen die Stämme weiter südwärts hinunter bis Chile, bis sie dort wieder das Eis erreichten. Dann, vor 1000 Jahren, kamen wiederum Nordmänner, tollkühne Seefahrer, wenn man die Qualität ihrer Schiffe rechnet: Die Wikinger fanden Neufundland, also Kanada. Kanada ist eine Brükke. Dreimal wurde Kanada entdeckt. Nur einer – einer aus Europa – landete per Schiff im warmen Süden: Kolumbus.

Kolumbus machte die weiteste Reise. Er suchte Indien, Japan und China, fand 1492 die westindischen Inseln und 1498 das Festland des neuen Kontinents.

Wie aber kommt man nach China, in westlicher Richtung? Andere suchten den Weg im Norden. John Cabot oder Giovanni Cabotto, auch ein Seemann aus Genua, aber in englischen Diensten, landete 1497 auf Neufundland und vielleicht auch in Labrador: Dann hätte er das Festland früher entdeckt. Würde er Asien per Schiff erreichen? Dann kamen die Franzosen. Jacques Cartier segelte 1534 den Sankt-Lorenz-Strom hinauf. Die ersten „Indianer", die er an der Bucht von Gaspé traf, nannten ein Dorf oder eine Gemeinde *Kanata* – so kam das Land zu seinem Namen. Die Stelle, wo sich der mächtige Sankt-Lorenz-Strom verengt, hieß in der Algonkin-Sprache *Kebec*, und auch dieser Name, französisch Québec geschrieben, ist geblieben. Eine enge Flußstelle heißt französisch *Détroit* – kaum einer denkt daran, wenn er Detroit amerikanisch-englisch spricht.

Der Strom ist hier, an der Kebec-Stelle, immerhin noch einen Kilometer breit. Zwölf Mannschaften paddeln, schieben, kämpfen gegen Strom und Eis. Sie sind schon in der Mitte des Flusses, vom Hafen sieht man nur noch ferne Punkte. Sie müssen die Kaimauer drüben bei Lévis berühren, wieder zurückkommen – die Anfänger-Boote sind dann am Ziel; wirkliche Profis machen die Tour gleich zweimal. Eine Tortur: immer wieder vom Eis ins klirrendkalte Wasser; mal schwimmt das Boot, mal rutscht es. Dazu der eisige Wind. Wenn er an die 30 Stundenkilometer geschwind ist, spürt die Haut die doppelte Kälte: aus minus 15 werden minus 30 – das ist der „Wind-Faktor", den hier in Québec jeder Wetterbericht verkündet.

Ein historischer Sport: Früher, noch im letzten Jahrhundert, ehe die großen Fährschiffe kamen, war diese tollkühne Fortbewegungsart oft der einzige Weg, die beiden Ufer zu verbinden. Ein historischer Ort: Hier hat Cartier seine Schiffe geankert; hier hat Champlain die erste französische Siedlung gegründet; hier starteten die Entdecker des Mississippi, die Gründer von New Orleans – La-Nouvelle-Orléans.

Gleich hinter dem Hafen beginnt le Quartier du Petit-Champlain, liebevoll restaurierte Häuschen. An der Kirche Notre-Dame-des-Victoires hängt ein Schild: *Berceau* – die Wiege – *de la Nouvelle-France, ici sur le terrain Samuel de Champlain fonda Québec en 1608*. Und daneben, wo sich Boutiquen, Galerien und Gasthäuser reihen, noch eine Inschrift: Petit-Champlain – die älteste Straße Nordamerikas. Darüber darf man diskutieren. Drei Orte können sich also streiten, denn Jamestown in Virginia war die erste dauernde Siedlung der Briten (1607) und San Agustín in Florida gründeten die Spanier schon im Jahr 1565, nachdem sie die Franzosen, die vor ihnen da waren, massakriert hatten, auf ziemlich grausame Art.

Nach oben, auf die ragende Klippe, die sich gut verteidigen ließ, führt eine drollige Zahnradbahn: Da liegt eine altfranzösische Stadt, von einer Mauer umgeben mit Festungstoren. Ein Juwel, und erst recht verzaubert im Winter: im Schnee versunken die Place d'Armes, die Rue du Trésor mit ihren Malern; eisbedeckte, alte Kanonen. Das älteste

Haus, *Aux Anciens Canadiens*, wärmt den Gast mit dem Charme der französischen Provinz: Kellnerinnen im Spitzenhäubchen servieren Gans im Blätterteig – dazu einen feinen Bordeaux, und man kann ganz Paris getrost vergessen. Als Kontrast die feine Hotelhalle des Château Frontenac; im Schloßhotel aus den Anfangszeiten der Eisenbahn der warme, anheimelnde Prunk der Jahrhundertwende. Vor dieser hundertjährigen Burg kann man wandern, in Stiefeln oder per Ski: Von der Terrasse Dufferin, hoch oben über dem majestätischen Strom, spaziert man bis zu den Champs-de-Bataille. Hier ging Kanada verloren. Im Jahr 1759 – im selben Jahr des Siebenjährigen Krieges wurde Friedrich der Große bei Kunersdorf geschlagen – besiegte der Briten-General Wolfe die Franzosen unter Montcalm. Beide Generäle fielen, und über dem Schlachtfeld erscholl – so die Legende – eine Geisterstimme: *Je me souviens* – ich erinnere mich, oder frei übersetzt: Vergiß es nie!

Ein Weltkrieg schon damals; während die Preußen mit Müh und Not Schlesien gewannen, gründeten die Engländer ein Weltreich: Frankreich überließ ihnen Kanada und Indien, Spaniens Florida wurde englisch-amerikanisch. Der Satz *Je me souviens* steht heute auf jedem Auto-Schild der Provinz Québec, so als würden deutsche Nummern-Plaketten an die Schlacht und Niederlage von Kunersdorf erinnern.

„Vive le Québec libre!", rief de Gaulle, der Superfranzose, 1967 in Montréal. Das war Wasser auf die frankokanadischen Mühlen. In der „stillen Revolution" der 60er Jahre erwachte das Selbstbewußtsein der Québecer: Französisch wurde Amtssprache, frankophone Manager übernahmen Führungsrollen in Politik und Wirtschaft, viele anglophone Unternehmen zogen ab nach Toronto. Die alten Wurzeln trieben frisches Grün; die alten Häuser wurden restauriert. In der Stadt Québec spricht fast jeder mühelos zwei Sprachen, doch in den Straßen sieht man kein englisches Wort, kein *Pressing*, kein *Parking*, kein *Drugstore* wie in der stolzen Stadt Paris.

Lunch mit Monsieur Mercier im Club de la Garnison. Es wirkt alles fein-englisch, nur das Essen ist besser. Eine Tafel am Eingang gedenkt der im Ersten Weltkrieg Gefallenen: Sie starben für das Commonwealth. Daneben Fahnen von Kanada und Québec, vier Lilien, die an die französischen Könige erinnern und nicht an die Queen.

Monsieur Mercier ist Bürgermeister von Charlesbourg und zugleich Präsident der 13 Bürgermeister der *Communauté urbaine de Québec*. „Ich kenne viele Städte der Welt", sagt er, „und ich kann sagen: Ich bin verliebt in Québec. Sie fahren 20 Minuten und sind im schönsten Ski-Gebiet, im Sommer kann ich vor der Haustür wandern oder angeln, riesige Forellen ..." Und natürlich liebt er auch sein Charlesbourg.

Wenn man die Karte von Québec betrachtet, dann kann man die *Seigneuries* noch erkennen, die Landstücke, die der Kardinal Richelieu den Siedlern zu Lehen gab. Charlesbourg gründeten die Jesuiten 1626. In der alten Jesuiten-Mühle zeigt ein Museum den Plan der Siedlung einst und heute: in der Mitte der Kirche; um die Kirche wurde ein quadratischer Strich gezogen, der *Trait carré*; dort lagen die Häuser der ersten Siedler und hinter dem Haus liefen die Grenzen des Grundbesitzes auseinander wie die Strahlen eines Sterns. Genauso sieht der Plan von Karlsruhe aus, des Musterbeispiels der barocken Stadt.

Die Dorfanlage ist erhalten, jedenfalls ihr Kern. Am *Trait carré* stehen französische Bauernhäuser aus dem 18. und 19. Jahrhundert, vorbildhaft gepflegt. In fünf Minuten hat man das Geviert umfahren und einen Eindruck von der Urzeit der Kolonie.

Und vor dieser Urzeit? Vor den Franzosen gab es die Indianer, die im Neu-Französisch *Amérindiens* heißen, also Amer-Inder. Das Wort bewahrt einen doppelten Irrtum: Kolumbus hatte nicht Indien entdeckt und die Indios, sondern versehentlich einen neuen Kontinent – der müßte, wenn schon, Kolumbia heißen, denn Amerigo Vespucci war nicht der Entdecker, sondern nur ein Reporter, der – in guten Texten – schon Entdecktes beschriebe. Kanada und Québec, die Wörter bewahren immerhin die „amer-indische" Tradition.

Sie selber, die Autochthonen, nennen sich mit ihrem Stammesnamen: Wendat – die Franzosen nannten sie Huronen. Um 1600 gab es 30 000, und sie waren die besten Verbündeten der Franzosen; ohne sie gäbe es keine Pelze am Hof von Versailles, ohne sie kein Kanada und auch kein New Orleans. Heute zählt der Stamm noch 2000 Menschen; 800 von ihnen leben im Reservat Wendake in der Stadt Québec. Wie erkennt man ein Indianer-Reservat? An Zelten, Palisaden-Zäunen, Lagerfeuern? Marterpfählen? An Schildern „Betreten verboten!", wie man sie bei den Aborigines Australiens findet? Ein paar Straßen mit Einfamilien-Häusern zwischen mächtigen Schneemauern, Autogaragen – nichts unterschiede die Gegend von irgendwelchen Vorortsiedlungen in Québec oder München, gäbe es nicht zweisprachige Straßenschilder, französisch und wendakisch. „Nous sommes chez nous", sagt die Indianer-Dame kämpferisch und französisch, „das ist unser Land", aber es gebe einen alten Wampum, einen Gürtel, der Botschaften trägt, der habe ums Jahr 1700 gesagt: Hier gibt es Platz für zwei Kulturen. Und was machen sie jetzt, die Wendat-Huronen, die Pelzjäger, Waldläufer, Spurensucher? „Was denken Sie? Das sind keine Deppen. Sie haben studiert, haben Berufe wie andere auch, sind Ärzte, Anwälte, Professoren." Und welche Sprache sprechen sie? „Natürlich Französisch, denn wir leben ja in Französisch-Kanada."

Ein Plakat im Büro verkündet in mehreren Sprachen, Micmac zum Beispiel: *Majulkwaden ekkamlumun ziaw ginazi uksetqamug* und so weiter : „Geh' in die Schule! Bewahr' deine Träume. Gib dir den Schlüssel zum Erfolg für dich und dein Volk!" Und da ist auch der Gürtel, den jeder traditionsbewußte Québecer zum Karneval trägt, der bunte mit den eingewebten Pfeilen: die *Ceinture-flèche* der Wendat-Huronen.

Irgendwann am Nachmittag war das Rennen zu Ende. Die Schollen aus Eis waren verschwunden, der Strom floß wieder abwärts, wie es sich gehört. Sie kamen herangepaddelt, im Kanu der Indianer, nur heutzutage aus Fiberglas statt aus Birkenrinde. Dann der Aufschrei der Massen trotz kalter Füße: Gewonnen! Die Équipe du Château Frontenac! Eine Stunde und sechs Minuten der Sieger, zwei Stunden siebzehn die Letzten.

Heut' abend wird noch einmal gefeiert, heut' abend wird der Bonhomme Carnaval die Prinzessinnen küssen – und, so wird *Le Soleil*, die Zeitung, berichten, – sie weinten! Sie weinten! Denn die schöne, die eisige Zeit des Karnevals ist vorbei. Andertags werden sie nach Mexiko oder Santo Domingo fliegen. Das Wetterfernsehen *Météomedia* vermeldet rund um die Uhr eiskalte Daten: Québec minus 15, mit *Facteur vent* minus 30 – Santo Domingo 32 plus.

Wer hat den besseren Teil Amerikas entdeckt, Kolumbus oder Champlain? Die Prinzessinnen würden für Kanada stimmen, vielleicht – sicher aber für Québec.

MASSANZÜGE FÜR DEN ANSPRUCHSVOLLEN INDIVIDUALISTEN.

CHRYSLER NEW YORKER.
Die Faszination des Besonderen. Mit 3,5-l-V6, 155 kW (211 PS).

CHRYSLER VISION.
Die individuelle Art, Luxus zu erfahren. Mit 3,5-l-V6, 155 kW (211 PS).

CHRYSLER STRATUS. Die intelligente Wahl.
Als LE 2,0-l-Vierzylinder, 96 kW (131 PS), oder als LX 2,5-l-V6, 118 kW (160 PS).

CHRYSLER NEON.
Fahrspaß pur. Mit 2,0-l-16V-Vierzylinder, 98 kW (133 PS).

SO UNTERSCHIEDLICH sie auch sind, die Limousinen von Chrysler haben eins gemeinsam: Sie sind konzipiert für die Ansprüche automobiler Individualisten.

Schon äußerlich zeichnet sich jede Chrysler Limousine durch ihr eigenständiges Design aus. Die luxuriöse Serienausstattung und das Chrysler Sicherheitskonzept, serienmäßig mit zwei US-Airbags, ABS und Seitenaufprallschutz, garantieren ein entspanntes und komfortables Reisen. So wird jede Fahrt in einer Chrysler Limousine zu einem ganz besonderen Erlebnis.

Mehr Informationen zu den Limousinen von Chrysler? Dann faxen Sie uns: 0 22 73 / 95 72 63, Stichwort PC 802. Oder lernen Sie die individuellen Chrysler Limousinen persönlich kennen. Bei Ihrem Chrysler/Jeep Vertragspartner, kompetent in Beratung und qualifiziert im Service.

CHRYSLER IMPORT DEUTSCHLAND GMBH, 50165 KERPEN

INFO QUÉBEC

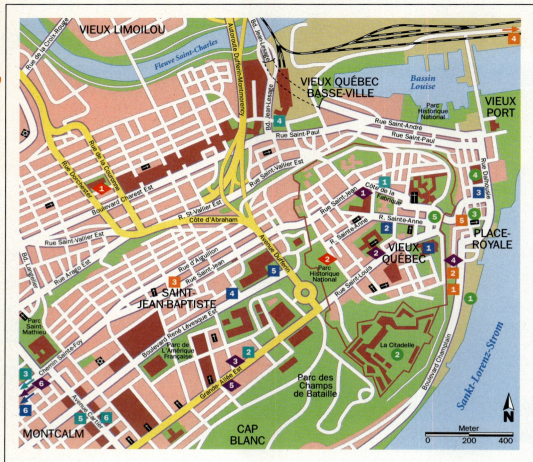

AUSKUNFT

1 GREATER QUÉBEC AREA TOURISM & CONVENTION BUREAU

Québec, G1K 8E2,
399 St. Joseph St. East,
Tel. (418) 522–35 11,
Fax: 529–31 21.

2 CENTRE D' INFORMATION

G1R 4C4, 60 Rue d' Auteuil,
Tel. (418) 692–24 71.

HOTELS

1 CHÂTEAU FRONTENAC

G1R 4P5, 1 Rue des Carrières,
Tel. 692–38 61,
Fax: 692–17 51.
610 Zimmer: DZ 220–300 $.
Es überragt die Altstadt wie eine mittelalterliche Burg. Im Jahre 1893 mit dem ganzen Pomp der Eisenbahn-Gründerzeit gebaut, sah Roosevelt, Churchill und die Queen in seinen Betten und hat sich allen modernen Luxus zugelegt, ohne die wunderbar alte Atmosphäre zu verlieren. Sicherlich eines der schönsten Hotels der Welt.

2 CLARENDON

G1R 3X4, 57, Rue Ste-Anne,
Tel. 692–24 80,
Fax: 692–46 52.
96 Zimmer: DZ 110–210 $.
Noch zwanzig Jahre älter als das Château Frontenac. Für Liebhaber von Antiquitäten: Jugendstil- und Art-déco-Dekor. Moderner Komfort.

3 AUBERGE SAINT-ANTOINE

G1K 4C9, 10 Rue Saint-Antoine,
Tel. 692–22 11, Fax: 691–11 77.
23 Zimmer: DZ 159–349 $.
Klein, aber fein. Wer die intime Atmosphäre unten am alten Hafen liebt, der ist hier bestens aufgehoben. Gleich nebenan liegt das Café du Monde, wo man in Bistro-Atmosphäre sehr gut ißt.

4 RADISSON GOUVERNEURS

G1R 5A8, 690 Blvd. René-Lévesque Est, Tel. 647–17 17,
Fax: 647–21 46.
377 Zimmer: DZ 140–190 $.
Ein moderner Hochhaus-Kasten, geschäftlich-cool, aber das Funktionale hat auch seine Vorzüge: große Zimmer mit hervorragenden Betten, Telefone und Fernseher.

5 QUÉBEC HILTON

G1K 7M9, 3 Place Québec,
Tel. 647–24 11, Fax: 647–64 88.
565 Zimmer: DZ 156–226 $.
Gleich neben dem Radisson, außerhalb der Stadtmauern, aber nur fünf Minuten von der Altstadt entfernt. Zwischen Hilton und Radisson entsteht das moderne Kongreß-Zentrum.

6 CHÂTEAU BONNE ENTENTE

J1X 1S6, 3400 Chemin Ste-Foy,
Tel. 653–52 21, Fax: 653–30 98.
118 Zimmer: DZ 104–194 $.
Etwas weiter weg vom Zentrum, dafür von Grün und Blumen umgeben. Hier kann man joggen, schwimmen und Forellen angeln. „Gastronomie forestière", also Wildgerichte.

RESTAURANTS

1 À LA TABLE DE SERGE BRUYÈRE

1200 Rue St-Jean,
Tel. 694–06 18. Menü ab 30 $.
Serge Bruyère ist berühmt für seine Nouvelle Cuisine. Eines der feinsten Restaurants der Stadt, gleich am Hotel de Ville gelegen. Reservieren!

2 AUX ANCIENS CANADIENS

34 Rue St-Louis,
Tel. 692–16 27. Menü ab 30 $.
Wer es deftiger liebt, findet hier – im ältesten Haus der Stadt – die richtige „Cuisine Québeçoise", Gänsebraten und Schweins-

fußragout, köstliche Desserts. Man fühlt sich in Alt-Frankreich auf dem Lande.

3 LE PARIS-BREST
590 Grande-Allée Est, Tel. 529–22 43.
Außerhalb der Mauern, an den „Champs-Elysées" gelegen, die gemütlicher sind als die echten von Paris. Hier finden sich viele Restaurants, aber dieses ist eines der besten: wilder Lachs, Lammkeule und Châteaubriand. Das Dekor ist berühmt.

4 LE LAPIN SAUTÉ
52 Rue du Petit-Champlain, Tel. 692–53 25.
In einem der alten Häuser des Quartier Champlain – dort wo Québec und Französisch-Kanada gegründet wurde. Spezialisiert, wie der Name sagt, auf Hasenbraten, aber auch Lachs, Lamm oder Sauerkraut auf europäisch. Köstliche Torten.

5 L' ASTRAL
1225 Place Montcalm, Tel. 647–22 22.
Wer hier speist, ist dem Himmel sehr nah: Das Astral, eine Art fliegende Untertasse, ruht auf dem 29. Stockwerk des Loews-Hotels – nein, es ruht nicht, sondern dreht sich unablässig, wenn auch langsam. Die Aussicht ist atemberaubend: Vor lauter Aussicht vergißt man fast zu essen.

6 LA TANIÈRE
Chemin Ste-Foy, 2115 Rang Ste-Ange, Tel. 872–43 86.
Hier sitzen Sie mitten im Grünen, quasi auf dem Lande. Da liegen die Früchte der Region frisch auf dem Tisch: Wildbret, Rentier, Fasan, Wildreis, Pilze mit Knoblauchduft.

SHOPPING

1 PEAU SUR PEAU
66/70 Blvd. Champlain.
Bester Lederwarenladen vor Ort. Von Haute Couture bis hin zu Gebrauchsgegenständen – alles aus feinstem Leder.

2 LOUIS PERSERIER JOAILLIER
48 Rue du Petit-Champlain.
Feiner, kleiner Juwelier, in der Basse-Ville, der die Arbeiten von Québecer Filigran-Künstlern verkauft.

3 CHOCOLATERIE ERICO
634 Rue St-Jean.
Eine kulinarische Bastion für Liebhaber richtiger Schokolade, die man hier selbst in Form bringen und herstellen kann.

4 FORGE À PIQUE ASSAUT
2200 Chemin Royal, Saint-Laurent.
Workshop von Guy Bel, dem in Nordamerika berühmten Kunstschmied. Dekorative und nützliche Eisenwaren-, Glas- und Keramik-Kunst.

5 VERRERIE LA MAILLOCHE
58 Rue Sous-le-Fort.
Hier verkaufen junge Québecer Künstler mundgeblasenes Glas.

NACHTLEBEN

1 LE PETIT PARIS
48, Côte de la Fabrique, Tel. 694–03 83.
Hier singen die Chansonniers.

2 LE DAGOBERT
600 Grande-Allée Est, Tel. 522–03 93.
Disko-Bar für Twens. Gepflegt, neigt aber abhängig vom DJ, manchmal zur Schräglage.

3 LE BEAUGARTE
2600 Blvd. Laurier, St-Foy, Tel. 659–24 42.
Als Szenebar bei den 30–35jährigen beliebt.

4 L' AVIATIC CLUB
450 De la Gare du Palais, Tel. 522–35 55.
Im Bahnhof, gleich neben dem Palais de Justice. Treffpunkt der jüngeren Juristen-Szene und nicht – wie der Clubname vermuten ließe – der Piloten und Hobbyflieger.

5 JULE & JIM
1060 Avenue Cartier, Tel. 524–95 70.
Intime, kleine Bar für Intellektuelle. Berühmt für seine ausladende Whisky-Bar.

MEIN TIP

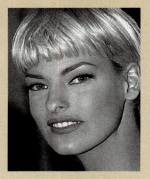

LINDA EVANGELISTA
Model

„Do you like hockey?" ist sicher nicht die Frage, die man von mir erwartet. Aber ich bin ein großer Eishockey-Fan, und wenn Sie Kanada besuchen, müssen Sie mindestens einmal zu einem Hockey-Spiel gehen, um die Spannung und die Atmosphäre in den Stadien zu genießen. Meine Lieblings-Mannschaft sind die „Toronto Maple Leafs". In meiner Jugend hat mich mein Vater zu jedem Spiel der „Leafs" mitgenommen. Und wenn ich heute meine Eltern zu Hause in Toronto besuche, schenkt mir Paps immer noch eine Eintrittskarte für „mein" Team. Sehenswert sind freilich auch Spiele mit den Montréal Canadiens, den Québec Nordiques und all den anderen kanadischen Mannschaften.

The Maples Leafs spielen im Maple Leaf Gardens, 60 Carlton Street, Toronto. Infos über Tel. (416) 977–16 41.

6 LE MERLIN
1179 Avenue Cartier, Tel. 529–95 67.
Klassische Bar mit Poolbillard und Dartspielen.

SEHENSWERTES

1 KARNEVAL
Erste Februarhälfte.
Zehn Tage lang feiert Québec seinen Eiskarneval. Höhepunkt: Ein Bootsrennen auf dem eisigen St.-Lorenz-Strom.

2 LA CITADELLE
1 Côte de la Citadelle.
Das „Gibraltar Amerikas", eine Festungsanlage erbaut zwischen 1820 und 1832, beherbergt noch heute Truppen der kanadischen Streitkräfte. Hauptattraktion: die tägliche Wachablösung. Soldaten in roten Uniformen und Bärenfellmützen zelebrieren sie nicht nur für Touristen.

3 PLACE ROYALE
Zentrum der historischen Altstadt „Le vieux Québec".
Hier errichtete Champlain 1608 die erste französische Siedlung Nordamerikas. Dominiert wird der Platz von der Kathedrale Notre-Dame-des-Victoires. Im Sommer stellen sich hier Gaukler und Artisten zur Schau.

4 MUSÉE DE LA CIVILISATION
85 Rue Dalhousie. Geöffnet tgl. 10–17, vom 10. Juni bis 15. Okt. bis 19 Uhr.
Der moderne Bau trägt die Handschrift des Architekten Moshe Safdie. Im Innern alles über die bewegte Geschichte Neu-Frankreichs und Québec.

5 MUSÉE DU FORT
10 Rue Ste-Anne. Geöffnet 10–18 Uhr (24. Juni bis 31. August).
In einer Pappmaché-Landschaft wird mit Lichtgewitter und donnerndem Kanonenknall vom Band die Schicksalsschlacht 1759 der Québecer gegen die Engländer auf den Plaines d' Abraham nachgestellt.

K.G.S.

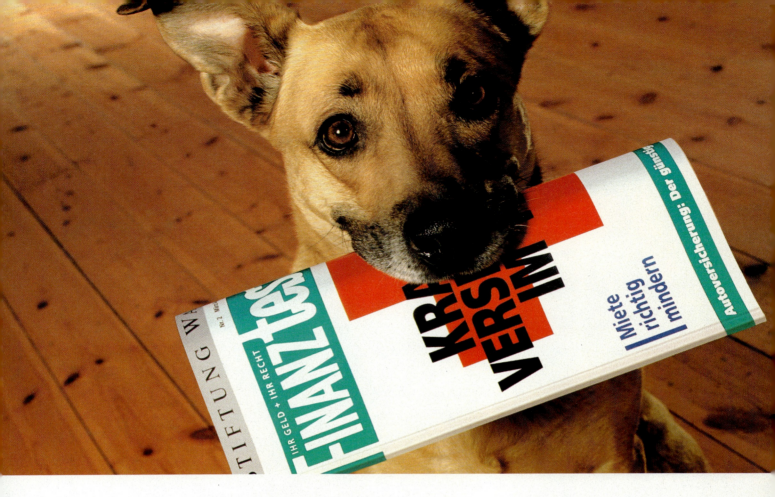

Die beste Werbung für unsere private Krankenversicherung ist unabhängig und überparteilich.

Gut zu wissen, daß es IDUNA/NOVA gibt

Die NOVA Krankenversicherung arbeitet solide und seriös. Deshalb kann sie die Versicherungsbeiträge länger stabil halten. Das sagen nicht etwa wir, sondern

Stiftung Warentest, Focus, Manager Magazin, Mein Geld und Impulse. Die Zusammenfassung schicken wir Ihnen gern: **0180/3 330 330**

ALLE WOLLEN MEHR FREIZEIT, ME

DER EUROLINE. MIT ABS UND

Salz auf den Lippen, das Surfbrett unterm Arm und die besten Freunde im Schlepptau. Darauf fahren Sie ab? Der Ford Euroline ist wie dafür geschaffen. Sein variabler Innenraum bietet zahlreiche Stau- und Ablagemöglichkeiten für alles, was Sie in der Freizeit brauchen. Er hat aber nicht nur viel Platz für Sportgeräte, sondern auch für deren Besitzer. Im 7- oder im 5sitzer läßt es sich am Klapptisch oder auf einer großen

NOVA SCOTIA

WIR BITTEN UM VORSICHT. ACHTLOSE WANDERER WERDEN MIT DEM TOD BELOHNT. DAS WASSER IST VERTEUFELT KALT

PEGGY'S COVE: nach Peggy, einer jungen Schiffbrüchigen, benannt

ANNAPOLIS ROYAL:
Queen Anne Inn, eines der
ältesten Hotels in Kanada

Heute leben in Neu-Schottland mehr Menschen, die GÄLISCH *sprechen,*

als in SCHOTTLAND *selbst. Ihre Ahnen haben sie nie vergessen*

Nur fünf Stunden fliegt man von Europa nach Halifax auf der Halbinsel Nova Scotia. Halifax, einer der größten Häfen der Welt, ist die Hauptstadt der Provinz, zu der auch die Insel Cape Breton gehört – die heute durch einen zweispurigen Damm mit dem Festland verbunden ist. VON MARC PITZKE MIT FOTOS VON TINA HAGER

Geschichten, Geschichten. Zum Beispiel die vom Schoner „Jessie". Wer nach **BAY ST. LAWRENCE** kommt, dem wird sie unweigerlich irgendjemand erzählen. In der Neujahrsnacht 1825 wurde die „Jessie" Opfer eines Orkans. Die Schiffbrüchigen retteten sich auf die Klippen von St. Paul Island, 13 Meilen vor der Küste. Da saßen sie nun fest, auf einem gottverlassenen Inselchen – in Sichtweite des rettenden Hafens, doch Gefangene der tobenden See. Manchmal, wenn die Nebelschleier aufrissen, konnten von drüben in Bay St. Lawrence die Fischer Lagerfeuer erkennen. Erst als im Frühjahr die Winde nachließen, wagte ein Rettungstrupp die Überfahrt. Die Männer fanden nur noch Leichen und ein Tagebuch. Dessen Schreiber war, wie seine Schicksalsgefährten, verhungert.

Brrr – also wirklich! Da hätte einem ja wohl eine fröhlichere Anekdote einfallen können, um diese Reise zu beginnen. Doch erstens ist's eine wahre Geschichte. Zweitens sind Stürme und Schiffswracks quasi eingetragene Warenzeichen der kanadischen Atlantikprovinz Nova Scotia. Drittens lehrt einen der lakonische Ton, mit dem etwa Kate Redmond im Highlands Community Museum in **CAPE NORTH** vom Ende der „Jessie" plaudert, viel über die Seele der Menschen hier. Über ihre Langmut und ihren tiefen Respekt vor der Natur. Ein Respekt, der erklärt, warum die Neuschottländer trotz windzerzauster Weltferne zu so eindrucksvoller Harmonie gefunden haben mit sich und ihrem Leben. So ergeben wir uns dem Grusel gern und lassen Mrs. Redmond erzählen.

Wie bestellt peitscht draußen der Regen quer. Im Kamin knistern Scheite, obwohl's eigentlich noch Spätsommer ist. Es riecht nach Mandelholz. Mrs. Redmond ist eine richtige Lady mit weißgewelltem Haar und Spitzenkragen, und das kleine Museum ist nicht mehr als ein Häuschen, das sich in eine Heidemulde duckt. Versammelt in zwei niedrigen Zimmern ist die Geschichte von Cape Breton Island, dem nördlichsten Zipfel Nova Scotias, einem nach Nordamerika verpflanzten Stück schottischen Hochlands, das der ganzen Provinz ihren Namen gab. Die zweite Welle europäischer Siedler (auf die erste kommen wir später zurück) Anfang des 19. Jahrhunderts muß ganz schön dumm geguckt haben: Da stießen die Leute nach entbehrungsreicher Atlantik-Passage auf ein Stück Neue Welt, dessen rauhwuchernder, verschlossener Charakter ihrer gälischen Heimat aufs Ei glich. Das einzige, was irgendwie irritierte, waren die eingeborenen Micmac-Indianer, doch denen machte man durch sorgsame „Kultivierung" alsbald den Garaus, indem man ihnen unter anderem beibrachte, Dudelsack zu spielen.

Mrs. Redmond hütet die Requisiten jener abenteuerlichen Tage. Landkarten, Quiltdecken, Kessel, Pergamentfetzen mit Gedichten in Zitterschrift. Nichts Aufregendes. Aber alles von Dorfbewohnern gestiftet. Am auffälligsten das aufgelesene Strandgut, stumme Zeugen maritimer Tragödien: Maschinenkolben, Kompasse, Galionsfiguren, rostzerfressene Radargeräte – und ein mysteriöses Stück, das angeblich von der „Titanic" stammt. Na ja … Eine Liste zählt jedenfalls von 1891 bis 1973 ganz penibel 69 Wracks vor der Nordküste von Cape Breton auf.

„Wegen des harten Bodens konnten wir die Toten früher meist erst im Sommer beerdigen", sagt Mrs. Redmond mit sanftem Lächeln. Die Zeiten haben sich geändert, St. Paul ist jetzt eine Leuchtfeuer-Station (an einer nautisch weiterhin brenzligen Koordinate). Nur der Friedhof ist derselbe geblieben. Schlichte Grabsteine um eine weißgetünchte Kirche am höchsten Punkt des Ortes und, wie üblich, kein Zaun. Dunst liegt über der nunmehr gezähmten Todesinsel. „Die Leute sagen, daß es früher sogenannte Geldjäger gab, *Money hunters*, die die Toten wieder ausgruben und ihnen die Ringe von den Fingern schnitten", sagt Mrs. Redmond. „Das kann meine ältere Schwester vielleicht aber auch erfunden haben."

Dichtung, Wahrheit, Legende – in Nova Scotia fließt alles stimmungsvoll ineinander, so wie die verschiedenen Landschaften: im Norden spektakulär, respektheischend; im Süden sanft, von geradezu therapeutischer Ruhe; dazwischen endlose Wälder, Seen, Obstplantagen. Nur das Wetter wechselt abrupt. Binnen Sekunden hört der Regen auf. Die Sonne taucht nasse Wiesen in warmes Licht. Windhosen jagen Wolkenschatten übers stahlblaue Wasser; weit oben kreist ein Weißkopf-Seeadler – einer der Gründe, weshalb die Regierung den Norden der vermeintlichen Halbinsel Cape Breton, die eigentlich eine Insel ist, zum Nationalpark ernannt hat.

Joes Vogelscheuchen scheinen alle meteorologischen Unwägbarkeiten schadlos zu überstehen. Wie eine kleine Kompanie stehen sie am Ortsrand von **CAPE LEMOINE**, in Reih und Glied hoch auf'm Kliff, dem Wind trotzend, die stumpfen Augen gen Horizont. Über 100 Vogelscheuchen. Etwas mehr, als Joe Delaney an Lebensjahren zählt (76). Die Baseballmütze tief ins Gesicht gezogen, stemmt sich der runzlige Greis voran, schreitet seine Truppe ab. Jede Figur stellt eine andere „Persönlichkeit" dar. Ein Radfahrer, mit echtem Rad. Ein Polizist. Ein Soldat. Ein leichtes Mädchen. Und allerlei abgetakelte und verblichene Prominenz (nur keine kanadische): George Bush, Ronald Reagan, Margaret Thatcher, François Mitterrand.

Auch zu Joes Vogelscheuchen gibt es eine Geschichte. Tochter Ethel, die nebenan *Hot dogs* und Sammeltassen verkauft, erzählt sie uns, weil der alte Joe selbst zwar freundlich ist, aber eher wortkarg. Es fing als einfacher Garten an, den Joe anlegte. 1984 war das. Um Kaninchen und Rotwild fernzuhalten, begann er, Vogelscheuchen zu basteln, und eines Tages hielten zwei gelbe Schulbusse auf Klassenfahrt an, und die Schüler stellten sich albernd vor den Vogelscheuchen auf und machten Fotos. Am Ende jenes Sommers hatte Joe ein Dutzend Scheuchen gebastelt, und es stoppten immer mehr Autos. Mittlerweile empfehlen selbst Reiseführer eine Rast bei *Joe's Scarecrows*. Trikoloren weisen den Weg, und ein Schild: „Wir sprechen französisch". Die Delaneys gehören zur Minderheit der Acadiens, Nachkommen französischer Einwanderer, die im franko-britischen Hoheitsstreit um Nova Scotia zwischen die Fronten gerieten und größtenteils vertrieben wurden.

PEGGY'S COVE: idyllische Felslandschaft mit Tücken – bei Regen wird's rutschig

Die Leute sagen, daß es früher sogenannte GELDJÄGER *gab, die die Toten wieder ausgruben und ihnen die* RINGE *von den Fingern schnitten*

Wer behauptet, hier sei NICHTS LOS, *der untertreibt. Alles ist total ruhig.*

In den Küstenorten herrscht eine Stimmung à la LOCAL HERO

ANNAPOLIS ROYAL: Straßenkreuzung kurz vor zwölf Uhr mittags

Eintritt nimmt Joe nicht, selbstredend. In dieser Saison, sagt Ethel, seien 30 000 Schaulustige dagewesen. „Aus 29 Ländern in aller Welt." Joe blickt zu den Hügeln, über denen sich ein klarer Himmel spannt. „Gibt gleich Regen", brummelt er. Wie bitte? Prompt beginnt es zu tröpfeln. Die Touristen hasten zum Bus.

Touristen, ach! Ein unfallträchtiger Menschenschlag, findet Nancy Crooks. „Knochenbrüche", sagt sie. „Verstauchungen. Blaue Flecken. Allergien. Und viele Herzattacken."

Wir treffen die 22jährige Nancy in **PEGGY'S COVE**, dem Touristenziel Nummer eins in Nova Scotia. Peggy's Cove liegt an der Südküste, wo einem Neuschottland so ganz anders daherkommt als oben im Norden – weich, freundlich, sommerlich. Zwischen blanke Granitfelsen schmiegen sich bunt bemalte Hütten von skandinavischem Charme. Überall liegen Fischreusen herum, stapeln sich hölzerne Hummerfallen. Wäscheleinen surren in der Brise. „Kodak-Momente", würden PR-Leute sagen. Doch man lasse sich nicht zu schnell täuschen vom Idyll: Der Legende nach ist Peggy's Cove benannt nach der einzigen Überlebenden eines – na, was schon! – dramatischen Schiffsuntergangs vor langer Zeit. Das malträtierte Fräulein wurde an Land gespült; nach seiner Genesung beschloß es, zu bleiben und dort einen Fischer zu ehelichen.

D**aß Peggy's Cove auch heute noch tückisch sein kann, beweisen Bronzetafeln beim Leuchtturm: „Wir bitten um Vorsicht – achtlose Wanderer werden mit Verletzung und Tod belohnt." Das Wasser ist verteufelt kalt, die Strömung tödlich. Nancy, in Peggy's Cove aufgewachsen, kann's nur bestätigen. Neulich sei diese Dame aus den USA mit ihrem *Boyfriend* auf den Klippen gekraxelt. Eine große Welle sei gekommen und habe den Boyfriend mitgerissen. Seine Leiche wurde tags darauf an Land gespült. „Kein Respekt vor der Natur", sagt Nancy und schüttelt das strubbelige Blondhaar.

Nancys Job ist es, ortsunkundigen Besuchern ein ähnlich trübes Schicksal zu ersparen: Sie ist auf *Rock patrol* – Felsenpatrouille. Ihre Uniform: gelb-rote Leuchtweste über einem Holzfällerhemd, festes Schuhwerk, Gürteltasche mit Pflastern, Bandagen, Aspirin, Beatmungsmaske. „Hey!" brüllt Nancy und springt auf. „Weg da! Weg, weg!" Konsterniert weicht ein beturnschuhtes Pärchen zurück. Es ist aber auch zu verlokkend. Wie der weiße Leuchtturm da mit seiner roten Haube auf der Felskuppe thront – schiere Romantik! Drinnen ein winziges Postamt, wo man Sondermarken kaufen kann und von zwei älteren Damen hinterm Tresen belehrt wird, daß die Laterne unterm Dach immer noch funktioniert. An einem guten Tag defilieren 6000 Touristen hier durch. Wer die Ruhe sucht, sollte früh, frühmorgens kommen.

Für die 60 Einheimischen sind die Touristen einerseits ein bißchen lästig, andererseits die einzig ordentliche Geldquelle, wo doch die Fischerei bekanntlich darniederliegt. Letzteres erläutert uns Eric, Nancys *Honey*. Eric, einer von zehn Fischern in Peggy's Cove, baut Hummerfallen und hat Nancy die Ehe versprochen.

Der 38jährige, den Wind und Wetter zehn Jahre älter aussehen lassen, erzählt uns beispielsweise von den *Quotas*. Das sind die Fangquoten für die Fischer, die Eric für eine „ausgemachte Schweinerei" hält. Das Ministerium für Fischfang und Ozeane im fernen Ottawa wolle ihm den Lebensnerv abquetschen. „Alles Schurken!" Respekt vor der Natur – ja; Respekt vor der Regierung – pah, der wird abends im Whiskey ertränkt. „Fahr' mal nach Digby! In Digby ist's am schlimmsten."

Unsere Neugier ist geweckt. Wir lassen **ANNAPOLIS ROYAL**, die Urzelle und ehemalige Hauptstadt der schottischen Provinz mitsamt ihrer historisch interessanten Gartenanlagen und dem Fort Anne, einfach links liegen und erreichen schließlich Digby.

DIGBY ist ein friedlicher Hafen an der Bay of Fundy, und was andernorts *Main Street* heißt, heißt hier *Water Street* und ist eine Art in atlantische Gefilde transplantierte Westernkulisse. Man lebt vom Fischfang und sommers vom Veranstalten täglicher Whale-Watching-Exkursionen für Gäste aus dem Nobelhotel Pines Resort, jenseits der Bucht. Stadtgespräch, als wir ankamen, war ein umgekippter Baukran, der den Fährverkehr nach Neufundland lahmlegte.

Tom Ossinger, Abkömmling deutscher Einwanderer, steht am Kai und schäumt. Nicht wegen des Baukrans, sondern wegen des Fischfangministeriums. Das sich in den Verhandlungen um die Fangrechte, bei denen Ossinger die Fischer vertritt, mal wieder stur gestellt. „Alles eine einzige Katastrophe", seufzt Ossinger nun schon zum dritten Mal, und sein rundes Gesicht unter der Wollmütze droht zu platzen. Wir werden staunend Zeugen einer Seltenheit: Ein Neuschottländer ist mit seiner Langmut am Ende. Dazu muß schon einiges passieren. Am Anfang steht eine menschengemachte Katastrophe: Die Fischbestände vor Nova Scotia haben sich dank jahrelanger Überfischung schlichtweg erschöpft. Passé die Zeiten, in denen Kabeljau und Schellfisch so reichhaltig waren, daß man sie, wie der Ur-Pionier John Cabot einst schwärmte, fast mit bloßen Händen aus dem Wasser schöpfen konnte. So hat die Regierung Fangquoten verordnet und Fanggrenzen abgesteckt. Damit jeder gleich viel (wenig?) abbekommt. Klar, daß die Fischer da jammern.

Doch die Männer von Digby sind nicht dumm. Manche tuckern mit ihren Kuttern einfach 200 Meilen weit ins „Niemandsland" südlich von Yarmouth. Und schwindeln dann ein wenig, wenn sie den Ertrag melden. Ist zwar illegal, aber Ossinger zuckt nur die Schultern. „Ich nehm's keinem übel. Man muß doch seine Familie ernähren und alles. Wer in verzweifelte Zeiten schlittert, macht eben auch verzweifelte Dinge."

S**o verzweifelt sind die Zeiten, daß die „Piraten"-Fischer von Digby, Parker's Cove und Westport zu leibhaftigen Helden geworden sind. Eric Robinson, den ein Patrouillenboot der Küstenwache als ersten bis zurück in den Hafen von Yarmouth scheuchte, inspirierte zwei ortsansässige Autoren; sie haben ihm ein Theaterstück gewidmet, das sogar im Kabelfernsehen gezeigt wurde. Wenigstens so wird eine sterbende Tradition lebendig erhalten.

Das mit der Traditionspflege ist nämlich so eine Sache. „Es bringt im Grunde nichts ein", sagt Raymond Ruhland, und der muß es wissen: Ruhland ist der letzte selbständige Küfer des nordamerikanischen Kontinents. Seine Fässer fertigt er in einer großen, mit Sägemehl übersäten Scheune in **SHELBURNE**. Und zwar von Hand, wie schon Vater und Großvater zurecht: Er sägt 18 konische Einzelteile zurecht; legt sie zusammen; umgibt sie mit einem Eisenring; erhitzt sie; schneidet die Enden zurecht; fügt Stützstreben hinzu; erhitzt erneut. Und läßt dann das fertige, noch helle Faß drei Wochen an frischer Luft trocknen. Tausende Fässer entstehen so im Jahr. Hauptsächlich Heringsbehälter. Die Heringe sind Köder für die Lobsterfallen der Fischer. Doch da die Fischerei darniederliegt, läßt auch die Nachfrage nach Heringsfässern spürbar nach.

Da war es ein Segen, daß eines Tages Hollywood in Shelburne einfiel. *Location manager* hatten die einstige Hochburg britischer Loyalisten mit den 200 Jahre alten Holzhäusern als Kulisse für den Historienfilm „The Scarlett Letter" auserkoren. Ruhlands Küferwerkstatt am Wasser war im Weg; die Produzenten boten dem Meister deshalb eine Menge Geld, um das Gebäude abreißen und ihm ein neues hinstellen zu dürfen, das besser in die Kulisse paßte und innen viel moderner war. Ruhland ließ sich nicht zweimal bitten. Als Zuschlag bekam er den Auftrag, einen Badetrog aus Fichtenholz zu fertigen, in den die Hauptdarstellerin, Demi Moore, zu steigen hatte.

Der Trog war eine Attraktion im Film, der Film trotzdem ein Flop. Das kümmert Ruhland wenig. Schließlich hat er jetzt eine neue Werkstatt und genug Geld auf dem Konto, daß er es sich sogar leisten konnte, den Trog auf einer Auktion wieder in seinen Besitz zurückzuersteigern – für 500 Dollar.

Die Hollywood-Leute haben Shelburne, wie noch lange jeder berichten wird, ziemlich auf den Kopf gestellt. Die bunten Schindelhäuser wurden, zwecks historischer Genauigkeit, grau überpinselt und „hergerichtet". So kann es dem ahnungslosen Wanderer heute noch widerfahren, daß er sich erschöpft auf einer bemoosten Steinstufe niederläßt – um festzustellen, daß alles nur Plastik ist.

Geschichte als Duplikat: Diesem eher US-amerikanischen Unsinn begegnet man in Nova Scotia Gott sei Dank nur selten. Dafür ist auch Lesley Watkins ziemlich dankbar. Die Geschichte von Nova Scotia sei Natur, flüstert sie, und Natur ließe sich eben nicht kopieren.

Wir haben Shelburne hinter uns gelassen. Gurgelnd gleitet Lesleys Paddel durchs Wasser. Es ist später Nachmittag, und die Sonne wirft lange Schatten; gemächlich zerschneidet unser Kanu die seidene Oberfläche des **KEJIMKUJIK LAKE** mitten im gleichnamigen Nationalpark, den die Leute hier der Einfachheit halber nur „Keji" („Kätschi") nennen. Eine andere Welt. Fremd. Friedlich. Die letzte Reminiszenz daran, wie Nova Scotia einmal ausgesehen hat, bevor die Regierung vierspurige Überlandstraßen zu bauen begann, auf denen Stachelschweine zu Hunderten totgefahren werden. Nichts als Wälder, Bäche, Flüsse, Seen. Und atemlose Stille.

Lesley, 23, hat meerblaue Augen, ist am Rande des Parks großgeworden und studiert Biologie. Ihr liebster Zeitvertreib ist es, mit dem Fernglas Vögel zu beobachten. Im Rucksack hat sie ein ornithologisches Lexikon, zu Hause eine CD mit Vogelstimmen. Zum Üben. „Tschirp", macht Lesley, als wir vom See aus in einen Tunnel aus tiefhängendem Gesträuch einbiegen, den Mersey River. Froschgequake grüßt zurück. Lesley deutet ans Ufer. Keine Vögel diesmal, sondern zwei Elche. Die glotzen kurz und scheren sich dann nicht weiter um uns Eindringlinge.

Eine unerwartete Einsamkeit packt uns, gemischt mit einer wohltuenden Ruhe – und der Einsicht, daß einem letztlich keine Wahl bleibt, als der Natur Respekt zu zollen. Auch Lesley verstummt ehrfürchtig. Eine Schildkröte läßt sich träge ins Wasser gleiten, das wie Sirup ist; eine Libelle schwirrt vorbei, mit sich selbst viel zu beschäftigt, um uns zu beachten. Wir haben die Seele von Nova Scotia gefunden. Zeit, nach der eigenen Seele zu suchen.

Die Antwort auf die Frage nach der ersten Welle europäischer Siedler sind wir übrigens noch schuldig: Das waren Franzosen. 1713 legten sie die Fundamente einer Festung, die später „Gibraltar des Nordens" genannt wurde: **LOUISBOURG**. Im 18. Jahrhundert klammerte sich Frankreich an dieses kleine Eck in der Neuen Welt wie an einen Strohhalm. Nachdem Louisbourg von den Engländern zweimal belagert und 1758 endlich eingenommen worden war, wurden sämtliche Befestigungen dem Erdboden gleichgemacht. Doch in den sechziger Jahren unseres Jahrhunderts begann man, Teile der Festung originalgetreu wiederaufzubauen. Heute ist „La Forteresse de Louisbourg" das bekannteste Freilichtmuseum in ganz Kanada. ○

Eine ganze Stadt spielt 18. Jahrhundert: Laien-Soldat in **LOUISBOURG**

Aus dem NEBEL *der Geschichte wiederaufgetaucht:*

das französische GIBRALTAR *des Nordens*

watch the world

Mit der neuen TISSOT PR 200 sind Sie für jede Extratour bestens ausgerüstet. Faszinierende Technik und ausdrucksstarkes Design. Kratzfestes Saphirglas, verschraubte Krone, ein extrem hartes Stahlgehäuse und wasserdicht bis 200 Meter. Erhältlich in den Ausführungen: Chrono, Aquatic und Standard, ab **DM 695,-** (unverbindliche Preisempfehlung).

TISSOT
Swiss 1853

INFO NOVA SCOTIA

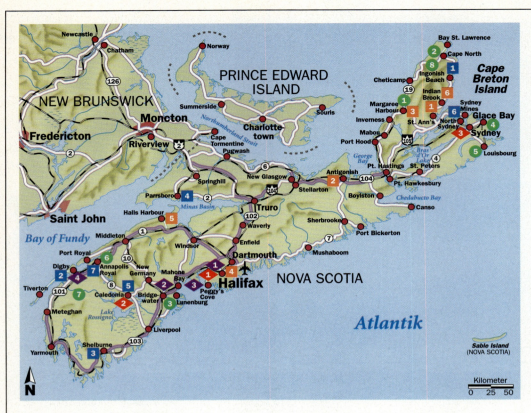

AUSKUNFT

1 NOVA SCOTIA TOURISM & CULTURE
Halifax, B3J 2R5, P.O.Box 456, Tel. (902) 424–50 00.

2 CANADVAC TRAVEL SERVICES
Caledonia, B0T 1B0, P.O.Box 188, Tel. (902) 682–21 16, Fax: 682–27 77.
Spezialist für geführte Wander- und Kanutouren.

3 TOURISM DISTRIBUTION CENTRE
Sydney, B1P 6R7, P.O.Box 1448, Tel. (902) 565–94 64.
Für Cape Breton Island.

HOTELS

1 KELTIC LODGE
Ingonish Beach, B0C 1L0, Middle Head Peninsula, Tel. (902) 285–28 80, Fax: 28 59. 72 Zimmer: DZ ab 247 $, inkl. Frühstück.
Teuerstes Hotel der Provinz, aber seinen Preis wert. Spektakulär auf einem Felskliff gelegenes Herrenhaus im schottischen Highland-Stil.

2 THE PINES RESORT
Digby, B0V 1A0, Shore Road, P.O. Box 70, Tel. 245–25 11, Fax: 61 33. 83 Zimmer: DZ ab 130 $.
Gediegene Eleganz in einem Nobelhaus von 1929. Blick über den Hafen und die Fundy-Bay. Golf-, Tennis-, Fitneßanlage.

3 COOPER'S INN
Shelburne, B0T 1W0, 36 Dock Street & Mason Lane, P.O. Box 959 Tel. 875–46 56. 5 Zimmer: DZ ab 60 $, inkl. Frühstück.
Gemütlich-familiäres Gasthaus in einem Herrenhaus aus dem 18. Jahrhundert mit Meerblick. Liebevoll eingerichtete Zimmer.

4 THE PARRSBORO MANSION
Parrsboro, B0M 1S0, 15 Eastern Av., P.O. Box 579, Tel. 254–33 39, Fax: 25 85. 3 Zimmer: DZ ab 54 $, inkl. Frühstück.
Typisches kanadisches B & B. Von den Einwanderern Anita und Wolfgang Müller geführt, mit moderner Kunst ausgestattet.

5 THE WHITMAN INN
Caledonia, B0T 1B0, P.O. Box 8, Tel. 682–22 26, Fax: 31 71. 10 Zimmer: DZ ab 50 $, inkl. Frühstück.
Privatpension mit Restaurant am Kejimkujik-Nationalpark. Allein die Blueberry-Pancakes der Besitzerin Nancy Gurnham sind eine Übernachtung wert.

6 GOWRIE HOUSE COUNTRY INN
Sydney Mines, B1V 1A6, 139 Shore Rd., Tel. 544–10 50. 6 Zimmer: DZ ab 65 $.
Legendäres Wohnmuseum. Die Zimmer strotzen vor Antiquitäten, die Dinnerkreationen sind preisgekrönt.

7 QUEEN ANNE INN
Annapolis Royal, 494 Upper St. George Street, B0S 1A0, Tel. und Fax: 532–78 50. 10 Zimmer: DZ 50–90 $.
Wunderschön restaurierte viktorianische Villa. Feines Interieur. Herrliche Gartenanlage.

RESTAURANTS

1 RYAN DUFFY'S STEAK & SEAFOOD
Halifax, 5640 Spring Garden Rd., Tel. 421–11 16. Hauptgericht ab 11,75 $. Geöffnet Mo.–Do. 11.30–1, Fr. und Sa. 11.30–2, So. 17–23 Uhr.
Wenn's in Nova Scotia VIPs gäbe, würden sie sich hier treffen. Gigantische Steaks und erstaunlich feine Meeresgerichte.

2 THE INNLET CAFÉ
Mahone Bay, Kedy's Landing, Tel. 624–63 63. Hauptgericht ab 9,75 $. Geöffnet tgl. 11.30–21 Uhr.
Kuscheliges Restaurant an der Hafenbucht mit elaborierter Küche. Feine Schellfisch-Chowder.

Foto: S.P./inter-TOPICS

3 THE SOU'WESTER
Peggy's Cove, Route 333,
Tel. 823–25 61. Hauptgericht
ab 7,95 $. Geöffnet tgl. 8–22
(Sommer), 10–18 Uhr (Winter).
Sehr voll, sehr touristisch, aber
überraschend gutes Essen – Lage auf den Klippen am Leuchtturm. Spezialität: Lobster, Lachs
und hausgemachte Lebkuchen.

4 FUNDY RESTAURANT
Digby, 34 Water Street,
Tel. 245–49 50.
Hauptgericht ab 12,95 $.
Geöffnet tgl. 7–22 Uhr.
Lobster im Wintergarten am Hafen – Fischerromantik pur. Im Sommer sitzt man draußen und kann die „Digby Scallop Fleet"
bewundern.

SHOPPING

1 GAELIC COLLEGE CRAFT SHOP
Direkt an der Route 312
nördlich von St. Ann's, in South
Gut St. Ann's. Tel. 295–34 41.
Geöffnet tgl. 8.30–18.30 Uhr.
Der Laden führt Schottenröcke
für alle Gelegenheiten, Schals,
Mützen, Stoffe, Bücher und gälisches Kunsthandwerk.

2 BOOKENDS
Antigonish, 342 Main Street,
Tel. 863–69 22.
Geöffnet Mo.–Do. und Sa.
10–17, Fr. 10–21 Uhr.
Über 20 000 Secondhand-Titel in
englischer Sprache, darunter
auch Kinderbücher und Comics.

3 THE BROKEN WHEEL FISHING SUPPLIES & CRAFTS
North East Margaree, Tompkins
Road, Tel. 248–23 56. Geöffnet
tgl. 10–18 Uhr.
Wer im Margaree River Lachse
fischen will, kann sich hier die
Lizenz abholen und mit Angelbedarf und Tips eindecken.

4 MICMAC HERITAGE GALLERY
Halifax, Barrington Place
Shops, 1903 Barrington Street,
Tel. 422–95 09.
Kunst und Kunsthandwerk der
einheimischen Micmac-Indianer: handgeflochtene Körbe, Gemälde, Schmuck, Mokkassins.

5 HALLS HARBOUR LOBSTER POUND
Halls Harbour, Route 359,
Tel. 679–52 99. Geöffnet
12–20 Uhr (Mai bis September).
Hier gibt's den frischesten, besten, billigsten Lobster der neuschottischen Nordküste.

6 LEATHER WORKS
Cape Breton Island, Indian
Brook, Tel. 929–24 14. Geöffnet
Mo.–Sa. 9–17, So. 10–17 Uhr
(Mitte Mai bis Oktober).
Historisch reproduzierte Lederwaren und bemerkenswert unkitschiges Kunsthandwerk.

SEHENSWERTES

1 MARGAREE SALMON MUSEUM
North East Margaree,
Tel. 248–28 48. Geöffnet tgl.
9–17 Uhr (15. Juni bis
15. Oktober). Eintritt 50 Cents.
Mal was anderes: ein Lachsmuseum. Hunderte von Angeln,
handgemachte Köder und lebende Lachse im Aquarium.

2 NORTH HIGHLANDS COMMUNITY MUSEUM
Cape North. Geöffnet tgl.
9–18 Uhr (Mitte Juni bis Mitte
Oktober). Eintritt frei.
Hier wird die Geschichte von
Cape Breton Island wieder lebendig. Alte Land- und Seekarten, Fotos, Stammbäume, Handwerkszeug und Strandgut von
zahlreichen Schiffswracks.

3 FISHERIES MUSEUM OF THE ATLANTIC
Lunenburg, 68 Bluenose Drive,
Tel. 634–47 94. Geöffnet
9.30–17.30 Uhr (1. Juni bis 15.
Oktober), außerhalb der Saison
wochentags nach Voranmeldung.
Im Museum kann man den Unterschied zwischen Kutter, Schoner und Walfänger lernen. 400
Jahre Fischerei-Geschichte auf
drei Etagen.

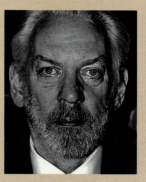

MEIN TIP

DONALD SUTHERLAND
Schauspieler

„Die Atlantik-Provinz New Brunswick ist meine Heimat, und als die Kinder noch klein waren, haben wir öfters Ausflüge nach Nova Scotia unternommen. Im Sommer waren die National Parks „Cape Breton Highlands" und „Kejimkujik" und das Museumsdorf in Louisbourg unsere Ziele. Den Kindern, besonders Kiefer, gefielen die uniformierten Offiziere und Soldaten und die in zeitgenössische Kostüme gekleideten Fischer und Händler. Überhaupt gehören die originalgetreu aufgebauten Museumsdörfer Kanadas zu den bedeutendsten Kulturgütern Nordamerikas."

*La Forteresse de Louisbourg,
National Historic Park, Louisbourg,
Nova Scotia, Tel. (902) 733–22 80.*

4 MINER'S MUSEUM & MINER'S VILLAGE
Quarry Point, Glace Bay,
42 Birkley Street,
Tel. 849–45 22. Geöffnet tgl.
10–18, Di. bis 19 Uhr (Juni bis
Mitte September). Eintritt 3,25 $,
Grubenführung 2,75 $ extra.
Ungewohnt: Eine Kohlengrube
direkt am Meer. Ausstellungen,
Filme und der Nachbau eines
Grubendorfes erinnern an die
Hochzeit der Kohleindustrie vor
60 Jahren.

5 LA FORTERESSE DE LOUISBOURG
Louisbourg, Tel. 733–22 80.
Geöffnet tgl. 9–18 Uhr.
Originalgetreue Nachbildung
der kolonialfranzösischen Urzelle Nova Scotia. Eine Hundertschaft Statisten, kostümiert als
Soldaten, Schmiede, Müller,
Mägde oder Edelmänner und
-frauen, reden seltsames Englisch und tun so, als seien sie im
Neufrankreich von 1744.

6 PORT ROYAL
Annapolis Royal, Route 1,
Tel. 532–23 21 und 23 97.
Geöffnet tgl. 9–18 Uhr (15. Mai
bis 15. Oktober). Eintritt 2,50 $.
Ähnlich wie Louisbourg, nur
viel kleiner. Rekonstruktion eines französischen Fell-Handelspostens. Hier entstand der erste
Herrenklub Nordamerikas, der
„Order de bon temps".

7 KEJIMKUJIK
Siehe Nationalparks.

8 CAPE BRETON
Siehe Nationalparks.

WHALE WATCHING
Exkursionen nach telefonischer
Voranmeldung. Dauer: drei bis
dreieinhalb Stunden. Preis:
25–33 $. Infos:

Brier Island Whale & Seabird
Cruises, Westport,
Tel. 839–29 95. Mehrmals tgl.
Juni bis Oktober.

Pirate's Cove Whale & Seabird
Cruises, Tiverton, Long Island,
Tel. 839–22 71.
Zweimal tgl. (8 und 13 Uhr),
manchmal Sunset-Touren.

Bay St. Lawrence, Capstick,
Tel. 383–29 81 (Sommer),
Tel. 492–03 25 (Winter). Dreimal tgl. Juli bis August, Juni
und September nach Wetterlage.

Ingonish Ferry, Cape Breton
Island, Tel. 285–20 58. Dreimal
tgl. (10, 13.30 und 16.30 Uhr).
Whale-Watching per Segler. *M.P.*

Für die nicht ganz durchschnittliche

Wer Ungewöhnliches tut, ganz egal was, sollte sich den richtigen Begleiter aussuchen. Dafür empfiehlt sich der Laguna Grandtour mit dem größten Laderaum seiner Klasse und weiteren nicht ganz durchschnittlichen Details. Er ist leicht zu beladen durch die niedrige Ladekante. Er bietet Ihnen auf Wunsch ein praktisches,

Renault Laguna.

Info-Paket unter 0180/52852

Familie. Der neue Laguna Grandtour.

separat zu öffnendes Heckfenster und beheizbare Seitenscheiben. Die sorgen für freie Sicht und erhöhen die Sicherheit, zusätzlich zu zwei Renault Full-Size-Airbags und ABS serienmäßig. Der Anspruch Autos zum Leben erschöpft sich nicht in der Ausstattung. Der Preis gehört auch dazu. DAHER KOSTET DER GRANDTOUR NICHT MEHR ALS DIE VERGLEICHBARE LAGUNA LIMOUSINE.

RENAULT
AUTOS ZUM LEBEN

Einfach besser.

NEUFUNDLAND & LABRADOR

AUF DER

Vor der Reise nach Norden: Fährschiff

Auf der Reise nach Süden: Eisberg

EISBERG-ALLEE

Neun Tage braucht die Fähre von Lewisporte (Neufundland) nach Nain (Labrador). Es ist eine phantastische Tour – allerdings mit wenig Annehmlichkeiten an Bord

Die meisten Reisen machen die Container: Inuit-Junge im Hafen von Nain

Keine rosige Zukunft:
Innu-Kinder beim Billard
in Sheshatsheits

Karge Realität: Hopedale – und
Felsen, soweit das Auge reicht

WIKINGER-SAGA

Eine heroische Vergangenheit: restauriertes Wikingerhaus in L'Anse aux Meadows

Fromme Träume: Hopedale – und eine alte deutsche Missionskirche

SOMMER-FRISCHE

Eisfrei ist es hier nur vier Monate im Jahr: Nain, Hauptort der Inuit

Die Provinz Neufundland besteht aus zwei getrennten Landesteilen: der Insel Newfoundland und dem geographisch wesentlich größeren Labrador auf dem Festland. Erst seit 1949 gehört Neufundland (Hauptstadt St. John's) zu Kanada. Seit 1832 hatte die englische Kolonie eine interne Selbstverwaltung gehabt, jedoch unter Kontrolle der Regierung in London.

VON ANDREAS HUB (TEXT UND FOTOS)

ES WIRD BALD DUNKEL, Eisberge schimmern grau-grün im Zwielicht, die Sonne zieht sich hinter die Berge zurück. Wir laufen einen tiefen Fjord an; seit Stunden hat es keine Zeichen menschlichen Lebens gegeben, nur nackte Felsen. Aus der Dämmerung lösen sich drei offene Boote und halten auf uns zu. Mit Urgewalt rasselt die baumstammdicke Ankerkette der „Northern Ranger" in die Tiefe, Wolken aus Rost und Salz in die klare, arktische Luft hustend. Die Boote tänzeln auf der leichten Dünung, während der Kranführer die wesentlichen Dinge des Lebens aus dem Schiffsbauch holt: Dieselfässer und Sixpacks, Kartoffelsäcke und Süßkram. Bald steht die Ladung mannshoch in den winzigen Booten, Kinder hüpfen aufgeregt von Reling zu Reling, eine Nußschale packt sich mutig drei Kubikmeter Bauholz auf. Das kann doch gar nicht gutgehen ... Ach was, Selbstverständlichkeiten für Menschen am Wasser. Das acht Monate im Jahr so kalt ist, daß man es „Eis" nennt.

„Vielleicht kommen wir in zehn Tagen nochmal da vorbei, vielleicht aber auch ein ganzes Jahr lang nicht mehr", grummelt Fred French am nächsten Morgen auf der Brücke. Die Hände über dem Bauch gefaltet, sitzt er lässig in seinem Drehsessel, die Füße hochgelegt, das Fernglas immer in Griffweite, der Eisberge und Felsen wegen. Mit Gegenverkehr muß er nicht rechnen; wenn wir jeden Tag ein anderes Schiff von weitem sehen, ist das viel. Fred ist der Kapitän. „22 Jahre mache ich das hier schon, ist nie dasselbe. Früher bin ich im Sankt-Lorenz-Golf gefahren, immer von A nach B, sichere Sache, keine Abwechslung. Siehst Du die Eisberge da drüben? Sind mindestens elf Meilen weg. Im Frühsommer gibt's viel mehr von denen, heißt nicht umsonst ‚Iceberg Alley', die Gegend." Der Mann läßt ungerührt eine Kathedrale, einen Dom aus Eis, links liegen. Ein Bild für die Ewigkeit, vorüber in Sekunden. Beim nächsten Blick steht eine Eiswolke über dem Wasser; was eben aussah wie ein Kirchturm, ist abgebrochen, umgekippt, warm geworden unter der kalten Sonne Labradors. „Immer wieder was Neues, vorhin Sturm, jetzt Sonne, heute Eisberge, morgen Wale – phantastisch", schwärmt Fred.

ALS ICH IN LEWISPORTE, Neufundland, an Bord ging, war mir nicht ganz wohl zumute: neun Tage auf einem Schiff, immer nur Wasser und Felsen, kaum Menschen. „Only a few amenities" biete Labrador, schreibt die Fährgesellschaft in ihrer Broschüre – nur wenige Annehmlichkeiten auf der Strecke. Vorbei an Siedlungen mit zehn Einwohnern und ohne Strom, bewohnt nur im kurzen Sommer, an Orten, in denen es keinen Arzt gibt, aber drei Vertretungen für Schneemobile.

„Ja, früher, da sind wir neun Tage nach Goose Bay gelaufen, das war der nächste Ort", erzählt Jim, 76 Jahre alt, dessen Eltern von Norwegen nach Labrador kamen. Neulich war er zu einer Konferenz nach Yukon eingeladen. „Sollte erzählen, was sich in den letzten 50 Jahren in Labrador verändert hat. Wußte wirklich nicht, was ich sagen sollte. Im Vergleich zu Yukon hat sich bei uns überhaupt nichts verändert. Mann, die haben ja asphaltierte Straßen da oben." An der einzigen Staubpiste, über die man Goose Bay auf dem Landweg verlassen kann, steht eine Warntafel: „Keine Tankstelle auf den nächsten 288 Kilometern."

Das ist Labrador, der ferne Osten der westlichen Welt, wie die Kanadier gerne sagen, 294 330 Quadratkilometer groß, größer als die alte Bundesrepublik, bewohnt aber nur von 30 000 Menschen: Inuit, Innu (Indianer) und Weiße. Erst seit den 60er Jahren gibt es einen regelmäßigen Fracht- und Personenverkehr. Heute fahren etwa ab Juni, je nach Eisgang, und bis Oktober die „Taverner" und „Northern Ranger" in etwa 15 Tagen die Route von Lewisporte bis nach Nain und zurück bzw. in etwa 12 Tagen die Strecke St. Anthony–Nain. Bis zu 48 Stopps legen die Schiffe ein, meist nur auf Anfrage, und wann man wo hinkommt, läßt sich nie so genau vorher sagen. Oder ob überhaupt – wenn die See zu hoch geht, können die Schiffe manche Orte gar nicht anlaufen.

Schauen wir zurück in die Geschichte und damit zwangsläufig nach Osten, in eine Zeit, als „Westen" für Europa Unendlichkeit bedeutete und Island so weit am Rand der Welt lag, daß es eigentlich hätte runterfallen müssen. In Reykjavík stemmt sich vor der trutzigen Hallgrimskirche ein eiserner Wikinger gegen den Wind: Leif Eriksson. Die Isländer haben das Denkmal ihrem berühmtesten Sohn errichtet. Sie sind eigensinnig und trauen ihren Sagas mehr Wahrheit zu als der Wissenschaft: Lange war das nichts als eine Legende – daß dieser Mann Amerika entdeckt hat. Erst 1960 machte ein norwegischer Archäologe an der nördlichsten Spitze Neufundlands, direkt gegenüber Labradors Südküste, einen sensationellen Fund: die ersten und bis heute einzigen nachgewiesenen Relikte einer Wikinger-Siedlung. Sie waren hier! „Vinland" hieß das sagenhafte Land in ihren Erzählungen, der wilden Weintrauben wegen. Ein Widerspruch, der Forscher bis heute verzweifeln läßt, denn wer an dem stürmischen, wolkenverhangenen Kap von L'Anse aux Meadows steht und die (restaurierten) Torfhäuser der Wikinger bestaunt, denkt nicht an Wein, höchstens an einen Schnaps zum Aufwärmen.

Als Junge habe ich die Entdeckergeschichten verschlungen, damals als Vinland nur eine Hypothese, ein Gerücht war. Heute, wo ich hier stehe, ist es kaum anders, ein Traumgespinst in einer unwirtlichen, unwirklichen Welt. Nebelschwaden wehen mir feucht ins Gesicht und lassen die Häuser immer wieder verschwinden. Meine Füße laufen wie auf Wolken, aber es ist nur der weiche Torfboden. Den Wikingern mag es unheimlich geworden sein, sie verschwanden bald wieder, ließen das Land nur in ihren Sagen weiterleben.

Daß die „Northern Ranger" in L'Anse aux Meadows für ein paar Stunden hält, ist neu und ein Zugeständnis an die wenigen Touristen, denen seit zwei Sommern die Mitfahrt erlaubt ist. Die meisten der 131 Plätze an Bord sind für Einheimische reserviert, das Schiff ist schließlich kein Vergnügungsdampfer.

SCHON DER NÄCHSTE ANLAUFPUNKT

wird wieder zu einem Ausflug in die Vergangenheit. Aber das ist ein historischer Zufall. 500 Jahre nach Leif Eriksson fanden erneut Europäer den Weg, an Grönland vorbei, ins nördlichste Amerika und landeten nur 60 Kilometer von der Wikingersiedlung entfernt, diesmal an der Küste von Labrador. Baskische Walfänger errichteten im 16. Jahrhundert eine Station. Der Name „Red Bay" geht auf die Farbe der Felsen der Hafenbucht zurück: Am Ufer zwischen Kieseln und Muscheln sieht man es immer wieder rot leuchten. Ausgrabungen zeigen, daß hier Walfang im großen Stil betrieben wurde und daß es ein jämmerliches Leben und Sterben war: Wer es nicht schaffte, vor den Herbststürmen wieder auf der sicheren Seite des Atlan-

Kapitän Fred French (sitzend) und sein 1. Offizier David Andrews auf der Brücke

tik an Land gegangen zu sein, blieb womöglich für immer in Red Bay. 160 Skelette, viele davon unbestattet, wurden gefunden: Männer, die von frühen Wintereinbrüchen überrascht wurden.

Hart ist das Leben in Red Bay immer noch. An der Pier treffe ich vier Fischer, auf dem regennassen Boden vor sich den Fang von heute. Aber es sind keine Fische zu sehen, nur weiße Säcke. Was ist das? Keine Reaktion. Bis einer, ohne den Mund wesentlich zu öffnen, nuschelt: „Schkäops". *Scallops* – Kammmuscheln. Nicht, daß die Leute in Labrador unfreundlich wären, im Gegenteil, aber in so einer Weltgegend bleibt viel Zeit, sich vor dem nächsten Satz nochmal einen tiefen, salzigen Atemzug und einen langen Blick aufs Meer zu gönnen.

„Ach, so schlimm wie früher für die Basken sind die Winter heute gar nicht mehr. Mit dem Schneemobil kommt man über Land und über die zugefrorene See überall hin. Für die 450 Kilometer nach Goose Bay braucht man heute nur noch zwei Tage, kein Problem", erzählt John, einer der Fischer. Nein, die wirklichen Probleme Labradors liegen zu unseren Füßen – daß die Muscheln keine Fische sind. „Seit fünf Jahren haben wir keinen Kabeljau mehr gefangen. Von den Muscheln kann man zwar auch leben, 193 Pfund haben wir heute mitgebracht. Dafür waren wir eine Nacht und einen Tag draußen. 6,30 Dollar das Pfund, vier Leute müssen davon leben, und fischen können wir nur im Sommer", sagt John.

Fischer Frank Collen aus Makkovik

Mit dem Kabeljau war das Leben leichter. Doch das Meer ist heute leergefischt. Um zu retten, was vielleicht nicht mehr zu retten ist, hat die Regierung ein totales Fangverbot erlassen. „Das hat unser Leben vollkommen verändert. Früher haben wir uns den ganzen Winter über von eingefrorenem Kabeljau ernährt. Damit ist jeder Mensch hier seit Jahrhunderten groß und satt geworden. Und plötzlich gibt es das nicht mehr. Eigentlich dürften wir noch nicht mal 'ne Angel ins Wasser halten."

Neue Welt: Junge aus Makkovik

DAS TUTEN DER SCHIFFSSIRENE hallt durchdringend von den Felsen wider, die sich hinter den blauen und roten Holzhäuschen erheben. Familien liegen sich weinend in den Armen. Wer Abschied nimmt, ist nicht zum Abendessen zurück, selbst wenn er nur in den Nachbarort will. Bilder, die sich in jedem Hafen wiederholen.

Aber die Trauer ist nur von kurzer Dauer, denn das Schiff ist nicht allein Versorgungsader, sondern die Attraktion schlechthin. Jede Reise mit dem *Boat* ist eine Abwechslung, die das Leben in Labrador sonst nicht bieten kann. Unterwegs geht es derb und fröhlich zu. Die meisten Passagiere können sich keine Kabine leisten, also campiert man mit Schlafsack im Fahrgastraum. Der sieht nach mancher Nacht arg mitgenommen aus; die Besatzung trägt's mit Gelassenheit. Um die Sache nicht ausufern zu lassen, wird das Bier in der kleinen Cafeteria unter Deck so teuer wie nur irgendmöglich verkauft ...

Alte Welt: Country-music an Bord der „Northern Ranger"

ICH HABE KEINE AHNUNG, wer Frank ist. Aber Frank hat eine Tante, und die ist wieder eine Cousine von der Lady mit der grünen Kappe da drüben. Zwei Damen unterhalten sich lautstark. Kann sein, daß sie sich auf dem Schiff zum erstenmal begegnen, für eine Stunde oder zwei Tage an Bord. Aber in ganz Labrador leben ja nur 30 000 Leute, und da ist es klar, daß Frank mit all denen irgendwie verwandt sein muß, und wenn es um 1000 Ecken und Eisberge ist.

Die meisten Menschen in dieser Geschichte haben nur Vornamen. „Hi, ich bin Arch aus Mary's Harbour", sagt Arch aus Mary's Harbour. Da weiß jeder von seinen 469 Nachbarn, wer gemeint sein muß. „Mieser Tag heute. Komm rein, ich zeig' Dir unseren Betrieb, da ist es warm." Dies ist ein glücklicher Ort, hier gibt es Arbeit auch nach dem *Cod moratorium*, dem Kabeljau-Fangverbot. Die Produktion wurde auf Krebse umgestellt. „Das meiste von dem Zeug kaufen die Japaner. Klar, wir essen das auch, aber Kabeljau und Lachs waren besser." Nach dem Fang werden die Tiere maschinell aufgebrochen, gekocht, in Teilen verpackt oder zu Krebsfleisch-Masse zermahlen. Nach fünf Minuten schmeißt der Boß mich raus – ich hätte ein Haarnetz tragen müssen.

Auch bei den O'Brien-Brüdern ist es schön warm in der Kutter-Kajüte. Der Fang von der Nacht ist gerade gelöscht, halb elf vormittags, jetzt ist Zeit für ein deftiges Frühstück. Was hier wirklich zählt, sehe ich, als wir Adressen austauschen: Seinen Namen schreibt Eric ganz unten auf den Zettel. Oben steht „Miss L'Anse Au Loup". Das ist sein Schiff, sein Leben. So sieht das hier aus. Dann wieder die Sirene. Lebewohl sagen. Alles auf dieser Reise ist einmalig. Noch nie so ein Gefühl von hier und jetzt gehabt. Alles geschieht im Moment, nichts kann ich aufschieben. Noch einen Augenblick, das möchte ich genauer angucken. Nein – jetzt, jetzt, jetzt, und dann nie mehr. Begegnungen ohne Umschweife, Herzlichkeit auf der Stelle. In vielen Häfen bleiben wir nur eine halbe Stunde, aber es ist das Gegenteil von Eile. Es ist die Ruhe des einen Augenblicks. Eine Wahl gibt es nicht, nicht die Frage, ob da hinten, um die nächste Ecke interessantere Dinge geschehen.

AUF DER PIER VON CHARLOTTETOWN haben, wie üblich an Land, die Frauen die Dinge im Griff. Die Männer sind auf See, wenn sie Arbeit haben. Eine rangiert den Gabelstapler, eine lädt von Paletten auf Pick-up-Wagen um. Cola Light und Kiwis sind heute gefragt. Es ist kurz nach sechs, gerade hell. Robert ist auch schon unterwegs: „Ich bin aus St. John's." Also nicht so'n Provinzler von hier, meint er damit. St. John's ist die Hauptstadt von Neufundland und Labrador, eine Großstadt: Es gibt eine Universität und drei China-Restaurants. In Charlottetown sorgt Robert mit seiner Firma dafür, daß sie jetzt wenigstens eine kommunale Wasserversorgung kriegen. Was macht man da eigentlich im Winter, wenn alles zufriert? „Ist doch kein Permafrost-Gebiet hier, das gibt's erst im Norden." Als wenn dies der tiefe Süden wäre ... „Hier friert der Boden nur zwei Meter tief, da legen wir die Leitungen drunter her, und das Wasser kommt aus artesischen Brunnen."

Roxanne, die auf der „Northern Ranger" als *Tourguide* arbeitet – eine rustikale Form von Animation –, bringt eine Blechdose mit an Bord: „Hat mir eine Verwandte in die Hand gedrückt. Eine Hochzeitstorte für Leute in Norman Bay." Dort kann das große Schiff, wie in vielen Orten, nicht an der kleinen Mole festmachen. Ein Boot fährt zu uns raus, macht längsseits fest, und die Torte wandert die wacklige Gangway herunter.

WER NACH LABRADOR FÄHRT, um grandiose Landschaft zu erleben, wird enttäuscht sein. Außer Wasser, Felsen, Flechten und Fichten gibt es nicht viel zu sehen. Auch wenn Kapitän French jeden Stein unterscheiden kann, nach zwei Tagen habe ich zwischen 1000 Inseln und Fjorden jede Orientierung vollkommen verloren. Alles sieht gleich aus, auch die tristen Ansiedlungen bieten kaum Abwechslung: Holzhäuser, Brennholzstapel vor der Tür, Öltanks, rostige Pipelines. Schneemobile und Allradfahrzeuge stehen, funktionstüchtig oder Wracks, in der Gegend herum, die Schlagloch- und Schotterpisten enden am Ortsausgang. Die Faszination Labradors ist eine ganz andere: daß Menschen hier leben. Manche kommen sogar freiwillig. Derrel Pevie ist Lehrer in Rigolet: „Vor sechs Jahren bin ich von St. John's mit meiner Frau hierhergezogen – aber ich möchte nicht mehr von hier weg."

Je weiter wir nach Norden kommen, desto fremder werden die Gesichter in den Orten. Auch die meisten der 334

Leute von Rigolet sind Inuit (der abfällige Begriff „Eskimo" wird schon lange nicht mehr benutzt). Aber nur noch eine Handvoll von ihnen spricht Inuktitut, die eigene Sprache. „Es ist schwierig", beklagt Derrel, „viel zu lange haben die Inuit ihren Kindern eingeschärft, nur Englisch zu sprechen und sich der Welt der Weißen anzupassen. Wir haben zwar ein paar Kurse an der Schule, in denen ein *Native speaker* den Kindern Inuktitut beibringt, aber wenn sie es zu Hause nicht sprechen, bleibt es immer eine Fremdsprache, nicht das, was eigentlich hierhin gehört."

Wie überall in Labrador, stehen auch die Dinge in Rigolet nicht zum Besten. Der Fischerei geht es schlecht, viele sind arbeitslos, die Gewalt in der Familie hat zugenommen, vor allem, seit ein Hotel mit *Liquor license* aufgemacht hat. Alkohol war nie verboten hier, aber man mußte ihn sich selbst per Boot, Schneemobil oder Flugzeug aus Goose Bay besorgen, 150 Kilometer entfernt. Wie viele Ansiedlungen im Norden wurde auch Rigolet als Handelsposten der berühmten Hudson Bay Company gegründet (1787), aber auch der traditionelle Fellhandel liegt brach. „Lassen Sie uns nicht über Pelze reden", meint der Lehrer, „das ist in einer Gegend, wo Fallenstellen und die Jagd auf Pelztiere immer zum Leben und Überleben gehörte, ein ganz schlechtes Thema. Vor allem, wenn wir als Weiße uns darüber aufregen."

Es läßt sich nicht leugnen: Ab Rigolet weht ein strenger Geruch durch die „Northern Ranger". Eine Gruppe junger Leute, in starrend dreckigen Klamotten, lädt Kajaks und Berge von Rucksäcken an Bord. Sie stinken wirklich erbärmlich, aber es gibt niemanden auf der Welt, den ich in diesem Augenblick mehr beneide. Alle tragen ein Strahlen in den Augen, das nur Menschen haben, die gerade durch ganz tiefe Erfahrungen gegangen sind. Es sind etwa 20 Jugendliche aus Ontario, Schülerinnen und Schüler nach dem Unterricht. Das Fach: gemeinsam leben und überleben in der Wildnis, mit dem Kajak die kalte Küste Labradors rauf und runter, ganz auf sich gestellt. Kate, David und Andrea bieten mir von einem braunen Klumpen an – über dem Feuer gebackenes Zimtbrot. Ein köstlicher Bissen nach tagelanger Pommes-Diät auf dem Schiff.

Das Abenteuer ist vorbei, aber ein fürwahr ekstatisches Erlebnis steht den Jugendlichen noch bevor: Für die nächsten Stunden sind alle Duschen auf der „Northern Ranger" blockiert. Warmes Wasser nach drei Wochen.

AN DIESEM ABEND erreichen wir Goose Bay, eine Stadt im Inland, zu erreichen durch einen 200 Kilometer langen Fjord. Daß aus dem ehemaligen *Trading post* der Pelzhändler eine „Großstadt" mit heute 8600 Einwohnern wurde, ist eine Folge des Zweiten Weltkrieges: In nur 79 Tagen bauten die Kanadische und die US-Luftwaffe hier einen Großflughafen, um ihre Langstreckenbomber vor dem Flug über den Atlantik noch einmal auftanken zu können. Heute wird die „5 Wing Air Base" von kanadischen, britischen, niederländischen und deutschen Streitkräften als Ausgangspunkt für jährlich 12 500 Tiefflug-Trainingsflüge benutzt. Von April bis Oktober bebt in der Umgebung die Erde: Mit 800 Stundenkilometer rasen die Kampfflugzeuge in 30 Meter Höhe durch die Wildnis, die so einsam nicht ist, wie man es sich vorstellt. Um die insgesamt 750 000 Tiere großen Rentier-Herden mit dem infernalischen Lärm nicht zu erschrecken, sind einige Herdentiere mit Sendern aus-

DOSEN-FISCHE

Makkovik: Was die Menschen zum Leben brauchen, wird per Container geliefert, auch „Frischfisch"

gestattet. So kann man die Herden umfliegen – man hat immerhin 130 000 Quadratkilometer Platz; ob das in der Praxis immer funktioniert, ist fraglich. Für die hier ansässigen Innu-Indianer gibt es eine Telefon-Hotline: Wenn sie zum Jagen ins Gelände gehen, können sie das Zielgebiet angeben – es wird dann nicht überflogen. Eine eher hilflose Geste der Militärs: Die Indianer betrachten das Land als ihr Eigentum; sich an- und abmelden zu müssen, empfinden sie als Affront. Ihre Vorfahren besiedelten das heutige Labrador vor 9000 Jahren. Gelegentlich kommt es sogar zu gewaltsamen Zusammenstößen.

Freude am Leben: zwei von der Krebsverarbeitung in Cartwright

AUF ZWEI STRASSEN kann man Goose Bay verlassen. Die eine ist eine *Dirt road* durchs Land, etwas großspurig „Trans Labrador Road" getauft. Die andere ist eine Sackgasse und endet 50 Kilometer nördlich in einem Doppelort. North West River wirkt nett und adrett, Häuser, Autos, Vorgärten, alles tipp-topp. „Da", sagt Gerald Nuna, „lebten die *Settlers*." Die Weißen, die Siedler eben, die lange nach den Innu gekommen sind. Hier, in Sheshatsheits, sieht es so aus, wie es vielleicht aussehen muß, wenn die Arbeitslosigkeit bei 90 Prozent liegt. Gerald, ein junger Innu, erzählt: „Wenn es mal Jobs gibt, dann kriegt er fünf bis neun Dollar in der Stunde. Eine Zeitlang habe ich oben im Norden in Voisey Bay bei der Bergbaugesellschaft gearbeitet, mehr als 12 Dollar gab's da. Da wird das große Geld aus der Erde geholt. Stecken sich aber immer die Falschen in die Tasche, und die Innu und Inuit kriegen irgend 'ne Abfindung."

AM NÄCHSTEN ABEND verläßt die „Northern Ranger" Goose Bay in Richtung Norden. Namen wie Makkovik, Kaipokok Bay und Kidlialuit Island sagen:

Hier ist das Land der Ureinwohner. Hauptsächlich Inuit leben im Norden Labradors. Dazwischen gibt es Orte wie Hopedale, eine Missionsstation, 1783 von deutschen Moravianern errichtet. Wie so oft, waren diese Unternehmungen für die Opfer der frohen Botschaft eine zwiespältige bis tödliche Erfahrung. Als 1918 der Missions-Schoner „Harmonie" den Flecken Okak anlief, brachte er neben Bibeln die spanische Grippe mit: 216 von 263 Inuit des Dorfes starben.

Von allen fremdartigen Eindrücken, die mir in Labrador widerfahren sind, ist dies vielleicht der verwirrendste. In der alten Missionsstation begegnet mir ein längst vergangenes Stück Deutschland. Die Balken der Häuser wurden vor 200 Jahren im Schwarzwald gefällt, komplett bearbeitet, verschifft und an Labradors Küste zusammengebaut. An den Wänden hängen vergilbte und bröckelige Landkarten: „Das Heilige Land". Das kleine Museum beherbergt deutsche Literatur, Christbaumschmuck und stählerne Beinprothesen; hinter diesen – noch nicht einmal morschen – Wänden ist die Zeit stehengeblieben.

ALS WIR HOPEDALE WIEDER verlassen, nimmt Kapitän French nur langsam Fahrt auf. Wir schleichen über das Wasser. So schafft er es, Davis Inlet erst um drei Uhr morgens zu erreichen, wohl in der Hoffnung, daß die Bewohner schlafen. Die 240 Innu befinden sich im Aufstand gegen die verhaßte Regierung, und die „Northern Ranger" gehört einer staatlichen Reederei. Passagiere erzählen, bei der letzten Fahrt sei das Schiff beschossen worden, und vor einer Woche ist ein Innu-Kind wegen ungenügender medizinischer Versorgung an Meningitis gestorben. Die Lage hat sich zugespitzt, seit die Leute zwei weiße

Freude am Job: vier von der Frachtabteilung in William's Harbour

Richter verjagt haben, weil sie sagen: „Hier gilt Stammesrecht, nicht weißes Recht." Innu-Chief Katie Rich ist dafür sogar ins Gefängnis gegangen. Davis Inlet ist hellwach, als die „Northern Ranger" einläuft, die Atmosphäre ist gespannt, aber nur ein paar Kinder entern johlend das Schiff über Taue und Bordwand. Sonst bleibt es heute Nacht ruhig, allgemeines Aufatmen.

NACH NEUN TAGEN, an einem herrlichen arktischen Morgen, erreichen wir Nain, den nördlichsten Punkt der Reise, bevor das Schiff kehrt macht. Die Inuit-Hauptstadt dokumentiert Drama und Chancen für Kultur und Leben der Ureinwohner: Der „Labrador Inuit Health Service" wirbt am schwarzen Brett für Präventionskurse zu einem düsteren Thema: „*Let's face it* – Selbstmord ist die häufigste Todesursache unter Jugendlichen." Aber auf der anderen Straßenseite lebt die „Okalakatiget Society" Aufbruch und Selbstbewußtsein. Dort betreiben die Inuit ihre eigene Fernseh- und Radiostation. „Nur so", sagt Senior Producer Mark Nochasak, „können wir unsere Kultur retten. Hier haben wir ein Forum, wo wir über unsere Forderungen berichten, wo wir unsere Musik spielen und wo jemand einfach seine Tante auf Inuktitut grüßen kann."

Auf der Ladefläche eines Pick-up schaukle ich zum Flugplatz: eine Bude mit Windhose und Schotter-Startpiste. Die kleine Maschine wird mich in wenigen Stunden in die Welt der 50 Fernsehkanäle und asphaltierten Straßen katapultieren. Während unter mir Labrador dahinzieht, geht mir wieder jene Begegnung mit den kleinen Booten durch den Kopf, die scheinbar zerbrechlich, aber unbeirrt und stark zu uns herausgefahren sind. Als sie zurückkehren in das nachtkalte Blau, sehe ich, was auf einigen Kisten steht, die sie an Bord gehievt haben: „ARCTIC POWER". ○

> **1x EISBERGALLEE UND ZURÜCK**
> *Die Route der Versorgungsschiffe „Northern Ranger" und „Taverner" wird von Zeit zu Zeit geändert. Abfahrtshafen kann Lewisporte, aber auch St. Anthony sein. Die Strecke von Lewisporte/St. Anthony nach Nain kostet einfach zwischen 1400 und 2600 $, retour 1875 bis 3550 $.*
> *Detail-Infos: Marine Atlantik Reservation Bureau, P.O. Box 250, North-Sydney, Nova Scotia B2A 3M3, Tel. (902) 794–5700.*

Der Siebte Himmel auf Erden
In 8 Stunden, nonstop.

Unter den Reiselustigen gilt Bermuda als der Himmel auf Erden. Hier findet man Lebensqualität, die man andernorts so oft vergeblich sucht:
Einsame, pinkfarbene Sandstrände, umspült vom warmen, türkisschimmernden Meer.
Sehnsuchtsdüfte von Hibiskus und Oleander.
Fröhlich pastellfarbenen Häuser. Ein reichaltiges Kulurangebot, exotische Feste, reizvolle Läden.
Eine ganz besondere Herzlichkeit und Gastfreundschaft.
Der Weg in den siebten Himmel ist leicht: Ab Frankfurt fliegen Sie mit Condor innerhalb von 8 Stunden nonstop dorthin, ab London mit British Airways innerhalb von 7 Stunden, und ab Nordamerika innerhalb von knapp 2 Stunden.
Fordern Sie mit dem beigefügten Coupon gleich unsere neue Broschüre für 1996 an mit Reisetips und Angeboten schon ab ca. DM 1.433, buchbar über Ihr Reisebüro.
Für weitere Fragen wenden Sie sich bitte an

Bermuda
Der Siebte Himmel auf Erden
Bermuda Tourism, c/o Mangum Management GmbH,
Herzogspitalstr.5, D-80331 München
Tel (089) 267874.

Schicken Sie mir bitte Ihre Broschüre "Der Siebte Himmel auf Erden" Media Code ADA

Vorname, Name _____ Adresse _____

Broschürenversand durch: c/o RJ Marketing-Service GmbH Keppentaler Weg 19, 55286 Wörrstadt Tel: 0 67 32/12 22 Fax: 0 67 32/22 85

TORONTO

Der schmale Grat zwischen Größe und Gigantomanie

Menschen aus 140 Nationen sind der Motor der Boomtown am Ontariosee

Wahrzeichen der Stadt: CN Tower, der höchste Turm der Welt, und der SkyDome

Urban & maritim: Wolkenkratzer der City und Yachthafen

Nett & freundlich: Asiatische Gelassenheit prägt Chinatown

Sicher & sauber: Torontos Bürger relaxen im Queen's Park

Neoromanisch & gotisch: die Casa Loma von Henry Pellat

Eine „von Schweizern betriebene Version von New York" nennt Peter Ustinov die Hauptstadt der Provinz Ontario. Welch Kompliment!

VON ANDREAS HUB

Den Kitzel kriegt jeder. Zwischen Höhenangst und der tief versteckten Lust, einfach die Arme auszubreiten und sich in die bodenlose Tiefe fallen zu lassen, sucht dieses Gefühl Halt. Mancher geht auf die Knie, andere klammern sich schwankend, schwindelig an den Nachbarn, die meisten wählen gleich die Horizontale. Frauen nesteln an Röcken und Büstenhaltern, die in der Hitze des Augenblicks verrutschen. Männer fummeln an ihren Videokameras. So was hat man ja noch nicht gesehen, der totale Durchblick. Der *Glass floor* im CN Tower ist der höchste Glasfußboden der Welt – der 368 Meter tiefe Blick weckt Phantasien. Meist haben diese Szenen eine etwas anzügliche Note, obwohl nicht alle, die sich öffentlich auf der Scheibe räkeln, besonders sexy sind. Manches wirkt auch komisch, wenn erwachsene Menschen zögernd über die metallenen Stege zwischen den gläsernen Flächen balancieren. Bodenlose Illusion nährt die Mischung aus Furcht und Faszination. Dabei ist der Glass floor doch wirklich fester Boden unter den Füßen, wenn auch ein bißchen durchsichtig.

Am Fuß des welthöchsten Turms ist die Schlange inzwischen auf 200 Meter angewachsen. Zwei alte Damen suchen Schutz im Schatten eines Baums – aber wo ist der zu finden? Die spiegelnden

Fassaden der Hochhäuser werfen das Licht in jeden Winkel; wenn die Sonne in Toronto scheint, dann aus allen Richtungen zugleich. Offensichtlich aus der kanadischen Provinz, sind die Ladies überwältigt und erschlagen von einem solchen Maß an großstädtischer Pracht.

Sie bleiben nicht allein. Schon bald gesellt sich ein freundlicher Mensch aus Toronto zu ihnen und erklärt alle Details des Turms: 553 Meter hoch, über 50 Kilometer freie Aussicht bis zu den Niagarafällen und vor allem, daß sie ihr Portemonnaie oben im rotierenden Restaurant nicht auf der äußeren Umrandung liegen lassen sollten: „Die steht still, während das Lokal sich dreht. Und nach einer Stunde, wenn Sie wieder an derselben Stelle sind, ist vielleicht nicht mehr dasselbe in der Geldbörse wie vorher." Ist es schon an der Kasse nicht mehr: Die billigste Karte (mit Glass floor) kostet 12 Dollar, mit allen Attraktionen sind 19,75 Dollar fällig. Aber wozu *Virtual World* und *Cyber*-Quatsch, wenn die Wirklichkeit so viel bietet wie hier?

Torontonians sind hilfsbereite Leute, jeder hat einen guten Tip zur Hand. „Sie müssen sich unbedingt in Chinatown einen Wok kaufen", sagt der Taxifahrer, „darf aber nicht weniger als 18 Dollar kosten, sonst rostet Ihnen das Ding unter den Händen weg, und schön tief muß er sein, damit man gut umrühren kann." Mr. Wong ist Experte nach elf Jahren als Küchenchef im China-Restaurant. 1958 hat er Hongkong verlassen, heute fährt er Taxi. An der Ampel vor der „Canada National Exhibition", der angeblich größten Ausstellung der Welt, im August mit einer großen Kirmes, klagt er: „Ach, die Zeit rast, jetzt sind die Kinder schon groß, früher haben sie sich immer so auf das Riesenrad gefreut." Überhaupt sei ihm alles viel zu schnell: „Immer nur arbeiten. In Hongkong ist es gemütlicher." Was von einem, der beides ein bißchen kennt, zu bezweifeln wäre: Toronto ist vielmehr eine ausgesprochen relaxte Großstadt.

Mein nächster Taxifahrer kommt aus Nigeria: „Viel Arbeit hier. Nur wenn du richtig reinhaust, kannst du es zu was bringen." So ähnlich sehen es der philippinische Straßenmusiker, der griechische Metzger und Heidi, die Deutschland verlassen hat, um Hotelgästen Frühstück zu servieren. Aber keinen habe ich getroffen, der gesagt hätte: „Weil ich aus einem anderen Land komme, muß ich mich fürchten in dieser Stadt." Keinen.

Toronto ist eine zutiefst multikulturelle Stadt, Menschen aus 140 Nationen leben hier zusammen. Nach den Weißen kamen mit dem Eisenbahnbau die Chinesen, zuletzt die Flüchtlinge aus Ruanda und Bosnien. Toronto verwirklicht einen beeindruckenden Brückenschlag zwischen der Integration fremder Kulturen und der Wahrung ethnischer Besonderheiten. Man läßt einander und lebt miteinander. Schon wer am Flughafen seinen Mietwagen abholt, findet beim *Radio dial*, dem Dreh am Knopf, neben den öden *Commercial stations* chinesische Stimmen, die beim Sprechen zu singen beginnen, jamaika-

Heimat der „Argonauts": Das Stadiondach des SkyDome läßt sich in 20 Minuten schließen

Alt & neu: das Gooderham Building in Downtown

Jung & aktiv: die Kinder der multikulturellen Stadt

nische DJs, unterfüttert von drastischen Bässen, und griechisches Pathos, das den Wetterbericht zum Drama klassischen Zuschnitts stilisiert.

Viele der guten Tips in Toronto haben mit Essen oder Kultur oder beidem zu tun. Ein anderer lautet: „Am Samstagmorgen zum St. Lawrence Market und *Pea-meal* essen." Wie diese erbsige Spezialität schmeckt, habe ich nicht herausgefunden – es war so viel los, daß ich es glatt vergessen habe.

Vor der historischen Markthalle aus dem 19. Jahrhundert spielt eine Klezmer-Band jene melancholische und dann wieder krachlebendige Musik mit juchzenden, schluchzenden Klarinetten und Geigen aus der Tradition osteuropäischer Juden. Ihre Musikkunst, bei uns ausgelöscht, ist in Nordamerika sehr populär. Spätsommersamstagmorgenstimmung. Entspannt, ein bißchen verkatert. Schillernde Boheme, Familienväter mit Einkaufstüten und Kindern im Rucksack, Öko-Szene, Touristen, schöne Frauen in tollen Klamotten, viel zu eigen für jegliches Designer-Fashion-Format.

Auf einer Flaschenkiste sitzt Cathy. Cathy lacht laut und viel; dann sieht man, daß sie kaum Zähne im Mund hat. Sie verkauft *Out Reach*, die Wochenzeitung der Wohnungslosen. Auch bei uns gibt es solche Zeitungen, ziemlich erfolgreich sogar. Aber ich weiß, wenn ich eine kaufe, dann eher mit schlechtem Gewissen und hastig. Mit Cathy reden die Leute, sie gehört hier dazu, und als sie ihre blaue Baumwolljacke öffnet, schaut ein kleines Hundegesicht scheu heraus: „Das ist Scalawag." Warum heißt 'n der so? „Ist doch genau der Name, der zu ihm paßt." Na ja, dann noch einen schönen Tag auch.

Am Abend bin ich mit Cristina verabredet, deren Eltern aus Friaul stammen, mit Tom – „nur" aus Neufundland – und Joe von den Philippinen. Wir haben uns auf dem St. Lawrence Market kennengelernt. Dort spielen sie als klassisches Trio Bach und Pachelbel, Populäres eben, das *Quarters* und *Loonies* (Dollarmünzen) in ihren Instrumentenkoffern klappern läßt. Exzellente profund ausgebildete Musiker – aber feste Jobs in Orchestern sind Mangelware, Kultur wird nicht subventioniert. Also muß das Geld auf der Straße verdient werden. Später gesellt sich noch Steve an unseren Tisch. Er schreibt gerade seine Doktorarbeit in russischer Geschichte; seine Eltern stammen aus Tampere in Finnland.

Es wird ein Abend, eine Nacht, wie ich sie seit Jahren nicht erlebt habe. Menschen mit Feuer und Meinungen, ein kosmopolitischer *Nightflight* durch Zeiten, Themen, Kontinente. Wir ereifern uns über Waldorfschulen, die Unterschiede zwischen kanadischem und US-Strafrecht, über die Rockband U2, die auf ihrer „Zooropa"-Tournee jeden Abend per Video-Wand Live-Schaltungen nach Sarajevo vornahm, über öffentliche Wannenbäder im Nachkriegsdeutschland und über finnische Kabinettssitzungen, die früher regelmäßig in der Sauna endeten. Bis die erste Ministerin kam – in Finnland wird separat sauniert. Zwischendurch landen wir wieder in Toronto, fliegen weiter zu Opiumhöhlen und portugiesischem Erbe in Macau, erörtern die Religiosität in der Musik von Bach und Brian Eno. Und – muß man *Pulp Fiction* gut finden? Wir tauschen Standpunkte aus und wechseln Sitzplätze.

V om altmodischen Bedford Ballroom mit Billard und Holztischen bringt uns der äthiopische *Cab driver* nach Little Italy, das ebenso auch Klein-Portugal ist. Wir steigen um auf Wein, Oliven und in Öl gebackenes Brot. Nach dieser zünftigen Stärkung um Mitternacht finden wir uns in den Kellern von El Convento Rico wieder. Ricos Kloster ist ein Gay-Klub, aber auch Treffpunkt für Nachtschwärmer aller Art, egal ob schwul oder *straight*. Punks, Geschäftsleute und Ballett-Tänzer amüsieren sich prächtig, es kostet nicht mal Eintritt, und die Türsteher sind umgänglich. Um zwei sitzen wir bei sizilianischem Eis im vollen Straßencafé, erörtern das Wesen der Ironie, diskutieren Oscar Wilde und Benetton-Werbung. Gegen vier wollen wir mit dem Boot zu den Toronto Islands übersetzen, um auf einem *Techno-Rave* im Grünen den erwachenden Morgen zu feiern. Aber ich bin wirklich fertig und muß ins Bett. Die anderen rufen erst mal eine Freundin an, die „bestimmt auch noch nicht schlafen kann …"

Den Ausflug hole ich bei Tageslicht nach. Es ist der schönste in Toronto, beginnend am Harbourfront Centre. Man nimmt irgendeine der altmodischen, kleinen Fähren Richtung Ward's Island, Centre oder Hanlan's. Nur zwei Kilometer vor der Großstadt-Skyline tut sich im Lake Ontario eine ländliche Inselwelt auf, Idyll im dörflichen Format. Zwar gibt es auch Yachthäfen und komfortable Wochenendhäuser, aber viele Menschen wohnen einfach hier. Toronto Islands, das ist ein Lebensgefühl, das Bekenntnis zu einem anderen Toronto, in dem es keine Supermärkte, Kinos und Restaurants gibt, aber auch keinen Lärm und kein Verkehrschaos. Dafür sitzt man im üppigen Garten unter alten Bäumen, hinter sich ein gemütliches und höchstens zweistöckiges Holzhaus, vor sich das atemberaubende Panorama der Millionenstadt, besonders wenn die Nacht anbricht und Tausende von Lichtern sich in der Wasserfläche spiegeln.

Mit der bequemen U-Bahn fahre ich nach Chinatown. Der überraschte Blick fällt auf eine Henry-Moore-Plastik. Die Rundungen von „Zwei Formen" reflektieren chinesische Leuchtreklamen – die Art Gallery of Ontario mit ihrer weltberühmten Moore-Sammlung liegt mitten im chinesischen Distrikt. Straßennamen in chinesischer Schrift, rundherum Kräuterapotheken, asiatische Lebensmittelgeschäfte, Astrologen, Handleser, Friseure, Haushaltsläden (die mit den Woks …), Blumengeschäfte und vor allem Restaurants. Aber nicht das ist es, was sofort unmißverständlich klarmacht: Hier ist China! Es ist dieser würzige, etwas strenge Geruch, eine etwas modrige Melange aus Küchendämpfen, exotischen Kräutern und einem Hauch Verwesung, meist von überquellenden Fischabfällen. Der Duft Chinas, daheim in jeder chinesischen Stadt, und genau das ist Chinatown. Hier leben rund 300 000 Menschen asiatischer Herkunft, ein Zehntel der Gesamtbevölkerung von Toronto. An den Rändern könnte Chinatown aber genausogut Kingston Town, Jamaica, heißen, Neapel oder Kreuzberg.

Am schönsten ist es hier morgens um sechs, wenn die Frühaufsteher sich im Park hinter der Art Gallery treffen. Alte Männer auf Parkbänken, umringt von Tauben, Hausfrauen beim Schwätzchen, während die Gruppe von Master Moy Lin-Shin sich ihrem Tai-Chi-Training widmet. Hier begegnen sich Weiße und Chinesen, junge und ganz alte Leute, Menschen an Krücken und in poppiger Fitneß-Montur. Sie alle lassen sich täglich von dem taoistischen Mönch, der 1970 aus China nach Kanada kam, in der uralten chinesischen Bewegungsmeditation unterweisen. Ein anmutiges Bild, das man so ähnlich in jeder chinesischen Stadt findet. Gewißheit, daß dies Toronto ist, gibt der Blick nach oben: Über allem grüßt der CN Tower, an seiner Spitze schon längst in Sonnenlicht getaucht, während Chinatown noch im Schatten liegt.

„Und, wie hat Rick die Sache aufgenommen?" „Well, you know, he's such an emotional guy …" Klo-Konversation im Stadtzentrum, wo Geschäfte teuer und Häuser hoch sind und die Foyers der großen Banken aussehen wie Kunst-Galerien. Wie es nun steht um den gefühlvollen Rick, wir hören es nicht, denn Jacques Brel erhebt jetzt seine Stimme über die Niederungen des rauschenden Pissoirs. Daneben üppige Blumenkübel und historische Aktfotos an den kostspielig gekachelten Wänden. Nur ein Männer-Klo, aber so eine Inszenierung scheint der verwöhnte Großstadtmensch zu brauchen, dessen Sinne sonst nicht mehr satt werden. Und mittendrin Rick mit seinen Gefühlen. Verachten die beiden ihn, während sie sich, Spiegelbild und Karriere vor Augen, parfümieren, das ölglänzende Haar und die Krawatte richten? Oder ist es Neid? Gefühle, ja, alle lechzen danach.

Abend für Abend hilft man ihnen nach, mit großer Gestik und modernster Technik: In der Nachbarschaft spielen sie „Phantom der Oper" oder „Die Schöne und das Biest". Toronto, die Musical-Stadt, Singspiele von Liebe und Leid. Das läuft hier wie geschnitten Brot. Oder warme Muffins. Monströs bepinselte Theaterfassaden, damit auch alle Kurzsichtigen Bescheid wissen, was gespielt wird. Das ist schon was anderes als tanzende Eisenbahnen in Bochum und Alsdorfer Gaudi. Glamour und Elend. „Got some change?" – Hasse ma 'ne Mark? – fragen die Gestalten in den Hauseingängen meist nur sehr leise.

Höhepunkt der großstädtischen Vor- und Verführung ist das alljährliche Filmfestival, gerade 20 geworden und von globaler Geltung. Längst ist Toronto eine Film-Weltmetropole. Viele Filme, die wir ganz selbstverständlich New York oder Hollywood zuordnen, sind hier gedreht, ob „Mondsüchtig", „Sea Of Love" oder der Science-fiction-Reißer „Robocop". Die Stadt ist billiger, bestens ausgerüstet und liegt für US-

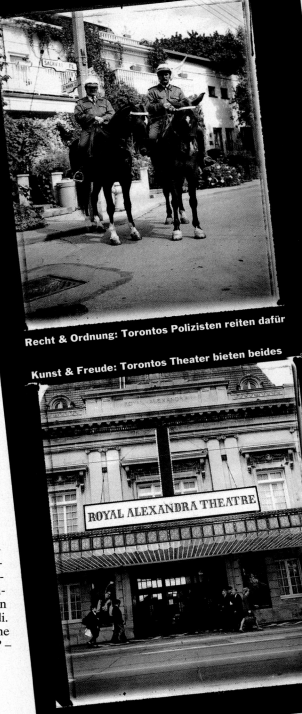

Recht & Ordnung: Torontos Polizisten reiten dafür

Kunst & Freude: Torontos Theater bieten beides

Gesellschaften so nah. Beim Filmfestival wartet jeder darauf, in der Kneipe plötzlich Robert de Niro oder Michelle Pfeiffer neben sich zu finden. Anekdoten, Skandale, hysterische Szenen bilden das Ambiente, mit dem die ganze Stadt zur Bühne wird. Geschichten wie die von dem Regisseur, der sich mit einer Spielzeugpistole zum unfähigen Filmvorführer aufmacht, weil dieser bei der Gala-Premiere dessen Film unscharf abgespult hatte. Viel Lärm, aber nach dem Festival regen sie sich alle wieder ab.

„Hm, ich bin ein Junge vom Land, komme aus British Columbia. Ich lebe schon ein paar Jahre in Toronto, aber ich kann mich nicht dran gewöhnen." Tim Fedak spricht sehr langsam, scheint über jeden seiner Sätze vorher nachzudenken. Tim, fast kahlgeschoren und mit dem kleinen Kinnbart, den Rapper und Rockmusiker wieder populär gemacht haben, ist ein ruhiger Mensch, genau der richtige für den Job. Ein nervöses Hemd wäre hier vollkommen fehl am Platze. Der 26jährige, dessen Eltern aus der Ukraine kamen, hat eine Aufgabe von monströsen Ausmaßen vor sich: In zwei Jahren soll er einen Dinosaurier auf die Beine stellen. Er drückt mir einen Knochen in die Hand, so lang wie mein Unterarm, dick wie ein Oberschenkel: „Ist nur so ein kleiner Knochen vom Fuß." Aber 80 Millionen Jahre alt.

1993 fanden Paläontologen das Skelett eines Maiasaurus in Montana. Hervorragend konserviert in Stein, wurde das Tier zersägt und nach Toronto gebracht. Im ehrwürdigen Royal Ontario Museum soll es ein neues Zuhause finden. Jeden Tag sitzt Tim Fedak nun in einer Glaskabine und schält den Saurier mit Zahnarztbohrer und Staubpinsel Stück für Stück aus seinem Felsensarg, während Museumsgäste zuschauen und Fragen stellen. „Ist der echt?" und „Kann man aus Knochen neue Dinos klonen?" sind die häufigsten, sagt der Wissenschaftler. „Durch Filme wie ‚Jurassic Park' können viele Leute nur noch schwer zwischen Fiktion und Wirklichkeit unterscheiden. Wir versuchen, nicht mehr zu zeigen, als wir wirklich haben." Und das wird beachtlich sein: Wenn der Maiasaurus ab 1997 in voller Größe im „ROM" erscheint, werden einige Wände und Decken fallen müssen.

Mag sein, daß die von Amerika ausgehende Faszination für Urweltliches mit der eigenen relativen Geschichtslosigkeit zu tun hat. Da rechnet man dann lieber in Jahrmillionen statt in Jahrhunderten. Toronto hat Glück: Wo sich in anderen amerikanischen Großstädten Geschichtslosigkeit mit Gesichtslosigkeit paart, kann die Millionen-Metropole am Lake Ontario wenigstens ein bißchen Tradition ausspielen. Moderne Architektur trifft auf das 19. Jahrhundert und schafft ganz Neues wie am BCE Place. Dort sind die alte Handelskammer und klassizistische Bankgebäude Teil einer kühnen Konstruktion aus Glas und Stahl geworden, die an gotische Kathedralen ebenso erinnert wie an frühe Industriearchitektur, nur daß hier alles hell, durchsichtig – und warm ist. Straßencafés, die Illusion, im Freien zu flanieren, das alles unter einem schützenden Dach, jedoch ohne Shopping-Mall-Tristesse. Die findet man eher im einst gerühmten Eaton Centre – das öde Erbe der 70er Jahre sieht aber in jedem Einkaufszentrum hierzulande genauso aus.

Auf dem schmalen Grat zwischen Größe und Gigantomanie macht sich der SkyDome mächtig breit, das Stadion am Fuß des CN Towers. Hier feiern die Blue Jays vor 70 000 Zuschauern Baseball-Triumphe, versuchen die Toronto Argonauts mit nicht ganz so großer Resonanz, American Football populär zu machen. Auch große Rockkonzerte gehen hier über die Bühne. Wer genug Geld hat, kann das gemeine Volk meiden und direkt aus seiner Suite im SkyDome-Hotel applaudieren. Aber auch hier wird gutes Benehmen angemahnt: Man möge doch keine Gegenstände auf das Spielfeld werfen, steht am teuren Fensterbrett. Wenn es regnet, macht der SkyDome einfach das Schiebedach zu. 20 Minuten dauert es, das erste voll bewegliche Stadiondach der Welt aufzuspannen; die Stromkosten liegen bei 500 Dollar.

In den Hauptnachrichten haben sie es gebracht, und in den Zeitungen stand es sowieso, als Willie „Lefty" Thomas 1995 starb. Da hatte er 80 Berufsjahre hinter sich, sieben als Kind und zwei im Ruhestand. Kinderlähmung ließ ihn fast lebenslang ein Bein nachziehen; mit dem anderen machte er um so größere Schritte und brachte es so, nein, nicht vom Tellerwäscher, sondern vom Zeitungsjungen zum Millionär. 18 Zeitungskioske besaß er, jene kleinen, blauen Buden, die so typisch sind für Toronto, kaum größer als eine Telefonzelle. Hier gibt es nichts als Zeitungen, darunter sogar deutsche Titel. „Lefty war verdammt geizig. Wenn es die Dose Coke dahinten fünf Cents billiger gab, hinkte er lieber etwas weiter, und wenn es jemanden gegeben hätte, der billiger für ihn gearbeitet hätte, wäre ich sofort rausgeflogen", erzählt Bob Paxman über seinen früheren Boß, ärgerlich und bewundernd zugleich.

Einen Kiosk auf der Front Street, mitten im Financial District, der Gegend des großen Geldes, hat er vor ein paar Jahren übernommen, aber gut geht es ihm deswegen nicht. Bobs Klamotten haben ein paar Löcher, vielleicht hat er sich auch schon seit ein paar Tagen nicht waschen können. Er sagt es nicht so geradeheraus, aber bald ist klar: Er hat zwar dieses Häuschen, aber kein Heim. Auch Bob gehört zu den *Homeless people* von Toronto. Sein einziges Hobby sind Autogramme von Stars, die eine Welt repräsentieren, von der seine Zeitungen erzählen, zu der er aber nicht gehören kann: „David Hasselhoff, das ist ein echter Gentleman, aber die Leibwächter von Jerry Lewis und William Shatner (Raumschiff Enterprise) haben mich nur weggestoßen."

Geschichten von der Sehnsucht nach Nähe und vom Alleinsein erzählen Tänzer und Tänzerinnen am Dominion Square, nur einen Block weiter. Getanzte Stadt bei *Art in Open Spaces*. Choreographen und Musiker benutzen Architektur als Bühne und Inspiration für ihre Performance-Reihe. Die Skulptur *Wall and Chairs* besteht aus labyrinthartig verschachtelten, runden Mauern und Stühlen für Riesen. Im Schatten der Hochhäuser scheinen sie von normaler Größe, nur die Menschen drumherum zeigen den wahren Maßstab.

Tänzer bewegen sich in diesem Spannungsfeld, Hände wachsen über die Mauer, berühren einander kurz, erreichen sich am Ende doch nicht. Eine Chinesin in harmonischen, zeitlupenartigen Tai-Chi-Bildern, Abgehacktes von einem Stoppelbartträger mit Wollmütze und Bergsteigerschuhen, alles getragen, zusammengehalten von einer wunderbaren, live gespielten Musik, bei der fernostasiatische Melodien, Jazz und meditative Klang-Experimente sich nicht scheuen, eine einzigartige, weltoffene Verbindung mit Autohupen und Straßenlärm einzugehen.

Banker flitzen durch die Inszenierung, nur einmal kurz vom Handy-Gespräch aufschauend, Jugendliche hocken auf dem Boden und verdrücken ihre Fastfood-Pizza, vom Ensemble geschmeidig umtanzt. So soll es sein, es gibt keine Grenze zwischen Bühne und Publikum. Alle spielen mit in diesem großen Stück. Im großen Theater Toronto. ○

INFO TORONTO

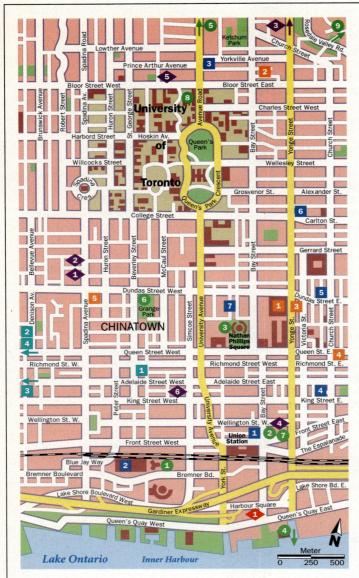

AUSKUNFT

🔶 1 METROPOLITAN TORONTO CONVENTION & VISITORS ASSOCIATION
Toronto, M5J 1A7, Queen's Quay Terminal at Harbourfront Centre, P.O. Box 126, 207 Queen's Quay West, Tel. (416) 203–26 00, Fax: 203–67 53.

HOTELS

🔷 1 ROYAL YORK
M5J 1E3, 100 Front Street West, Tel. (416) 368–25 11, Fax: 368–28 84.
1365 Zimmer: DZ 129–685 $.
Seit 1929 wird das im besten Sinn altmodisch-luxuriöse Hotel seinem „königlichen" Namen gerecht – die Queen und ihre adeligen Kollegen kommen gern. Fitneßraum, Pool, Sauna auf dem Dach. 10 Restaurants und Bars im Haus.

🔷 2 SKYDOME
M5V 1J4, 1 Blue Jay Way, Tel. 341–71 00, Fax: 341–50 91.
346 Zimmer: DZ 109–1175 $.
Hier müssen spendable Fans von Baseball, Football oder Rockstars ihr Sofa nicht mehr verlassen – 70 Zimmer des futuristischen Luxushotels im Stadion bieten freie Aussicht zum Spielfeld. Wer selbst aktiv werden will, spielt Squash, schwimmt oder sauniert. Vier Restaurants.

🔷 3 FOUR SEASONS
M5R 2G1, 21 Avenue Road, Tel. 964–04 11, Fax: 964–23 01.
379 Zimmer: DZ 260–400 $.
Yorkville, das ist die Gegend zum Ausgehen und Ausgeben. Wer dann noch Geld in der Tasche hat, schläft gern und gut in diesem Hotel. Innen- und Außenpool, Fitneßraum, exquisite Restaurants.

🔷 4 KING EDWARD
M5C 1E9, 37 King Street East, Tel. 863–97 00, Fax: 367–55 15.
318 Zimmer: DZ 219–255 $.
Im Jahre 1903 während der Regentschaft des britischen Königs Edward VII. erbaut, verkörpert das Haus klassische Grand-Hotel-Atmosphäre mit höchstem Komfort. Ob Telefon im Bad, Fitneßcenter oder elegante Restaurants – da hat man an alles gedacht.

🔷 5 BOND PLACE
M5B 2G8, 65 Dundas Street East, Tel. 362–60 61, Fax: 360–64 06.
286 Zimmer: DZ 69–119 $.
Ein preiswertes, aber komfortables Haus ganz in der Nähe von Musical-Theatern und Eaton Centre. Zwei Restaurants.

🔷 6 DAYS INN TORONTO DOWNTOWN
M5B 2E9, 30 Carlton Street, Tel. 977–66 55, Fax: 977–05 02.
536 Zimmer: DZ 75 $.
Innenstadt-Kettenhotel, angenehm und zweckmäßig eingerichtet, nur ein paar Schritte zur Hauptverkehrs- und Einkaufsstraße Yonge Street. Pool, Sauna, drei Restaurants und Bars.

🔷 7 TORONTO COLONY
M5G 1R1, 89 Chestnut Street, Tel. 977–07 07, Fax: 977–11 36.
715 Zimmer: DZ ab 99 $.
Ein sehr komfortables, und doch preiswertes Hotel nahe der City Hall. Aufenthalt und Essen frei für Kinder bis 12 Jahre. Pool, Fitneßcenter, Sauna, drei Restaurants und Bars.

RESTAURANTS

🔶 1 HAPPY SEVEN
358 Spadina Ave., Tel. 971–98 20. Gericht 15 $.
Geöffnet tgl. 11.30–23 Uhr.
Angesagter Chinese, von der Tageszeitung „Globe & Mail" unter die zehn besten Restaurants der Stadt gewählt. Etwas vornehmer als die quirlige Chinatown-Umgebung.

🔶 2 PHO HUNG
374 Spadina Ave., Tel. 593–42 74. Gericht 10 $.
Geöffnet tgl. 11.30–23 Uhr.
Lebhaftes vietnamesisches Restaurant, in dem Asiaten, Ökos und die buntgewürfelte ethnische Nachbarschaft Shrimps mit Zitronengras oder Hähnchen in Kokosmilch genießen.

🔶 3 SAMOVAR-BARMALAY
505 Mt. Pleasant Road, Tel. 480–00 48.
Geöffnet tgl. 17.30–22 Uhr.
Kleines russisches Restaurant mit stilechtem Ambiente und authentischer Küche. Nach Lust und Laune macht Chef Gregory auch Musik. Für 40 Dollar bekommt man Borschtsch, Lammbraten, Wodka und viel russische Seele. Am Wochenende unbedingt reservieren.

4 MARCHÉ MÖVENPICK
BCE Place, Arkade zwischen Yonge und Wellington Street, Tel. 366–89 86. Gericht ab 15 $. Geöffnet tgl. 7.30–2 Uhr.
Frühstücken Tag und Nacht, ob mit frischen Brötchen und Marmelade, Pasta oder Sushi.

5 BEDFORD BALLROOM
232 Bloor Street West, Tel. 966–44 50. Gerichte 5 bis 10 $. Geöffnet tgl. 11–1 Uhr.
Gemütliche Mischung aus Studentenkneipe und Bistro. Täglich wechselnde, preiswerte Gerichte auf der Schiefertafel.

6 JOE ROCKHEAD'S ROCKBOTTOM
212 King Street West, Tel. 977–84 48. Gerichte 10 $. Geöffnet tgl. 11.30–1 Uhr.
Alte Villa, chic und preiswert, pfiffige Küche zwischen mexikanisch und französisch.

SHOPPING

1 EATON CENTRE
Dundas/Yonge Street. Geöffnet Mo.–Fr. 10–21, Sa. 9.30–18, So. 12–17 Uhr.
Eins der größten Einkaufszentren der Welt mit über 320 Geschäften, teils unterirdisch, teils unter Glasdächern.

2 YORKVILLE
Nördlich Bloor Street East.
Shopping-Area mit exklusiven Modegeschäften, Galerien und Designer Shops.

3 HMV
333 Yonge St., Tel. 596–03 33. Geöffnet tgl. 9–21 Uhr.
Weltweit hat Toronto die niedrigsten CD-Preise. HMV bietet auf drei Etagen unglaubliche Auswahl: ob Pop oder Klassik, afrikanische oder europäische Raritäten, dazu ausgesprochen kompetente Beratung.

4 HENRY'S
119 Church St., Tel. 868–08 72. Geöffnet Mo.–Sa. 10–20 Uhr.
Riesiges Kamerageschäft, einiges preiswerter als bei uns, eine Etage nur Secondhand-Ware, große Auswahl, viele Raritäten.

5 CHINATOWN
Spadina Ave. und Dundas Street West.
Jede Menge Geschäfte, in denen man von der Kneifzange über Räucherstäbchen bis zum Wok alles kaufen kann. Hier befindet sich der Kensington Market: eine portugiesisch/karibische Enklave mitten in Torontos größter Chinatown mit Straßenverkäufern, Läden und Boutiquen.

NACHTLEBEN

1 WHISKEY SAIGON
250 Richmond Street West, Tel. 593–46 46. Geöffnet Do.–So.
Wechselnde DJs und Stile in mehreren Räumen.

2 BIG BOG
651 Queen St. West, Tel. 504–66 99. Geöffnet Fr.–So.
House, Classic Rock in mehreren Räumen.

3 LIMELIGHT NIGHTCLUB
250 Adelaide West, Tel. 593–61 26. Geöffnet Do., Sa. und So.
Wechselnde DJ's und Stile.

4 ZOO BAR WEST
567 Queen St. West, Tel. 777–94 53. Geöffnet Fr. und Sa.
Alternative, Rock.

SEHENSWERTES

1 CN TOWER
301 Front Street West. Geöffnet tgl. 10–22 Uhr.
553 Meter hohes Wahrzeichen der Stadt, mit dem Lift in Sekundenschnelle zu erreichen. Bei klarem Wetter sieht man vom höchsten freistehenden Turm der Welt sogar die Niagarafälle.

2 BCE PLACE
Zw. Yonge und Wellington St.
Galleria des spanischen Stararchitekten Santiago Calatrava aus Glas und Stahl unter Einbeziehung klassizistischer Bankgebäude. Dient häufig als Kulisse von Science-fiction-Filmen. Restaurants und Cafés im Freien.

MEIN TIP

VOLKER RÜHE
Verteidigungsminister

„Immer schon haben mich die Weite, die Ruhe und Unberührtheit Kanadas fasziniert. Und mir gefällt, daß die Kanadier so ausgeglichen und offen sind. Hektik und Aufgeregtheit sind ihnen fremd – sie könnten gute Hamburger sein. Mein Tip: Beginnen Sie Ihre Tour an der Westküste mit Vancouver Island, genießen Sie die herrliche Steilküste – und den hervorragenden Lobster. Folgen Sie dann dem Zivilisationspfad Richtung Osten, am besten per Auto oder Wohnmobil. Wenn Sie die Einsamkeit des Fliegers erleben möchten, machen Sie noch einen Abstecher nach Labrador, Goose Bay. Beschließen Sie Ihre Reise mit einem echten Höhepunkt, dem gut 553 Meter hohen CN Tower in Toronto. Von mehreren Plattformen aus – die höchste liegt in 447 Meter Höhe – hat man einen phantastischen Ausblick."

3 TORONTO CITY HALL
Nathan Phillips Square.
Bahnbrechende und kühne Beton-Architektur aus den sechziger Jahren.

4 TORONTO ISLANDS
Mit Fähren ab 6.30 Uhr bis Mitternacht vom Harbourfront Centre zu erreichen.
Idyllische Inselwelt, zwei Kilometer gegenüber der City.

5 ALGONQUIN
Siehe Nationalparks.

6 ART GALLERY OF ONTARIO
317 Dundas Street West, Tel. 979–66 48. Geöffnet Di., Mi. 10–22, Do.–So. 10–17.30 Uhr (Mai bis Oktober).
Henry Moore-Sammlung, Inuit-Kunst, europäische Kunst vor 1900, kanadische Kunst und Zeitgenössisches. Gilt als eine der besten Kunstgalerien Nordamerikas.

7 HOCKEY HALL OF FAME
BCE Place, 30 Yonge Street, Tel. 360–77 65.
Visuell ansprechende Ausstellung zur Geschichte des Nationalsports Nr. 1 mit unzähligen Erinnerungsstücken.

8 ROYAL ONTARIO MUSEUM
100 Queen's Park, Tel. 586–80 00. Geöffnet Mo. 10–18, Di. 10–20, Mi.–Sa. 10–18, So. 11–18 Uhr.
Umfassendes Geschichts- und Naturwissenschaftsmuseum mit Planetarium, eins der fünf meistbesuchten Museen Nordamerikas. Große Sammlung chinesischer Kultur.

9 UPPER CANADA VILLAGE
Bei Morrisburg, Tel. 543–37 04. Geöffnet Mitte Mai bis Mitte Okt. tgl. 9.30–17 Uhr. Eintritt 9 $.
Dieses 27 Hektar umfassende Museumsdorf, das aus etwa 40 Gebäuden besteht, spiegelt sehr anschaulich das Leben in einer Siedlung in Ontario um 1860 wieder. *A.H.*

COUPÉ ODER FÜNFTÜRER?

MAZDA 323 F

Immer dieses Theater! Sie schielen nach dem schicken, schlanken Sportcoupé, und Ihre Lieben werfen ein Auge auf die große Limousine mit Platz für fünf. Bevor es jetzt zum Familienkrach kommt: Wie wär's mit einem Darsteller, der beide Rollen perfekt beherrscht – dem Mazda 323 F. Er vereint in sich die sportliche Eleganz eines Coupés mit der praktischen Vernunft eines 5-Türers. Er macht in jedem Charakterfach eine gute Figur: beruhigende

KANU-TOUR

Feinschmecker, die aus dem Vollen schöpfen: Schwarzbär beim Lachsfang am Big Salmon River

Die karge Idylle des Österreichers Franz Six

Start am Quiet Lake: Mike Behrend sichert den Proviant

LEKTION FÜR EIN GREENHORN

Abenteuerliche Bootsfahrt durch Kanadas Wildnis

Der Yukon zeigt sich gerne behäbig und friedfertig. Doch er kann auch ganz anders. Im Boot: Autor Jürgen König (vorne) und Mike Behrend

Outdoor-Enthusiasten erleben bei Paddeltouren im Yukon-Gebiet das Land der Trapper und Goldsucher hautnah. Und wer dieses Abenteuer auf sich nimmt, wird schnell der Faszination der Natur erliegen. VON JÜRGEN KÖNIG MIT FOTOS VON MICHAEL BEHREND

Das *Greenhorn* darf aufatmen: Der **QUIET LAKE** ist an diesem trüben Augusttag etwas schläfrig, und seine gläserne Ruhe wird nur von einem zarten Faltenwurf belebt. Das ist angenehm, da ich im Handhaben eines Kanus ziemlich unerfahren bin, und um ein Gefühl für Paddeltechnik und Balance zu bekommen, wären Starkwind und hohe Wellen tückische und höchst gefährliche Begleiter. Mike, mein Partner im fünfeinhalb Meter langen Glasfiberboot und mir erst seit wenigen Wochen bekannt, ist ein mit Leib und Seele der kanadischen Wildnis verfallener Bayer, Anzeigenleiter eines Münchner Verlages. Ein drahtiger Mittfünfziger, kein Hüne, aber mit Bärenpranken ausgestattet, die seinen Händedruck zum nachhaltigen Erlebnis werden lassen. Michael („Mike") Behrend ist ein Perfektionist, detailbesessen bis zur Pedanterie, einer, der nichts dem Zufall überläßt. Die Kanu-Tour, die uns während der kommenden zwei Wochen bevorsteht, hat Mike schon viermal ohne Havarien hinter sich gebracht. Keineswegs selbstverständlich, da der **BIG SALMON RIVER**, den wir wahrscheinlich übermorgen erreichen werden, als „nicht ungefährlich und nur geübten Kanuten zumutbar" beschrieben wird. So gesehen sind unsere Rollen im Boot klar verteilt: Mike ist der Meister, ich bin der Schüler. Mike befindet sich als Steuermann und „Taktiker" im Heck des Kanus, mein Platz ist auf dem spärlich gepolsterten Bänkchen im Bug. Und zwischen uns lagern, exakt ausbalanciert und mit einer schützenden Plane abgedeckt, Proviant und Ausrüstung.

Vom *Input* am Südende des Quiet Lake bis zum Nordzipfel haben wir rund 30 Kilometer zurückzulegen – für den ersten Tag ein strammes Stück. Das Wasser ist so klar, daß man noch in vier, fünf Meter Tiefe jeden Stein zu erkennen vermag. Schweigend queren wir den See und paddeln am Westufer entlang, das eine fast lückenlose Wand aus Kiefern, Tannen und Fichten säumt. Und dahinter dehnt sich die düstere, endlose Waldwildnis, wo wir zu Recht Schwarzbär, Grizzly, Elch und Wolf vermuten.

Wir genießen die archaische Stille, und die einzigen Geräusche sind das Plätschern der eintauchenden Paddel und das Sirren des gläsernen Faltenwurfs unterm Bug. Nach zwei Stunden drängt es mich, für ein paar Minuten wenigstens, an Land. Mein Sitzfleisch hämmert, und meine Beine, der ungewohnten Position noch nicht gewachsen, kribbeln.

Vor uns schließen sich die Ufer des Quiet Lake wie eine Zange. Fast sechs Stunden sind wir unterwegs, als wir endlich unser Etappenziel erreichen. Obgleich bereits Abend, ist es noch taghell. Am 61. Breitengrad wird es im Sommer fast Mitternacht, ehe sich die Dunkelheit wie ein Sack, in Minutenschnelle, über den Tag stülpt. Der Rumpf des Kanus knirscht auf Sand. Vor uns liegt ein Blockhaus, gut in Schuß und von Kiefern und Fichten überdacht, davor eine mit Steinen umgürtete Feuerstelle, rundum bemooster Boden, gesprenkelt mit zerbeulten Konservendosen und Plastikmüll. Soweit Mike, der Introvertierte, Schweigsame, außer sich sein kann, ist er außer sich: „Schweinerei", murmelt er und schreitet ein paar müllfreies Geviert ab. Da soll unser Zelt stehen. Wir entladen das Boot, ich mache Feuer. Mike baut das Zelt auf, zerlegt mit seiner Axt, die er in Whitehorse gekauft hat, eine dürre Kiefer zu ordentlichen Scheiten. Auf dem See lacht ein *Loon*, Kanadas populärstes Federvieh. Es gibt Tee und gebratenen Speck, dazu frisches Brot, das Mike aus einem selbst gebastelten Backofen aus Alufolie zaubert. Soweit ich mich entsinne, huscht zum ersten Mal an diesem Tag ein Lächeln über sein Gesicht. Das heiße Brot, das er auf seinen Handtellern tanzen läßt, ist gelungen. Der Perfektionist ist zufrieden.

Es ist immer noch hell, als wir in unsere Schlafsäcke kriechen. Den gesamten Proviant haben wir zuvor in der Blockhütte verstaut, deren Türe unverschlossen war. Eine Vorsichtsmaßnahme, die sich dringend empfiehlt, um umherstreunende Bären nicht etwa auf den Geschmack zu bringen. Und Bären gibt es in dieser Gegend, auch Wölfe, wie an dem Fährtengeflecht im Ufersand unschwer zu erkennen ist.

Ich döse ein Weilchen, male mir ein Bild von dem Trapper, der im Winter die Hütte bewohnt und Fallen stellt, wäre gerne mal da, wenn der See zugefroren ist, schlafe wie ein Murmel, schnarche wie ein Bär. (Sagt Mike am nächsten Tag beiläufig, ohne Tadel.) Eines zumindest habe ich meinem Partner voraus: Am Morgen bin ich (immer) als erster auf den Beinen, bringe das Lagerfeuer in Schwung und das Kaffeewasser zum Kochen. Nebelschwaden hängen wie geraffte Tüllgardinen über dem Quiet Lake. Katzenwäsche am See. In der Nacht war ein Wolf ganz in der Nähe, hat im Uferschlick seine Spuren hinterlassen, fast so groß wie meine Faust. Als die Sonne schließlich den Nebel vertreibt, sitzen wir

Ein Segen, wenn man gute Rastplätze kennt: das ADAC-Special-Team beim „festlichen Dinner"

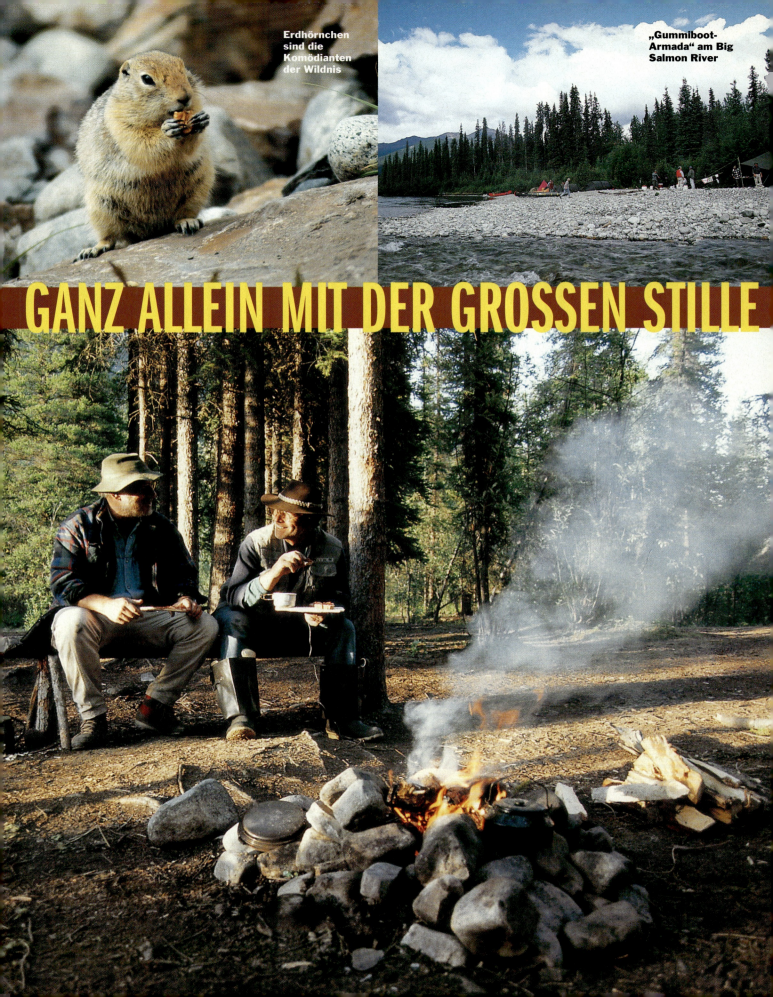

Erdhörnchen sind die Komödianten der Wildnis

„Gummiboot-Armada" am Big Salmon River

GANZ ALLEIN MIT DER GROSSEN STILLE

Weißkopf-Seeadler sind die „Stoiker" der Wildnis

„Alle Mann ans Boot" – wenn der Fluß dicht macht

EILE IST HIER EIN FREMDWORT

wieder im Boot, paddeln ein etwa zwei Kilometer langes Flüßchen entlang bis zum **SANDY LAKE**. Ein kräftiger Wind aus Südost treibt fette Wolken unter einer stahlblauen Kuppel, und unsere bislang beschauliche Paddeltour gerät schlagartig zu einem aufregenden Surf auf gut und gerne halbmeterhohen Wellen. Der achterliche Wind treibt unser Kanu, als führe es unter Segel, Mike ist fast nur noch mit Steuern beschäftigt, um das sensible Boot auf Kurs zu halten. Eine „Breitseite" könnte nämlich fatale Folgen haben. Mir obliegt die windunterstützte Vortriebsarbeit, und meine Arme werden lang.

Als sich der Sandy Lake zu einem Schlauch verengt, ebbt der Wind ab, aber nur für kurze Zeit, da sich gleich danach der **BIG SALMON LAKE** vor uns ausbreitet. Da es zu riskant wäre, den aufgepeitschten See zu überqueren, campieren wir auf einer Insel, vertrödeln den Rest des Tages. Wir diskutieren die heutige Speisenfolge und gelangen einstimmig zu dem Ergebnis, daß Erbsensuppe ganz gut wäre, danach Brot und Käse und etwas Bündnerfleisch. (Wenn wir unterwegs sind, begnügen wir uns mit Nüssen, Dörrobst und Schokolade. Auf Konservendosen haben wir verzichtet.)

Am nächsten Morgen schiebt der See die flockige Gischt immer noch vor sich her wie saure Milch. Der Wind fällt uns von der Seite an, und Mike ist besorgt. Dennoch brechen wir auf und erreichen binnen einer Stunde, nach einem wilden Ritt, die Einfahrt zum Big Salmon River. Der „Fluß", kaum mehr als ein Bach, saugt zu dieser Stunde wie ein Trichter auch andere Kanuten an. Fünf bunte Gummiboote mit durchweg deutscher Besatzung, folgen uns in kurzem Abstand. Und wo man die Einsamkeit vermutet, sind fünf Boote bereits eine Armada. Wir gehen gleich an Land, um die lärmende Truppe vorbeizulassen. Uns ist nicht nach rheinischem Frohsinn zumute. Mike führt mich zu einer Blockhütte, die in den 70er Jahren von einem Österreicher namens Franz Six erbaut wurde. Die beiden hatten sich in den 80er Jahren kennengelernt, als Mike zum ersten Mal am Big Salmon River war. „Aber", so sagt Mike, „der Franz Six ist irgendwann mal weg. Keine Ahnung wohin." Die Hütte ist unverschlossen und wird offenbar gelegentlich bewohnt. Auf dem Rückweg zum Fluß bleibt Mike plötzlich vor einem kleinen Holzkreuz stehen. In den verwitterten Querbalken ist ein Name geschnitzt: Franz Six. Nun wissen wir, wo der Österreicher ist. Wie er dorthin kam, werden wir vielleicht irgendwann erfahren.

Das Paddeln wird zum erholsamen, ja berauschenden Vergnügen, für eine halbe Stunde wenigstens. Nach einer Biegung versperrt ein *Log jam*, ein bizarres Gewirr aus entwurzelten und angeschwemmten Bäumen, den Fluß. Die Gummiboote und fünf Kanus sind am flachen Ufersand aufgereiht. Um das Hindernis zu umgehen, müssen die Boote auf dem Landweg, einer *Portage*, getragen werden. Ausnahmsweise erweist sich die Menschenansammlung als Segen, da die Vielzahl kräftiger Arme ein Entladen der Boote nicht nötig macht. Jeder hilft dem andern, und nach einer guten halben Stunde macht sich der ganze Konvoi jenseits der Barrikade wieder auf den Weg.

Wir haben keine Eile, zumal uns nicht nach Gesellschaft zumute ist, schon gar nicht nach schwatzenden und lachenden Gruppenreisenden, für die die Stille ein unangenehmes Loch ist, das es zu stopfen gilt. Mike ist ziemlich angesäuert, da das scheue Wild verprellt wird, ehe wir es zu Gesicht bekommen. Wir sind ganz einfach zum falschen Zeitpunkt am richtigen Ort. Am Ende unserer Reise werden wir nur drei Elche und zwei Biber zu Gesicht bekommen haben. Abgesehen von Eichhörnchen, Vögeln, Enten und etwa 20 Weißkopf-Seeadlern – den Stoikern unter den Greifvögeln – eine enttäuschende Bilanz.

Mike möchte einen *Grayling* angeln, Verwandte unserer wohlschmeckenden Äsche, und hat unverhofft einen *King Salmon*, einen stattlichen Lachs, am kleinen Haken. Der Fisch kämpft verzweifelt, die Angelrute, an sich für kleinere Kaliber gedacht, verbiegt sich zu einem Halbkreis. „Ich muß ihn müde machen." Mike weiß, wie das geht. Gibt ihm Leine und spult ihn dann wieder zu sich. Eine Viertelstunde lang. Ich kann mir nicht helfen, aber heute mag ich keinen Lachs. Ich fange an, laut zu denken, so daß es Mike hören kann. „Vor sechs Jahren, vielleicht, wurde er hier geboren, ist unter unsäglichen Mühen 2000 Meilen zum Meer geschwommen, hat dort, allen Gefahren zum Trotz, überlebt und hat sich nun wieder 2000 Meilen flußaufwärts geplagt, bis zu dem Platz, wo alles anfing, um seinen Laich abzulegen. Und das war nun komplett umsonst." Mike hat den Lachs auf dem Trockenen, die Kiemen pumpen verzweifelt, das mächtige Maul schnappt. Irgendwo hinten schimmert der hundsgemeine Dreizack, die vermeintliche Beute. Mike nickt: „Gut, sind wir heute mal moralisch. Dann frißt ihn halt der Bär." Löst mit einer Zange behutsam den Haken und entläßt den Fisch ins Wasser, wo er nach Sekunden ungläubiger Starre wie ein purpurfarbener Torpedo davonschießt. „War eh zu groß für ein Abendessen. So an die sechs Kilo." Mike zieht seine Gummistiefel bis zu den Hüften hoch und watet zurück ins Wasser. Am Abend gibt es Grayling mit Kräutern, in Alufolie gegart, viel mehr als nur ein Lachs-Ersatz.

Die Tagesabläufe sind von einer erholsamen Monotonie geprägt, die Uhr am Handgelenk wird überflüssig, die Zeit vergeht auch so und braucht keine

In unzähligen Kurven und Kehren hat sich der Big Salmon River ein gemütliches Bett gemacht.

Wachsame Mutter: Elchkuh mit Kalb

Auf gläsernem Faltenwurf der untergehenden Sonne entgegen

DIE LANGE REISE DER LACHSE

Uhr, die sie antreibt. Frühstück, wenn wir aufwachen, paddeln, so lange wir Lust haben (meistens 20 bis 30 Kilometer pro Tag, für die wir, je nach Strömung, fünf bis sechs Stunden benötigen), zwischendurch auf Sandbänken rasten und Nüsse knabbern, an einem klaren *Creek* gutes Wasser fassen, Ausschau halten nach einer idyllischen *Campsite* (Mike kennt sie alle), Abendessen, am Feuer sitzen und über das Hypnotische der Flammen rätseln, Spuren von Wölfen, Luchsen und Bären entdecken, den Sack mit den Vorräten zwischen zwei Bäumen aufhängen (mindestens drei Meter hoch und 50 Meter vom Lagerplatz entfernt, wegen der Bären und anderer „Wilddiebe"), im Schlafsack mit gelegentlichem Herzklopfen entfernten oder nahen Geräuschen lauschen, schlafen …

Der Big Salmon River weitet sich zusehens zum stattlichen Fluß, er wird reißend und schießt über Katarakte. Nicht selten haben wir kaum mehr als eine Handbreit Wasser unterm kiellosen Kanu, der Rumpf schrammt über Steine. Ich halte Ausschau nach „stehenden Wellen", unter denen sich mächtige Steine verbergen. Eine Kollision würde unweigerlich das Kentern des Kanus bedeuten. *Sweeper*, im Gleichtakt der Wellen wippende, tote Bäume, ragen wie Lanzen aus dem Wasser oder sind – was noch tückischer ist – nur an einer verdächtigen Kerbe im Strom zu erahnen. Mike hat auf seiner Flußkarte alle ihm bekannten Fallen markiert, und doch gibt es immer wieder höchst unangenehme Überraschungen. Alljährlich, mit den Hochwassern im Frühsommer, wälzt und streckt sich der Big Salmon River in seinem Bett, entwurzelt Bäume, nimmt sie mit sich, bis sie irgendwo, in einer seiner zahllosen Windungen hängenbleiben. Die so entstehenden Log jams sind der Alptraum der Kanuten, und gelegentlich erzählen zerschmetterte Kanus zumindest das Ende einer Geschichte, die als beschauliche Paddeltour begonnen hatte.

Wir passieren die **FAST WATER ROCKS**, eine hurtige Abfahrt auf flachem Wasser. Dutzende erschreckter Lachse flüchten als purpurner Strahlenkranz vor dem Schatten unseres Kanus. Am **SOUCH CREEK**, der einzigen Campsite, die wir an diesem Tag erreichen, treffen wir auf die Gummiboot-Armada aus Lüdenscheid und Umgebung. Wolfgang Henze, 48, Realschullehrer für Deutsch und Chemie, führt als erfahrener Kanada-Kenner die zehnköpfige Gruppe an. Zum letzten Mal, wie er sagt. Denn: „Auf dem Big Salmon ist einfach zu viel los. Zu viele Leute. Die Ruhe ist dahin." Herr Henze hat ein Gewehr mitgebracht, um auf *Snowshoes* (Schneehasen) zu schießen. Daß er noch nicht zum Schuß kam, bekümmert ihn etwas, daß dank seiner munteren Reisegruppe die Ruhe am Fluß weitgehend abhanden kommt, stört ihn weniger.

Wir sind gut im Zeitplan und legen an der Mündung des **NORTH FORK** in den Big Salmon River zwei Ruhetage ein, bekommen Gesellschaft von Stephan und Max, zwei Studenten aus dem Allgäu. Sympathische Burschen, die noch weiter wollen nach Alaska. Mit viel Glück sind sie bis hierher gekommen, da sie unweit des **MOOSE CREEK** einen Crash mit einem Log jam hatten. Das Kanu kenterte, die gesamte Ausrüstung fiel ins Wasser. Gesichert an einem Seil tauchte Stephan und holte Stück für Stück alles nach oben, bis auf einen Zeltstab.

Auf unserer Karte ist der **YUKON** bereits in Sichtweite, tatsächlich sind es noch etwa 15 Kilometer bis zur Mündung des Big Salmon River. Mit Mike vollzieht sich eine wunderbare Wandlung: Er lacht gelegentlich, ist zu Scherzen aufgelegt, akzeptiert, daß ich sehr wohl in der Lage bin, Feuer zu machen und Knoten zu knüpfen, ohne daß er korrigierend einzugreifen hat. Wir freuen uns gemeinsam über das Gezeter der Eichhörnchen, die im Camp ihre Faxen machen, steigen auf einen Berg und schauen der Spätsommersonne zu, wie sie die unendliche Waldwildnis mit einem milden Schimmer übergießt. Mike sagt, die Angst, es könnte etwas passieren, habe ihn vielleicht „etwas schwierig" gemacht.

Am nächsten Tag erreichen wir **BIG SALMON VILLAGE**, Indianerland seit Jahrhunderten und bis Ende der 40er Jahre ein bedeutender Handelsposten. Ein paar halbverfallene Blockhütten sind der klägliche Rest. Bis **CARMACKS** sind es noch 120 gemütliche Kilometer auf dem behäbig wirkenden, aber schnell fließenden Yukon, in zwei Tagen zu schaffen. Wir werden im Gold Panner Restaurant ordentlich frühstücken und auf das Auto warten, das uns nach **WHITEHORSE** zurückbringt. Mike wird glücklich sein, „weil nichts passiert" ist, und das Greenhorn wird wissen, daß es bei ihm in guten Händen war. ○

Infos und Karte: siehe Seite 204 ff

Gut & Günstig

Sie suchen ein schönes Bed & Breakfast-Angebot? Sie wollen billig durch Kanada reisen? Sie brauchen preiswerte Kleidung und originelle Geschenke? Hier sind unsere Tips

ÜBERNACHTEN

BED & BREAKFAST

Der Name ist Programm: Bett & Frühstück. Aber in vielen Gasthäusern ist das Motto pure Untertreibung. Herzliche Gastfreundschaft und gute Zimmerausstattung gehören oft dazu. Hoteliers, die wirklich nur das Nötigste bieten, sind eher die Ausnahme.

Hier sind unsere Bed & Breakfast-Favoriten in den drei beliebtesten Provinzen Kanadas:

BRITISH COLUMBIA
ENGLISH BAY INN
1968 Comox Street, Vancouver, BC, V6G 1R4, Tel. (604) 683-80 02. 5 Zi.: ab 40 $.
Gemütliches Haus im viktorianischen Stil. Günstige Lage im West End und ganz in der Nähe des Stanley Park.

Weitere Angebote in British Columbia (siehe auch Seite 168f) hält die folgende B&B-Organisation bereit:
BC Bed & Breakfast Association, 810 West Broadway, Vancouver, BC, V5Z 4E2, Tel. (604) 276-86 16.

ONTARIO
JACOBSSTETTL GUEST HOUSE
16 Isabella Street, St. Jacobs, Ontario, N0B 2N0, Tel. (519) 664-22 08, Fax: 664-2218. 12 Zi.: ab 80 $.
Alte viktorianische Villa, mitten im Mennonitenland. Gemütliche Zimmer, schönes Haus, interessante Gegend.

Informationen über B&B-Angebote in Ontario gibt es bei:
The Federation of Ontario Bed & Breakfast Accomodation, P.O. Box 437, 253 College Street, Toronto, Ontario, M5T 1R5, Tel. (416) 537-80 93, Fax: 537-02 33.

Gute Nacht im Jacobsstettl

QUÉBEC
LA MAISON AU TOIT BLEU
490 Avenue St-Clovis, St.-Alexandre, Québec, G0L 2G0, Tel. (418) 495-23 68. 5 Zi.: ab 40 $.
Ein typisch franko-kanadisches Haus aus Holz, mit umlaufender Terrasse. Innen: schöne Bauernmöbel, historische Fotos an den Wänden, urgemütlich.

MONTRÉAL MUSEAL
Der Eintritt für die Museen von Montréal schwankt zwischen 5 $ und 12 $. Wer mehrere Ausstellungen besuchen möchte, schneidet mit der „Carte de musée" günstiger ab. Eine Tageskarte kostet 15 $, eine Dreitageskarte 28 $, erhältlich im Centre Infotouristique

Anbieter von Bed & Breakfast in Québec – hier heißen B & B übrigens „Gites du passant" – sind in der folgenden Organisation vertreten:
Fédération des Agricotours du Québec, 4545 Avenue Pierre-de-Coubertin, C.P. 1000, succ. M. Montréal, Québec, H1V 3R2, Tel. (514) 252-31 38.
Die Vereinigung veröffentlicht auch das Verzeichnis „Gites du passant aux Québec", das im Buchhandel erhältlich ist.

Über die schönsten Privatunterkünfte in ganz Kanada informiert „The Canadian Bed & Breakfast Guide" von Gerda Pantel. Der Katalog stellt ausgewählte Häuser mit Bild vor. Zu beziehen über:
Penguin Book (Canada) Ltd., Customer Service, 1220 Nicholson Rd.,

Das English Bay Inn bietet mehr als Bett & Frühstück

Fotos: Eisermann/Fotoarchiv; D. Shanks; F. Hunsberger

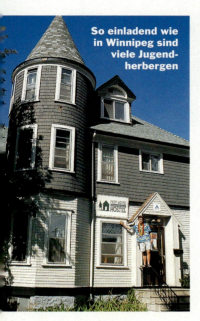

So einladend wie in Winnipeg sind viele Jugendherbergen

Newmarket, Ontario, L3Y 7V1, Tel. (905) 836-67 30 und 1-800-668-65 40, Fax: 836-67 29. Preis: 20 $.

JUGENDHERBERGEN
Kanada verfügt über rund 70 Jugendherbergen, die meist in der Nähe beliebter touristischer Ziele liegen und gut gepflegt sind. Kanadas Jugendherbergsverband heißt „Hostelling International Canada". Wer in einer Jugendherberge übernachten möchte, sollte eine internationale Mitgliedskarte des Deutschen Jugendherbergswerks *(DJH in Detmold, Tel. 05231- 740 10)* besitzen. Nicht-Mitglieder zahlen in der Regel einen Preisaufschlag von 4 $ pro Nacht. Reservieren kann man in Deutschland über das DJH und von Nordamerika aus über die gebührenfreie Telefonnummer: *1-800-444-61 11*. Besonders für Übernachtungen im Sommer empfiehlt es sich, frühzeitig zu buchen.
Informationen und Adressen der kanadischen Jugendherbergen enthält das internationale Jugendherbergs-Handbuch, Teil II, das beim DJH (für 16 DM plus Porto) und im Buchhandel (für 21 DM) erhältlich ist.
TIP: Gegen Vorlage der Jugendherbergs-Mitgliedskarte gewähren viele kanadische Firmen ihren Kunden Preisnachlaß, darunter Fahrradverleiher, Fotoläden, Sportgeschäfte sowie einige Museen.

JH Victoria

AUF DEM CAMPUS NÄCHTIGEN
Vom Bettelstudent zum Bettenstudent ist es in Toronto kein weiter Weg: In den Semesterferien, wenn Torontos Studenten ausgeflogen sind, können in ihren Betten Reisende schlafen. Von Mitte Juni bis Ende August vermieten Studenten-Wohnheime Zimmer an jedermann. Unser Tip: *das Wohnheim der University of Toronto am Victoria Campus (Tel. 416-585 45 24)*. Es liegt gegenüber vom Royal Ontario Museum (und ganz in der Nähe der Boutiquen und Galerien von Yorkville). Die Zimmer (Einzel- und Doppelzimmer pro Nacht ab 42 $) sind sauber und geräumig, Handtücher werden gestellt. Offen für Reisende sind außerdem Zimmer im *Glendon College, York University (Tel. 487-67 98), und der Ryerson Polytechnic University (Tel. 979-52 96)*.

EINE NACHT GESCHENKT
Es sind nicht Ontarios schlechteste Hotels, Resorts, Lodges und Country Inns, die ihre Gäste mit Sonderpreisaktionen ködern. Zum Beispiel mit dem Angebot „Stay two nights get the third free". Das heißt, man bleibt drei Nächte, muß aber nur zwei bezahlen. Doch kein Köder ohne Haken: Die Preise gelten nur an bestimmten Tagen, die Aktionen finden oft kurzfristig statt. Auskunft über Discount-Aktionen diverser Hotels sowie Hilfe bei der Reiseplanung gibt die Hotelvereinigung Ontario: *Resorts Ontario, P.O. Box 21 48, 10 Peter Street North, Orillia, Ontario, L3V 6S1, Tel. (705) 325–91 15 und 1-800-363-72 27. Fax: 325-79 99.*

Gratis Gemälde gucken? In Toronto ist es möglich

FAHREN & SPAREN

MITFAHRZENTRALEN
Wer für möglichst wenig Geld möglichst schnell und zuverlässig von einem Ort zum anderen chauffiert werden möchte, wendet sich an eine Mitfahrzentrale. Dort erfährt man, welcher Autofahrer einen Fahrgast auf der gewünschten Strecke mitnimmt. Über die Vermittlung „Allo Stop" zum Beispiel sind für eine Fahrt von Montréal nach Toronto nur 26 $ zu zahlen, nette Unterhaltung oft inklusive. Tip: Als das beste Sprungbrett für Trips in den Westen Kanadas gilt Toronto. Hier einige Anlaufstellen der Allo-Stop-Mitfahrzentralen im Osten des Landes:

TORONTO
M6G 1K5,
609 Bloor Street West,
Tel. (416) 531-76 68.

MONTRÉAL
H2J 2K9,
4317 Rue St.-Denis,
Tel. (514) 985-30 44.

QUÉBEC CITY
G1R 1P3,
467 Rue Saint-Jean,
Tel. (418) 522-00 56.

Billige und bequeme Autoreisen vermitteln Mitfahrzentralen

Bus-Stopp: Greyhound Canada

GREYHOUND-TOUREN
Wenn Sie die Strecke Vancouver–Toronto mit dem „Greyhound-Canada-Bus" zurücklegen wollen, brauchen Sie Sitzfleisch. Die reine Fahrzeit dauert etwa 61 Stunden. Aber Sie müssen ja nicht auf einem Sitz durchfahren. Schließlich gibt es „Greyhound-Canada-Pässe", mit denen man die Fahrt beliebig oft unterbrechen kann und die unterschiedlich lange gelten: 7, 15, 30 und 60 Tage. Ein „Greyhound-Canada-Paß", der zu Fahrten auf allen

TORONTO UMSONST
Die Besucherzentrale Torontos, Metropolitan Toronto Convention & Visitor's Association (MTCVA), macht allen Gästen der Stadt ein Geschenk – eine Gratisbroschüre, die über alle Aktivitäten informiert: „Toronto totally absolutely and undeniably free!" Neben geführten Spaziergängen für architektonisch Interessierte nennt die Broschüre alle Tage, an denen der Eintritt etwa in die Art Gallery of Toronto und das Royal Ontario Museum frei ist. Adresse:
MTCVA, Queen's Quay Terminal at Harbourfront, 207 Queen's Quay West, Toronto, M5J 1A7, Tel. (416) 368-99 90.

Gut & Günstig

Greyhound-Routen von British Columbia bis Ontario und Québec berechtigt, kostet für 30 Tage 430 Mark. Einen Paß, der zudem noch Touren zu den Atlantikprovinzen ermöglicht und „All-Canada-Paß" heißt, gibt es für 530 Mark. Auskunft über Reisebedingungen und mögliche Routen geben Reisebüros und die *Greyhound Generalagentur ISTS Intercontinental in München.* Interessant für Busreisende, die in Jugendherbergen übernachten wollen, ist die Kombination aus Bus-Paß und Gutscheinen für Jugendherbergen. Ein Paket für 30 Tage zum Beispiel ist ab 1100 Mark zu haben.

MIT DER MÉTRO INS MUSEUM
In Kanadas Großstädten sind fast alle Sehenswürdigkeiten mit öffentlichen Verkehrsmitteln gut zu erreichen. Eine Touristenfahrkarte macht die Benutzung von Bus und Bahn kinderleicht: einmal zahlen, x-mal fahren. Drei Beispiele: In Vancouver dürfen Besitzer eines „Day Pass" für 4,50 $ ab halb zehn Uhr morgens für den Rest des Tages alle Busse, die Fähre und den SkyTrain beliebig oft benutzen. Mit dem „TTC Day Pass" für 6 $ fährt man in Toronto einen Tag lang mit U-Bahn, Bus und Straßenbahn.

In Montréal gibt es eine „Carte touristique". Sie gilt für einen Tag (5 $) oder drei Tage (12 $) und wird im Centre Infotouristique verkauft.

SHOPPING

COMPACT DISC
Im Kampf der amerikanischen Tonträgerhersteller sind die Kunden die lachenden Sieger. Denn sie zahlen für Compact Discs immer weniger. Zur Zeit kostet eine topaktuelle CD zwischen 15 und 20 $, ein Best-Of-Album gar nur 10 $. Besonders große Auswahl und kleine Preise haben die Ketten *Sam the Recordman (z.B. in Toronto, 347 Yonge Street)* und *HMV* mit Filialen in allen größeren Städten. *HMV-Läden* gibt es unter anderem in *Vancouver, 1160 Robson St. (Zentrum),* in *Montréal, 1035 Ste-Cathérine Ouest* und in *Toronto, 333 Yonge Street.*

Sam the Recordman verkauft CDs für ein Taschengeld

HAUSSCHUHE
Wer auch in der geheizten Wohnung über kalte Füße klagt, braucht vielleicht Hausschuhe aus Biber-, Fuchs- oder Minkfell. Die wärmen wie Heizkissen. Die Felle stammen von Tieren aus der Region Charlevoix in Québec, die teils auf Farmen gezüchtet, teils von Trappern gejagt werden. Während die Behörden die Jagd reglementieren, regelt der Preis der Hausschuhe ihre Nachfrage: Ein Paar kostet etwa 120 $. Die Hausschuhe und weitere Produkte aus der Provinz Québec, zum Beispiel Blaubeerlikör, Keramik, handgeschnitzte Gänse und Enten aus Holz sowie originelle Souvenirs gibt es bei:

Beliebtes Souvenir: Pantoffeln aus Biberfell

La Boutique du Terroir, Les Cours Mont-Royal, 1455 Rue Peel, Suite 213, Montréal, Tel. (514) 845-99 12.

WINTERSTIEFEL
Winterstiefel stehen in Kanada nicht nur nach Schuhgröße sortiert im Laden, sondern auch nach Kältegraden. Sie schützen bis minus dreißig, vierzig und sechzig Grad vor Erfrierungen und kosten zwischen 30 und 140 $. Die in die Kälte gehen wollen, finden bei Outdoor-Ausrüstern alles, was wärmt: Spezialsocken, Gesichtsmasken, Thermo-Anoraks usw. Und auch die braunen Arbeiterjacken von Carhartt, die bei uns gerade „trendy" sind, aber in Kanada nur die Hälfte kosten, etwa 60 $.

Kerle tragen Karos: Holzfällerhemd

HOLZFÄLLERHEMD
Es gibt solche und solche Holzfällerhemden. Jene, bei denen das Muster und der Schnitt im Vordergrund stehen, trägt der Mann als normales Oberhemd. Die gibt es in Jeans-Läden ab etwa 30 $. Jene, die aus superdickem Stoff sind, einfachen Schnitt und traditionelles Muster haben, wärmen wie eine gefütterte Jacke. Der kanadische Mann trägt sein Holzfällerhemd über dem T-Shirt und friert in dieser Kombination genausowenig wie unsereiner mit Pulli und Anorak. Ein original Holzfällerhemd kostet beim Outdoor-Ausrüster circa 80 $.

KUNSTHANDWERK DER INUIT
Neugierige Blicke Richtung Dekolleté provoziert, wer Schmuck der Inuit trägt. Ihre Amulette aus Seehundknochen oder Holz sind absolute Hingucker, denn

TICKETS EINEN TICK BILLIGER
Außer New York bietet keine andere Stadt Nordamerikas mehr Bühnen als Toronto. Täglich werden in mehr als 50 Spielhäusern Aufführungen gegeben. Musicals präsentieren zum Beispiel das Royal Alexandra Theatre, das Pantages Theatre und The Elgin and Winter Garden Theatres. Ermäßigte Eintrittskarten für Torontos Bühnen verkauft am Tag der Aufführung der Kiosk *T.O.Tix, 208 Yonge Street, Tel. (416) 596-82 11.*

Auch für das Royal Alexandra Theatre gibt es ermäßigte Karten

die Inuit gestalten Schmuck in Formen und Materialien, die bei uns ungewöhnlich sind. Kanadas größtes und bestes Geschäft für Inuit-Kunst befindet sich in Montréal: Galerie Le Chariot. Sie bezieht ihre Produkte von Inuit-Kooperativen aus dem Norden Québecs und den Nordwest-Territorien. Ihr Angebot reicht vom zierlichen Halskettchen-Anhänger zu 20 $ bis zur schweren Skulptur aus Speckstein für mehr als 200 $.
Galerie Le Chariot,
446 Place Jacques-Cartier,
Montréal,
Tel. (514) 875-49 94.

FACTORY OUTLETS

Um billig zu Fabrikpreisen einkaufen zu können, muß in Amerika und Kanada nicht der Kunde zur Fabrik gehen, sondern die Fabrik kommt ihm entgegen. In sogenannten „Factory Outlets", die oft am Stadtrand liegen, bieten Markenhersteller ihre Rest- und Überbestände sowie Zweite-Wahl-Artikel zu Discount-Preisen an. Einwandfreie Markenjeans kosten hier zwischen 30 und 50 $. Eine Auswahl an ergiebigen Factory Outlets:

TORONTO

Entlang der Yonge Street, zwischen Dundas und Gerrad Street, befinden sich etliche Outlets, vorwiegend für Jeans und Hemden. Marken: u.a. Levi's, Diesel und Wrangler. Laufend Angebote.

BOLTON

Cookstown Manufacturer's Outlet Mall.
Etwa 30 Fahrminuten nördlich von Toronto liegt der weit und breit größte und beste Ort für preiswerten Kauf von Textilien verschiedener Stilrichtungen.

MONTRÉAL

Le Chateau – Liquidation Centre, 1225 Rue Berri, Ecke Ste-Cathérine.
Trend-Klamotten zu stark reduzierten Preisen u.a. der Marken Levi's, Diesel, J.J. Farmer, Polo Ralph Lauren. Prallvolle Regale bis zur Decke. Mode vor allem für junge Leute.

VANCOUVER

Danier Leather Factory Outlet, 3003 Grandview Highway.
Hosen, Hemden, Westen, Jakken, Mäntel, alles aus Leder, bis zu 40 Prozent billiger als im Einzelhandel.

BRIEFPAPIER

Ein Ausflug von Québec Richtung Norden zu den kleinen Orten am Sankt-Lorenz-Strom lohnt doppelt: Erstens sieht die Landschaft bezaubernd aus, zweitens bekommt man in St-Joseph-de-la-Rive bei einer kleinen Papier-Manufaktur wunderschönes Papier, fast in Pergament-Qualität. Es wird hergestellt wie zu Zeiten Neu-Frankreichs und versetzt mit den Blüten und Blättern von Blumen aus der Region. Ein Geschenkset Briefpapier kostet etwa 30 $.
Papeterie Saint-Gilles,
304 Rue Félix-Antoine Savard,
C.P. 40, Saint-Joseph-de-la-Rive (nahe Baie-St-Paul).

SCHLEMMEN

LACHS

Wer in British Columbia Lachs kauft, bringt ihn nicht häppchen-, sondern pfundweise auf den Tisch. Wenn Sie Ihren Freunden mal Edelfisch satt bieten möchte, tragen Sie ein ordentliches Paket eingeschweißten Räucherlachs mit nach Hause (pro Pfund für 25 bis 30 $). *Smoked Salmon* bekommen Sie, oft in hübschen Holzkisten verpackt, in Kaufhäusern und auf vielen Märkten in British Columbia.

AHORNSIRUP

In Québec schmeckt der Frühling besonders süß, nach Ahornsirup, *Sirop d'érable.* Wenn der Winter geht, kann in den Wäldern der Provinz mit der Gewinnung der bernsteinfarbenen Lekkerei begonnen werden. Aber keine Sorge: Ahornsirup wird das ganze Jahr über angeboten, in Zuckerhütten, „Cabanes à sucre", und in Lebensmittelläden. Wer besonders gute Qualität kaufen möchte, wählt Ahornsirup der Kategorie 1. Er besitzt eine klare Farbe, schmeckt nicht nach Karamel und kristallisiert nicht. Sehr gut und gar nicht teuer ist *Sirop d'érable pur du Québec,* Kanadas Nummer eins von Gérald Beaugard, zum Preis von rund 4,50 $ für einen halben Liter.

STEUERN SPAREN

Werfen Sie keine Kassenbelege weg, Sie können bares Geld wert sein! Für die meisten Dinge, die Sie in Kanada kaufen und mit nach Hause nehmen, bekommen Sie die Umsatzsteuer erstattet – sieben Prozent des Kaufpreises. Ausführliche Informationen und Formulare enthält die Broschüre „Goods and Services Tax Refund for Visitors", die in allen Touristenbüros, großen Geschäften und an Zollstationen ausliegt.

EISWEIN

Ein „Sonnenloch" und das feuchtwarme Klima der Meerenge machen scheinbar Unmögliches möglich: Weinanbau in Nova Scotia. Seit 1978 keltert die rheinländische Familie Jost in Malagash an der Tatamagouche Bay verschiedene Sorten. Und der im hohen Norden Amerikas angebaute Wein französischer Trauben schmeckt! So gut, daß der 1992er „Matina Ice Wine" preisgekrönt wurde (die Flasche gibt es für 38 $). Eiswein bekommt man in den Restaurants der Gegend und direkt bei der Winzerei:
Jost Vineyards, Malagash, Nova Scotia, Tel. (902) 257-26 36.

Lachs in British Columbia: feiner Geschmack, kleiner Preis

Ein besonderes Geschenk: Weißwein aus Nova Scotia

Ahornsirup ist ein süßes Mitbringsel und, in Schnee gerollt, ein etwas anderes „Eis am Stiel"

Jeder dritte Einwohner ist chinesischer Abstammung. Keine Stadt der Welt hat so viele „Neubürger", jährlich kommen 60 000 Einwanderer aus der Karibik, Asien, Afrika und ganz Europa dazu

Ausländer Rein

Running forever: Harry Jerome, Kanadas erster Weltklasse-Sprinter (Olympiadritter 1964), in Bronze im Stanley Park – vor der Skyline seiner Heimatstadt Vancouver

Vancouver ist zwar nicht die Hauptstadt, aber die größte und bedeutendste Stadt in British Columbia. Dabei ist sie gerade mal 100 Jahre alt. VON SIMON WORRALL MIT FOTOS VON GERRY GROPP

Meine Reise nach Vancouver begann in Indien. Es war Sonntag, und ich hatte mich verfahren. Irgendwie war ich auf dem Rückweg vom Flughafen in eine Seitenstraße geraten. Ich fuhr an Erdbeerfeldern und Farmhäusern mit verwitterter Fassade vorbei. Plötzlich fand ich mich vor einem Gebäude wieder, das aussah, als gehöre es in Disneys Zauberland: Ich starrte auf einen riesigen, weißen Tempel mit bunten Fliesen, gekrönt von drei goldenen Kuppeln.

Um ihn betreten zu dürfen, mußte ich meinen Kopf mit einem Taschentuch bedecken und die Schuhe ausziehen. Im Innern des Tempels, vor einem riesigen, blauen, mit Gold verzierten Altar, saßen Hunderte von Menschen im Schneidersitz auf dem Boden. Die Männer trugen Turbane, die Frauen grellbunte Saris. Ich war versehentlich im Nanaksar-Tempel gelandet, dem größten der fünf Sikh-Tempel Vancouvers.

Die 50 000 Sikhs der Stadt sind nur eine von vielen ethnischen Gruppierungen, die in Vancouver eine Heimat gefunden haben. Von allen Städten der Welt hat Vancouver heute die höchste Quote eingebürgerter Ausländer. Einige Tage später saß ich in einem italienischen Restaurant neben einer Gruppe von Versicherungskauffrauen. Sie waren zu zwölft, alle Ende 20, Anfang 30. Eine von ihnen kam aus Jamaika, eine andere von den Fidschi-Inseln. Da war eine Inderin aus Bombay, eine Afrikanerin, eine Hongkong-Chinesin und eine Polin. Sie alle waren Bürgerinnen Vancouvers.

Von allen ethnischen Gruppen, die sich in den letzten Jahren hier ansiedelten, haben die Chinesen das Stadtbild am meisten verändert. Vancouver hatte schon immer einen hohen Bevölkerungsanteil chinesischer Abstammung. Nach San Francisco weist es die zweitgrößte Chinatown Nordamerikas auf. In den letzten zehn Jahren kamen ganz besonders viele Einwanderer aus Hongkong. Ganze 33 Prozent der Bevölkerung des Großraumes Vancouver – anders ausgedrückt: einer von drei Einwohnern – sind heute chinesischer Herkunft. Und jährlich kommen 10 000 weitere Einwanderer aus Süd- und Südostasien dazu.

Die meisten Grundstücke in bester Lage gehören Finanziers aus Hongkong wie Lee Ka Xing, dessen Firma, Concord Pacific, das Expo-Gelände für 186 Millionen Dollar gekauft hat und es jetzt erschließt. Die meisten Luxushotels gehören ebenfalls Firmen aus Hongkong. So ist es kein Wunder, daß manche die Stadt „Hongcouver" nennen.

Es gibt kein deutlicheres Zeichen für die „Verchinesisierung" Vancouvers als die Tatsache, daß einige der einflußreichsten Mitglieder des Vancouver Club heute chinesischer Abstammung sind. Der im Jahre 1889 von einigen englischen Geschäftsleuten gegründete, überaus noble Verein in der West Hastings Street war bis vor kurzem eine Bastion der angelsächsischen Elite. An den Wänden hängen Porträts der britischen Königin und Prinz Philips. Die Standuhren lassen die Glockenmelodie von Big Ben erklingen. Die Namen ehemaliger Präsidenten rufen den britischen Einfluß in Erinnerung. Namen wie Browning, Abbot und Salisbury. Wann werden dort Familiennamen wie Liu oder Chang zu lesen sein?

Die Zuwanderung der Hongkong-Chinesen und ihres Geldes blieb nicht ohne negative Folgen. Als Millionäre aus Hongkong anfingen, in Kerrisdale Neo-Tudor-Häuser aufzukaufen und sie dann niederwalzen ließen, um Platz zu schaffen für *Monster houses*, riesige Glas- und Betonklötze, brachte das die alteingesessenen Bewohner Vancouvers in Rage. Als *Fung-Shui*-Experten verlangten, daß 100jährige Zedern gefällt werden sollten, da sie das freie Einströmen der Geister in ein Haus und deren Weg aus demselben heraus blockierten,

Jubel im Commodore Ballroom, einem Musentempel von Weltruf

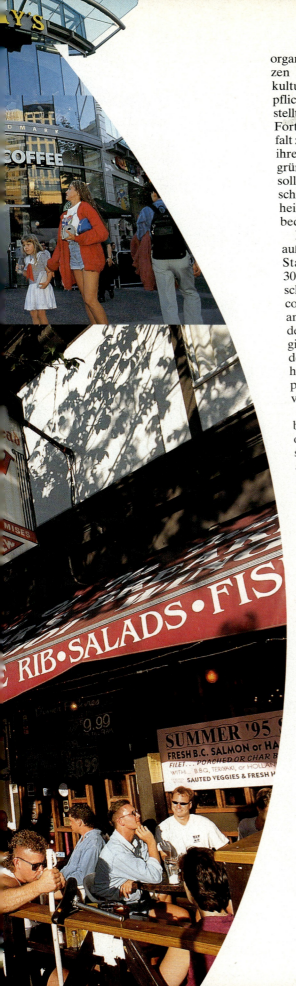

organisierten sie Mahnwachen mit Kerzen und Demonstrationen. Um die kulturelle Kluft zu überbrücken, verpflichtet die Stadt jetzt alle Angestellten des öffentlichen Dienstes, einen Fortbildungskurs über kulturelle Vielfalt zu besuchen. Vancouvers Chinesen ihrerseits haben eine Organisation gegründet, die den Immigranten helfen soll, sich in ihrer neuen Umgebung schneller und besser einzuleben. Sie heißt ganz einfach *Success*, was soviel bedeutet wie Erfolg.

Die Hoffnung auf Erfolg und die außergewöhnliche Lebensqualität der Stadt veranlassen heute jährlich 30 000 Kanadier und 60 000 Menschen aus aller Welt, nach Vancouver zu ziehen, so daß es eine der am schnellsten wachsenden Städte der Erde ist. Überall wird gebaut. Es gibt einen neuen Büchereikomplex, der 100 Millionen Dollar gekostet hat. Auch ein neuer Theaterkomplex, ein neues Sportgelände und viele neue Hotels sind entstanden.

Die Kürze seiner Geschichte bringt es mit sich, daß Vancouver ohne viel Rücksicht auf Denkmalschutz ausschließlich eine Richtung ansteuern kann, nämlich die Zukunft. Hier gründeten sechs Segler-Freunde im Jahr 1971 eine Organisation, die unser Umweltdenken verändern sollte: Greenpeace. Heute hat der Verein über drei Millionen Förderer in 30 Staaten; und obwohl seine Hauptgeschäftsstelle jetzt in Amsterdam ist, gerät auch Vancouver häufig durch die Aktionen der Regenbogenkämpfer in internationale Schlagzeilen. Zuletzt zum Thema: Kahlschlag auf Vancouver Island. Außerdem wurden hier in Vancouver zwei Schlüsselbegriffe des Zeitgeists, *Cyberspace* und *Generation X,* geprägt, und zwar von William Gibson, dem Guru der *Virtual Reality*, beziehungsweise von Douglas Copeland. „Es ist ein Ort, an dem man noch etwas bewirken kann", sagte mir jemand, der erst kürzlich aus Europa hier angekommen war, „ein Ort voller Möglichkeiten."

Ich kam zum erstenmal 1973 hierher. Damals war Vancouver so etwas wie Prince George heute: ein Vorposten der Zivilisation, wo die Menschen hinkamen, um die Freuden des Stadtlebens zu genießen, bevor sie wieder in die ländliche Einsamkeit zurückkehrten. Lumberjackhemden gehörten ebenso zum Straßenbild der Granville Street wie betrunkene Indianer. Ich erinnere mich an die Bar im Cecil Motor Hotel und an verdreckte Holzfäller, denen nach drei Monaten im Busch das Geld derart aus den Taschen quoll, daß sie 20, 30 Bier auf einmal bestellten und tranken, bis sie unter dem Tisch lagen.

Das Cecil Motor Hotel gibt es noch, aber heutzutage muß man lange suchen, bis man in Vancouver ein Lumberjackhemd findet. Neben Toronto und Montréal ist es eine der kultiviertesten und kosmopolitischsten Städte Nordamerikas. Drei der zehn besten Hotels des Kontinents befinden sich heute in Vancouver. Ein Hard Rock Café, ein sicheres Zeichen für die Lebensfreude einer Stadt, ist eröffnet worden. Aber Vancouver hat etwas, was weder Toronto noch Montréal haben. Kein Ort der Welt, vielleicht mit Ausnahme San Franciscos, hat ein so schönes Umland: schneebedeckte Berge und den Ozean.

Vancouver ist sauber und wird in einem geradezu makellosen Zustand gehalten. Hier ist nichts von der Kriminalität und Häßlichkeit zu spüren, die man normalerweise mit Großstädten verbindet. Und wo sonst könnte man, eine halbe Stunde vom Stadtzentrum entfernt, auf dem Meer Kajak fahren oder auf einigen der schönsten Pisten Nordamerikas, die vom Hauptbahnhof aus in nur zwei Zugstunden zu erreichen sind, Ski laufen?

Spuren der alten Pioniermentalität haben überlebt. Es existiert ein gewisses Maß an Spießbürgertum, so als ob sich die Stadt noch nicht ganz der Verantwortung bewußt wäre, die der Status als Metropole mit sich bringt. Einige ihrer Wolkenkratzer sind so groß und so kostspielig wie die in Manhattan – Vancouvers Kunstgalerie dagegen, ein kleines Gebäude in der Howe Street, wäre für eine auch nur halb so große US-amerikanische Stadt eine Schande. Diverse Grundstücke mit Milliarden-Dollar-Wert sind im Besitz der Stadt, aber kein einziges Bild von Pablo Picasso.

Groß ist allerdings das Vergnügen, einmal durch das zur University of British Columbia gehörende Museum of Anthropology zu schlendern. Die Sammlung von Holzbögen für feierliche Defilees, von Totempfählen und von ausgegrabenen Kanus der Stämme British Columbias ist die schönste ihrer Art auf der ganzen Welt. Blickfang ist eine massive Holzskulptur von Bill Reid, einem Haida-Indianer und zugleich einem der größten lebenden Künstler Kanadas. Die Skulptur zeigt die Entstehung der Erde. Ebenfalls erwähnenswert ist die Vielzahl archivierter Stücke im hinteren Teil des Museums.

Es gibt natürlich noch viel mehr Veränderungen, seitdem ich zum erstenmal hier war. Damals orientierte sich Vancouver, was Identität und Kultur betrifft, noch an Großbritannien. Inzwischen hat sich die Stadt enger ihrem großen Bruder im Süden angenähert. Obwohl es die Lieblingsbeschäftigung eines jeden Kanadiers ist, die USA milde zu tadeln, steht Vancouver heute, kulturell gesehen, Seattle und Portland viel näher als Toronto und London.

Nachdem starke regionale Auseinandersetzungen Kanada weiterhin spalten, spricht man sogar schon davon, eine grenzüberschreitende Föderation namens Cascadia zu schaffen, die British Columbia, Washington State und Oregon umfassen soll. Daß das passiert, ist nicht wahrscheinlich, aber die Amerikanisierung Vancouvers ist überall sichtbar. Auf keinem Gebiet so sehr wie im Sport: Kricket und Soccer werden zwar noch gespielt, aber die größte Fangemeinde haben Baseball, Eishockey und American Football.

Es ist schwierig, sich in der Stadt zu orientieren. Ich habe Tage damit verbracht, meinen Stadtplan auseinander- und wieder zusammenzufalten, bis ich feststellte, daß ich sieben Achtel davon hätte wegwerfen können, ohne dadurch viel zu verlieren. Der Grund dafür ist, daß die nach Westen gerichtete Halbinsel, auf der Vancouver liegt, das Lower Mainland, für den Besucher größtenteils nichts Interessantes bietet. Natürlich gibt es an der 49th und der Mainstreet Little India, und hier findet man auch zwei der schönsten Grünflächen Kanadas, Queen Elizabeth Park und Van Dusen Botanical Gardens. Aber das Herz der Stadt, das eine Achtel, in dem man die meiste Zeit verbringt, ist ein kleines, daumenförmiges Gebiet, das aus der Halbinsel hervorragt. Wenn Sie Stanley Park und das West End mit Gastown und Granville Island gesehen haben, dann haben Sie fast ganz Vancouver gesehen.

Stanley Park wurde im Jahr 1886 gegründet und benannt nach Lord George Stanley, der damals Generalgouverneur von Kanada war (der Stanley-Cup im Eishockey ist auch nach ihm benannt). Dieser Park ist, genau wie New Yorks Central Park, einer der schönsten der Welt. Er hat eine Fläche von 1000 Morgen. Jedes Jahr kommen acht Millionen Besucher hierher. Aber er unterscheidet sich ebensosehr vom Central Park wie Vancouver von New York. Während Central Park ein exzentrischer, hyperaktiver Ort ist, wo man eher Lärm aus Lautsprecherboxen als den Gesang von Amseln hören kann, ist Stanley Park ländlicher, idyllischer, britischer. Man kann sich dort sogar nach Einbruch der Dunkelheit sicher fühlen.

Es gibt Strände und Promenaden am Ozean und wunderschöne Rhododendron- sowie Rosengärten im Stanley Park. Der berühmteste der alten Bäume ist eine 1000 Jahre alte rote Zeder.

Weiter finden sich Tennisplätze und Wege, auf denen man *Rollerblades* fahren kann, ein *Pitch-and-Putt*-Golfplatz und ein Meerwasserschwimmbad. Am Brockton Point stehen einige wunderschöne Kwakiutl- und Haida-Totempfähle. Mit dem Teehaus am Ferguson Point beherbergt der Park außerdem eines der besten Restaurants Vancouvers.

Südlich des Stanley Parks finden wir den am dichtesten besiedelten Teil Vancouvers: das West End, ein Gebiet mit Wolkenkratzern und breiten Straßen wie Burrard-, Granville- und Robson-Street. Letztere ist die Einkaufsmeile Vancouvers, wo es alles gibt, von internationaler Designer-Mode bis zum billigen Souvenir. Im West End stehen auch einige der großartigsten Gebäude wie das Hotel Vancouver, ein Riesen-Bau im Stil eines Schlosses, der im

Ein Essen, das man nie vergißt: Meisterkoch Hidekazu Tojo serviert Sushi aus dem Meer

Granville bei Nacht: Musik liegt in der Luft

Granville am Abend: Velo-Rikscha auf der Strandpromenade

In der Yaletown Brewing Company ...

... Köstliches für junge Leute

Auf der Granville Mall: Die Zukunft leuchtet rosenrot

Jahr 1939 von der Canadian Pacific Railway (der kanadischen Eisenbahngesellschaft) errichtet wurde, um Besucher zur Zugfahrt quer durch Kanada zu ködern. 50 Jahre lang dominierte sein steiles Kupferdach die Skyline Vancouvers. Heute erscheint er neben den riesigen Hochhäusern fast schon wie ein Zwerg.

Nicht weit von diesem modernsten Teil Vancouvers liegt Gastown, das älteste Viertel der Stadt. Es wurde in einem Pub geboren und mit Bier getauft. Gastown ist nach Gassy Jack benannt, einem schwatzhaften Engländer, der seinen Spitznamen bekam, weil er gerne langatmige Reden hielt. In Wirklichkeit hieß er John Deighton, und bevor er im Jahre 1867 mit einem Faß Whiskey und einer indianischen Frau hierherkam, war er ein Abenteurer und Dampfschiffkapitän gewesen. Der Pub Deighton House, den Jack einrichtete, war Vancouvers erstes Gebäude.

Gassy Jacks Denkmal befindet sich am östlichen Ende der Water Street, nahe der Stelle, wo sich 1886 die ersten Pioniere unter einem Ahornbaum trafen und den Namen Vancouver für ihre Ansiedlung wählten, nach George Vancouver, dem englischen Forscher, der als erster eine Seekarte der Küste British Columbias anlegte. Damals – also vor nur einem Jahrhundert – war Vancouver nichts als ein wildes Durcheinander aus Zelten und Holzhütten.

Heute beherbergen die historischen Ziegelbauten von Gastown Architekturbüros, High-Tech-Firmen, Filmgesellschaften und Design-Agenturen. Besucher finden hier Bistros und Straßencafés, Galerien mit einheimischer Kunst und Souvenirläden. Im Sommer kommen Menschen aus aller Herren Länder in die Water Street: Man trifft auf Japaner, Koreaner, Deutsche und Finnen. Eines der Bilder, die sie alle mit nach Hause nehmen, ist das der einzigen antiken Dampfuhr der Welt, die hier aufgestellt ist.

Jeder Stadtplaner, zu dessen Aufgabenbereich die Sanierung und Restaurierung eines verfallenden Industriegeländes zählt, sollte sich einmal Granville Island ansehen. Vor rund 80 Jahren befand sich hier das größte Gewerbegebiet der Stadt. Als Vancouver sich ausdehnte, siedelten die Firmen um, und das Viertel verfiel allmählich. Übrig blieben einige von Ratten heimgesuchte Kaianlagen und Bootshäuser. Heute ist es ein lebendiger Ort mit einer heiteren, fast mediterranen Atmosphäre, nicht eine dieser ach so sterilen Fußgängerzonen, wie sie sonst von den Stadtplanern mit Vorliebe konzipiert werden. Viele der ehemaligen Mechanikerwerkstätten sind noch vorhanden. Aus einigen wurden Künstlerateliers, aus anderen Läden. Manche mußten Parkhäusern weichen. Mitten in Granville ist eine Zementfabrik noch in Betrieb.

Der Besucher findet hier natürlich auch Lebensmittelläden, Restaurants und Cafés. Jeder, der meint, die Nordamerikaner verstünden nichts vom Essen, sollte den Public Market besuchen, wo es eine Vielfalt von Produkten gibt. Der Markt braucht den Vergleich mit einem französischen Markt nicht zu scheuen. Es gibt dort Krebse und Brombeeren, Kuchen und Konfekt. Käseläden und italienische Delikatessengeschäfte sind hier zu finden. Wer zwischendurch schnell etwas essen möchte, für den stehen zahlreiche Salatbüfetts sowie Restaurants mit Straßenverkauf zur Verfügung, die kleine japanische, mexikanische und chinesische Gerichte anbieten. Bei Babushka bekommt man frische Borschtsch-Suppe.

Nicht weit von Granville Island entfernt liegt Kitsilano, bekannt für seinen Strand und seine alternative Szene (manche nennen es das Haight Ashbury Vancouvers, nach dem „Hippie-Viertel" San Franciscos). Tagsüber wimmelt es hier von Roller-bladern und Sonnenanbetern, Volleyballspielern und Schwimmern. In warmen Sommernächten laufen Menschen am Wasser entlang oder sitzen im Sand und spielen Gitarre. An Orten wie dem Sophie's Cosmic Diner leben die 60er Jahre fort; aber in den letzten Jahren hat sich Kitsilano zu einer der ersten Adressen Vancouvers entwickelt. Auf der West 4th Avenue, seiner quirligen Hauptstraße, findet man Bistros, landestypische Cafés, Coffee Bars und elegante Geschäfte. Auch zwei der besten Restaurants Vancouvers sind auf der West 4th: das von dem Engländer John Bishop betriebene St. Bishop's und das Quattro.

In Vancouver kann man sich rund um den Globus schlemmen. Im Tojo, einem japanischen Restaurant auf dem West Broadway, habe ich so gut gegessen wie selten zuvor. Hidekazu Tojo, der Restaurantbesitzer, ein geistreicher, dynamischer Mann aus Osaka, ist ein kulinarischer Samurai, dessen Name stets in führenden Feinschmeckermagazinen auftaucht.

Jeder der sechs Gänge, die er uns servierte, war ein Meisterwerk der feinen Küche, einzigartig in Geschmack und Konsistenz. Als erstes kam ein „Tojo's Tuna": riesengroße, zarte Thunfischstücke in einer Sauce aus Zwiebeln, Sesam und Wasabi, einer grünen, mit scharfem Meerrettich angereicherten Gewürzpaste. Dann ein Sommersalat aus Meeresfrüchten, bestehend aus Lachs, Krebs und Tintenfisch, verziert mit Radieschen, Sojasprossen und Tomaten. Der letzte Gang – hauchdünne Scheiben von rohem Rindfleisch, garniert mit geriebenem Rettich, das Ganze in einer „Ponzu"-Vinaigrette, die aus einer limonenähnlichen japanischen Frucht zubereitet war – ließ mir noch Stunden, nachdem ich das Restaurant verlassen hatte, das Wasser im Munde zusammenlaufen.

An meinem letzten Abend in Vancouver ging ich zum Canada Place Pier hinunter. Bei der Expo '86 diente er als kanadischer Pavillon. Heute ragt er ins Meer wie ein großer, weißer Ozeandampfer. Das Dach aus fünf Stoffsegeln mag ein architektonisches Plagiat des Sydney Opera House sein, aber das wunderschöne Pan Pacific Hotel, die Promenaden und das allgemeine Gefühl von Licht und Leichtigkeit findet man nur hier in Vancouver.

Ich setzte mich auf die Stufen, um den Sonnenuntergang zu beobachten. Es war bereits 20.30 Uhr. Als die Sonne sank, wurden die Berge zuerst blau, dann fliederfarben, schließlich schwarz. Die Wohn- und Bürotürme im Zentrum Vancouvers begannen zu glitzern wie Sterne. Als die Nacht hereinbrach, lichtete ein Kreuzfahrtschiff die Anker und glitt langsam über das seidige Wasser des Burrard Inlet. Die Takelage war beleuchtet. Leise schlich der Luxusdampfer unter der Lions Gate Bridge durch und segelte dann hinaus auf den offenen Ozean, Richtung Alaska.

Berge, Meer und Himmel, Schiffe und glitzernde High-Tech-Zinnen: das ist Vancouver. ○

INFO VANCOUVER

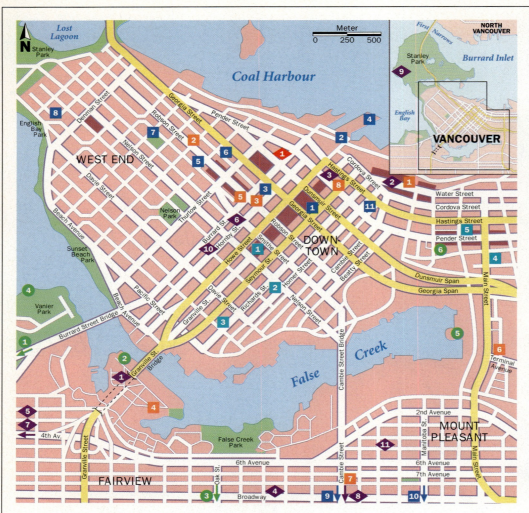

AUSKUNFT

1 VANCOUVER TOURIST INFOCENTRE
200 Burrard St., Waterfront Centre, Plaza Level, Vancouver, V6C 3L6, Tel. (604) 683–20 00. Fax: 682–17 17. Geöffnet tgl. 8–16 Uhr.

HOTELS

1 FOUR SEASONS
791 West Georgia St., V6C 2T4, Tel. 689–93 33, Fax: 689–34 66 und 844–67 44. 317 Zimmer und 68 Suiten: DZ ab 265 $, Suite 360–385 $. 5-Sterne-Hotel über dem Pacific Centre. 28stöckiger Luxusbau im Herzen der Altstadt. Sauna, Fitneßklub.

2 PAN PACIFIC
300–999 Canada Place, V6C 3B5, Tel. 662–81 11, Fax: 685–86 90. 467 Zimmer und 39 Suiten: DZ ab 360 $, Suite 400 $. Beste Aussicht der Stadt auf den Canada Place am Hafen. Pool, Fitneßklub; Hallen für Squash und Racquetball.

3 VANCOUVER
900 West Georgia Street, V6C 2W6, Tel. 684–31 31, Fax: 662–19 37. 508 Zimmer und 42 Suiten: DZ ab 275 $, Suite 320–340 $. Zur Canadian-Pacific-Gruppe gehörendes Haus im Château-Stil. Exzellenter Service, gediegenes Ambiente, stilvolle Zimmer. Pool, Fitneßklub und Panorama-Restaurant.

4 CANADIAN PACIFIC WATERFRONT CENTRE
900 Canada Place Way, V6C 3L5, Tel. 691-1991, Fax: 691-1999. 489 Zimmer und 29 Suiten: DZ ab 190 $. Wie der Name sagt: am Hafen mit toller Aussicht. Moderner Glaspalast mit allen Annehmlichkeiten und gutem Restaurant. Nett eingerichtete Zimmer, aufmerksamer Service. Pool, Fitneßklub.

5 O' DOUL'S
1300 Robson Street, V6E 1C5, Tel. 684–84 61, Fax: 684–83 26. 119 Zimmer und 11 Suiten: DZ ab 190 $, Suite 275–325 $. Direkt an der Haupteinkaufsstraße mit toller Möblierung und ultramodernen Zimmern.

6 GEORGIA
801 West Georgia Street, V6C 1P7, Tel. 682–55 66, Fax: 682–81 92. 310 Zimmer und 4 Suiten: DZ ab 165 $, Suite 250–500 $. Charmantes 20er-Jahre-Gebäude mit historischen Aufzügen und holzgetäfelter Lobby.

7 WEST END GUEST HOUSE
1362 Haro Street, V6E 1G2, Tel. 681–28 89, Fax: 688–88 12. 7 Zimmer: DZ ab 160 $. Rosarotes, viktorianisches B&B in einer Wohngegend nahe dem Stanley Park. Metallbetten mit wunderbarer Bettwäsche.

8 SYLVIA HOTEL
1154 Gilford Street, V6G 2P6, Tel. 681–93 21. 97 Zimmer und 18 Suiten: DZ 75–115 $, Suite 85–215 $. Etwas außerhalb in Stanley Park. Achtstöckiges, efeubewachsenes Haus nahe dem Strand. Große Räume mit Küche. Unbedingt reservieren!

9 MANOR GUEST HOUSE
345 West 13th Av., V5Y 1W2, Tel. 876–84 94, Fax: 876–57 63. 10 Zimmer: DZ ab 100 $. Attraktives Bed & Breakfast in einem herrschaftlichen Hause in Innenstadtlage. Hervorragendes Frühstück.

MEIN TIP

BRYAN ADAMS
Musiker

„ Vancouver ist meine Geburtsstadt, hier habe ich viele alte Freunde, hier kann ich entspannen. Wie meine Fans wissen, setze ich mich mit Greenpeace sehr für die Erhaltung der Wale ein. Hier also mein Tip: Bestes „Whalewatching" gibt es im nördlichen Teil von Vancouver Island. Tummelplatz der Wale ist die „Johnstone Strait", die man von Beaver Cove aus mit Schiffen erreicht. Durch ein Unterwasser-Hydrophon hört man die Laute dieser friedlichen Säuger. "

Info Whalewatching: Bill & Donna MacKay, Stubbs Island Charters, Beaver Cove, Tel. (604) 928–31 85 oder 928–31 17. Tagesausflüge für Whalewatching von Ende Juni bis Anfang Oktober möglich.

10 PILLOW N'PORRIDGE GUEST HOUSE
2859 Manitoba Street, V5Y 3B3, Tel. 879–89 77.
5 Zimmer: DZ ab 90 $.
Offene Kamine und Antiquitäten in den Zimmern, gesundheitsorientiertes Frühstück.

11 CHELSEA INN GUEST HOUSE
33 A West Hastings St., V6B 1G4, Tel. 685–42 43, Fax: 685–46 10.
26 Zimmer: DZ ab 80 $.
Preiswert und gut, in der historischen Gastown.

RESTAURANTS

1 BRIDGES
1696 Duranleau St., Tel. 687–73 51. Dinner ab 25 $.
Geöffnet tgl. 11–1 Uhr, So. Brunch 10–14 Uhr.
Quirliges Lokal auf der lebendigen Granville Island. Schöne Aussicht, besonders vom Patio.

2 WATER STREET CAFÉ
300 Water St., Tel. 689–28 32.
Geöffnet tgl. 11–22 Uhr.
Bestes Restaurant in der Gastown mit exzellentem italienischen Essen.

3 HARD ROCK CAFÉ
688 West Hastings Street.
Geöffnet tgl. 11–24, Mi.–Sa. bis 2 Uhr.
Für Fast-food-Liebhaber: Ketten-Restaurant mit guten Hamburgern im gestylten Ambiente.

4 TOJO'S
202–777 West Broadway, Tel. 872–80 50.
Geöffnet 17.30–22.30 Uhr.
Eines der besten japanischen Restaurants von Kanada.

5 BISHOP'S
2183 West 4th Av., Tel. 738–20 25. Dinner ab 50 $. Geöffnet Mo.–Fr. 11.30–14 und 17.30–22.30, Sa. 17.30–22.30 Uhr.
Feinschmecker-Lokal im trendigen Kitsilano.

6 LE CROCODILE
100-909 Burrard St. on Smithe, Tel. 669–42 98.
Geöffnet Mo.–Fr. 11.30–14 und 17.30–22.30, Sa. 17.30–22.30 Uhr.
Beste französische Küche. Der elsässische Chef, Michel Jacob, sorgt für ein elegantes Ambiente und sorgfältigen Service.

7 QUATTRO ON FOURTH
2611 West 4th Av., Tel. 734–44 44. Dinner ab 50$.
Geöffnet tgl. 17–22.30 Uhr.

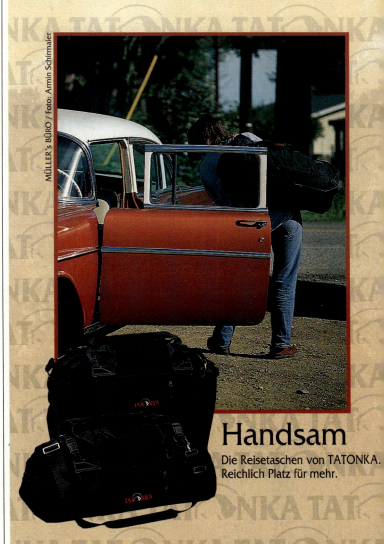

Spirit of the Great Outdoors

Handsam
Die Reisetaschen von TATONKA.
Reichlich Platz für mehr.

TATONKA
Qualitätsausrüstung für Freizeitaktive

Händlernachweis und Gratiskatalog bei:

TATONKA GmbH · Postfach 63 · D-86451 Dasing
Telefon 0 82 05/96 02-0 · Telefax 0 82 05/96 02-30
Jetzt neu über e-mail: tatonka@tatonka.com

INFO VANCOUVER

Vancouvers „heißer" Italiener. Opulentes Dekor, lebendige Atmosphäre. Besonders empfehlenswert: Antipasti.

8 SEASONS IN THE PARK
Queen Elizabeth Park, 33 Rd. & Cambie, Tel. 874–80 08. Dinner ab 25$. Geöffnet Mo.–Fr. 11.30–14 und 17–22.30, Sa. und So. 17–22.30 Uhr. An klaren Tagen sieht man die Berge vom Patio aus. Mein Tip: der exzellente Wochenend-Brunch.

9 THE TEAHOUSE IN FERGUSON POINT
7501 Stanley Park, Tel. 669–32 81. Dinner ab 25 $. Geöffnet Mo.–Fr. 11.30–14 und 17–22.30, Sa. und So. 17–22.30 Uhr. Ausgezeichnete Fischgerichte. Die Sonnenuntergänge am Stanley Park sind spektakulär.

10 TAI CHI HIN
888 Burrard Street, Tel. 682–18 88. Geöffnet tgl. 11.30–14 und 17–22.30 Uhr. Kellner im Frack und postmodernes Dekor. Tip: Ente.

11 ECCO IL PANE
238 West 5th Av., Tel. 873–68 88. Geöffnet Mo.–Fr. 8–17, Sa. 8.30–17, So. 9–16 Uhr. Italienisches Café. Gutes Brot, leckere Biscotti und Panini.

SHOPPING

1 HILL'S INDIAN CRAFTS
165 Water St., Tel. 685–42 49. Geöffnet tgl. 10–18 Uhr. Große Auswahl an indianischem Kunsthandwerk.

2 ANGEL
1293 Robson Street, Tel. 681–09 47. Geöffnet Mo.–Sa. 10–17 Uhr. Außergewöhnliche Kleidung aus handcolorierten Stoffen.

3 SALVATORE FERREGAMO
918 Robson St., Tel. 669–44 95. Geöffnet Mo., Mi., Sa. 10–18, So. 12–18 Uhr. Schuhe, Handtaschen und Krawatten des italienischen Top-Designers.

4 KID'S ONLY
1496 Cartwright Street, Tel. 689–84 47. Geöffnet tgl. 10–18 Uhr. 20 Kinder-Spezialgeschäfte im Granville Island Emporium.

5 THE SALMON SHOP
Robson Public Market, Tel. 688–34 74. Geöffnet tgl. 9–21 Uhr. Das Geschäft für alles rund um den Lachs.

6 VANCOUVER FLEA MARKET
703 Terminal Av., Tel. 685–06 66. Geöffnet 8–16 Uhr. Flohmarkt mit mehr als 300 Ständen. Erreichbar mit dem SkyTrain.

7 TAIGA
390 West 8th Av., Tel. 875–66 44. Geöffnet Mo.–Fr. 9.45–18, Sa. 9.45–20 Uhr. Sportbekleidung, Zelte und andere Outdoorartikel des örtlichen Herstellers mit internationalem Renommee.

8 BIRKS
698 Wen Hastings Street, Tel. 669–33 33. Geöffnet Mo.–Fr. 9.30–18, Sa. 9.30–17.30 Uhr. Angesehener Juwelier.

NACHTLEBEN

1 THE COMMODORE BALLROOM
870 Granville Street, Tel. 681–78 38. Geöffnet abends und zu Konzerten. Großer Art-déco-Saal, in dem einst Größen wie B.B. King und Count Basie auftraten.

2 RICHARD'S ON RICHARDS
1036 Richards Street, Tel. 687–67 94. Geöffnet Mo., Di., Mi. 21–2, Do.–So. 20–2 Uhr. Vancouvers In-Disko. Beliebt bei all jenen, die auf „One-night-stands" stehen.

3 MARS
1320 Richards Street, Tel. 662–77 07. Geöffnet tgl. 20–2 Uhr. Restaurant und Disko mit Ablegern in L.A. und New York.

4 HOT JAZZ
2120 Main St., Tel. 873–41 31. Geöffnet zu Konzerten. Große Tanzfläche, Big-Band-Sound und Swing.

5 JAKE O'GRADY'S
3684 East Hastings Street, Tel. 298–14 34. Geöffnet Mo.–Sa. 23–2, So. 19–24 Uhr. Blues-Lokal, manchmal Kabarett-Veranstaltungen. Küche.

SEHENSWERTES

1 THE MUSEUM OF ANTHROPOLOGY
6393 N.W. Marine Drive, Tel. 822–38 25. Geöffnet Di. 11–21, Mi.–So. 11–17 Uhr. Weltklasse-Sammlung mit Kunst der Nordwestküsten-Indianer.

2 GRANVILLE ISLAND PUBLIC MARKET
1661 Duranleau Street, Granville Island, Tel. 666–64 77. Geöffnet tgl. 9–18 Uhr. Einer der größten Lebensmittel-Märkte der Welt.

3 VAN DUSEN BOTANICAL GARDENS
5251 Oak Street, Tel. 261–00 11. Geöffnet 10 Uhr bis zum Einbruch der Dunkelheit. Umfangreiche Sammlung von exotischen Pflanzen.

4 THE MARITIME MUSEUM
Cypress St., Tel. 257–83 00. Geöffnet tgl. 10–17, Di.–So. 10–17 Uhr (Winter). Ausstellung zur maritimen Geschichte der Stadt.

5 SCIENCE WORLD
1455 Québec Street, Tel. 268–63 63. Geöffnet Mo.–Fr. 10–17, Sa. und So. 10–18 Uhr. Wissenschaftsmuseum mit Exponaten zum Anfassen. Im Komplex: das spektakuläre Omnimax-Kino.

6 CHINESE CULTURAL CENTRE & DR. SUN YAT-SEN GARDENS
578 Carrall Street, Tel. 689–71 33. Geöffnet tgl. 10–20 (Mai bis September), tgl. 10–16.30 Uhr (Oktober bis April). Chinesisches Kulturzentrum mit Gartenanlage. S.W.

MEIN TIP

JASON PRIESTLEY
Schauspieler

„Um wieder mal ein paar Tage in Vancouver zu verbringen, besteige ich kein Flugzeug, sondern fahre auf meiner 1200er Yamaha, begleitet von ein paar Bikerfreunden, in meine Heimatstadt. Dort habe ich meine Familie und kann mich freier bewegen als in Los Angeles. Ich empfehle Ihnen, in Chinatown Essen zu gehen und die Comedy-Clubs „Punchlines" und „Yuk Yuk's" zu besuchen. In diesen Clubs treten immer wieder heiße Kabarett-Talente auf, die mit Sicherheit später einmal berühmt werden."

Punchlines Water Street, in Gastown, Vancouver, Tel. 684–30 15.
Yuk Yuk's, The Old Expo Site, Vancouver, Tel. 687–52 33.

Urlaub ist ungestörtes Glück.
Deshalb: Lassen Sie Ihr Bargeld zu Hause.

American Express Travelers Cheques bieten im Gegensatz zu Bargeld:
- Weltweit kostenlosen Ersatz bei Verlust oder Diebstahl.
- In der Regel innerhalb von 24 Stunden. Notfalls per Kurier.
- Günstigeren Umtausch von DM in die Währung Ihres Urlaubslandes.
- Notruftelefone mehrsprachig und international täglich rund um die Uhr verfügbar.
- Schnelle Hilfe durch über 1.700 American Express Reisebüros weltweit.

Nähere Informationen unter **0180/5 33 97 97**
oder auf dem Teletext-Dienst der Sender RTL, SAT.1, Pro 7 und DSF.
Jeder 100. Anrufer gewinnt einen US$ 50,-
American Express Travelers Cheque.*

Travelers Cheques
Das sicherste Geld der Welt.

American Express Travelers Cheques erhalten Sie bei den meisten Banken,
Sparkassen, Volks- und Raiffeisenbanken sowie bei allen American Express Reisebüros weltweit.

*) Der Rechtsweg ist ausgeschlossen. Mitarbeiter von American Express und deren Angehörige sind nicht teilnahmeberechtigt. Laufzeit der Aktion begrenzt bis zum 05.08.96. Die Gewinner werden per Post benachrichtigt.

BRITISH COLUMBIA

BC
Große Freiheit Nummer fünf

Mit dem Wohnmobil von Nationalpark zu Nationalpark

Von Vancouver in Richtung Rocky Mountains: Abendstimmung, Express Way No. 5

Route 93, kurz vor Jasper: Österreicher auf großer Fahrt

British Columbia ist der „Ferne Westen" Kanadas. Hier bereitet das Reisen im Wohnmobil besonderes Vergnügen: Das Terrain ist berg- und waldreich, und die Straßen sind einsame Klasse. VON SIMON WORRALL MIT FOTOS VON STEFFEN THALEMANN

Etwa um 4.30 Uhr morgens, in unserer zweiten Nacht in British Columbia, saß Molly kerzengerade auf dem Fußboden. Wir übernachteten in einem Hotel in **HARRISON HOT SPRINGS**, einem hübschen Kurort östlich von Vancouver. Sie war mit uns nach Seattle geflogen, verwahrt in einem sogenannten *Airporter*, einer Art Hundekorb, d. h. einer großen Plastikbox mit einer Gittertür vorne. Ob die Hitze in Houston oder die Zumutung, neben zwei Katzen reisen zu müssen, schlimmer für sie war, weiß ich nicht: Sie freute sich jedenfalls riesig, wieder festen Boden unter den Pfoten zu haben. Ihre Nase vibrierte und zuckte unter all den neuen Geruchseindrücken, die sie empfing: Es roch nach Bären, Elchen, Wild und Präriehunden. Sie war wieder in der Welt ihrer Urahnen. Denn Molly ist ein Mischling mit Husky-Einschlag: ein großer Hund mit breitem Kopf und schwarz-weißem Fell, einem braunen und einem blauen Auge, letzteres hat die Farbe eines Gletscherbachs. Der Husky ist ja bekanntlich mit dem Wolf verwandt. Und in jener Nacht wurde uns klar, wie stark diese verwandtschaftliche Beziehung ist. Im schwachen Licht der Morgendämmerung stellte sie sich langsam auf ihre Läufe, warf den Kopf zurück, zeigte mit der Nase zur Decke und gab einen Laut von sich, den sie nie zuvor ausgestoßen hatte: Sie ließ ein langgezogenes, klagendes Wolfsgeheul vernehmen, das uns einen kalten Schauer den Rücken hinunterjagte.

Von Harrison fuhren wir auf dem Crowsnest Highway Richtung Osten durch die Wälder und Schluchten des Manning Provincial Park. Wir hatten unseren RV (*Recreational Vehicle* sprich Wohnmobil) in Washington State gemietet, einige Meilen von der Grenze zwischen Kanada und den USA entfernt. Es war ein brandneuer, sieben Meter langer Wagen, ein „Sportwagen" mit einem kräftigen Ford-Motor, der brüllte wie ein Löwe und tierisch viel Benzin schluckte. Als ich zum erstenmal den Tank füllte, schaute ich ganz schön dumm, denn die Anzeige kletterte auf 100, 110, 120, 130, bis sie schließlich bei 140 Litern stehenblieb. Wir hatten so viele Geräte an Bord wie der Spaceshuttle: Stromanschlüsse, Klimaanlage, Tempomat, Radio- und Fernsehantenne und eine Leiste von Kontrollampen, die auf Knopfdruck unseren Wasser-, Strom- und Propanstand und den Stand der „grauen" und „braunen" Trink- bzw. Abwassertanks anzeigten. Wir hatten ein Badezimmer mit Dusche, Toilette und Waschbecken, eine Einbauküche mit einer Sitzbank, einem Tisch, einer Mikrowelle und einer Herdplatte. Zum Schlafen hatten wir die Wahl zwischen einem großen Bett im hinteren Teil des Wagens und ei-

Blick von der Route 16 in den herbstlichen Provincial Park

ner Koje über dem Führerhaus. Camping? Nein, das war es nicht. Es war ein Motelzimmer auf Rädern. Diesen Wagen zu fahren, gab einem das Gefühl, als führe man einen Lieferwagen vom Bäcker.

Als wir den Similkameen River erreichten, veränderte sich die Landschaft abrupt. Wir näherten uns dem Okanagan-See, der am Südende einer riesigen Hochebene liegt. Die Hügel waren trocken und nur mit niedrigen Salbeibüschen bedeckt. Aber wo der Boden bewässert worden war, wirkte er saftig und fruchtbar. An Straßenständen wurden Kirschen angeboten, die so groß waren wie Tischtennisbälle, es gab auch Pfirsiche und Trauben.

Wein? In Kanada? Ja, das ist schon richtig. Es gibt hier heute fast 30 Weingüter. Eines davon, Mission Hill, hat neulich eine internationale Auszeichnung für seinen Chardonnay bekommen. Die Besitzer der Weinkellerei Grey Monk Estate, das Ehepaar George und Judy Heiss, können aus einem anderen Grund für sich in Anspruch nehmen, über Kanada hinaus berühmt zu sein: Ihre Weinlage ist die nördlichste des amerikanischen Kontinents.

Von Kelowna zum Arrow Lake: Große Freiheit No. 6

Der Winter ist da: Jasper National Park

Die schnellste Straße von hier in die Rocky Mountains ist die 97a. Es ist aber auch die überfüllteste. So beschlossen wir, den Rat eines Freundes zu befolgen, den wir in Kelowna getroffen hatten, und fuhren auf der viel schmaleren Route 6 nach Osten Richtung **ARROW LAKE**. Auf der Landkarte sehen der Lower und der Upper Arrow Lake aus wie zwei kleine, blaue Schlitze. In Wirklichkeit sind diese beiden Seen fast 300 Kilometer lang und idyllisch im Schutz der Monashee Mountains gelegen. Wäre dies Europa, fände man eine überfüllte Straße, Villen und ein großes Durcheinander vor. Statt dessen stößt man hier auf ein einziges verschlafenes Nest namens Nakusp. Man denke sich die Schweiz, Österreich und Bayern ohne Einwohner: Das ist British Columbia.

Da der Campingplatz voll war, parkten wir auf einer Lichtung am Kuskanask River. Es war erst unsere vierte Nacht im RV, aber wir fühlten uns darin schon schon wie zu Hause. Wir zündeten den Propankocher an und setzten Wasser für unsere Pasta auf. Wir schnitten Spinat und öffneten dann eine Flasche Wein aus dem Gebiet des Columbia

Banff – rustikale Gebirgsstadt mit Tempo 30

River. Nach dem Essen machten wir ein Lagerfeuer, saßen da und blickten in die Flammen, während unter uns der Fluß rauschte. Die Luft roch nach Kiefernharz, Moos und Wildblumen. Das Leben im RV zeigte sich von seiner romantischen Seite. Selbst Molly spürte es. Sie fing eine Maus.

REVELSTOKE ist nach Lord Revelstoke benannt, der früher Chef der heute berühmt-berüchtigten Barings Bank war. Für kanadische Verhältnisse ist es eine alte Stadt (als „alt" gilt hier alles, was vor 1950 errichtet wurde). Revelstoke hat einen restaurierten Stadtkern, man findet hell gestrichene Holz- und Ziegelbauten und ein schönes Gerichtsgebäude. Bestens bekannt ist es aber als Tor zu den Rocky Mountains, wir konnten es kaum erwarten, dort hinaufzukommen.

Wenn man „Berge" sagt, denkt hier jeder an die Rocky Mountains (in Wirklichkeit beginnen die „richtigen" Rockies erst in Alberta). Aber British Columbia ist buchstäblich von Bergen vollgepackt, die, gemessen an europäischen Maßstäben, bedeutsame Gebirgsketten sind. Obwohl sie nicht so hoch sind wie die Rocky Mountains, waren die Selkirk Mountains für die Ingenieure der kanadischen Eisenbahngesellschaft eine viel größere Herausforderung. Mehrere Expeditionen mußten umkehren und sich gegenüber der Schwarzen Fliege und der Igel Aralia geschlagen geben, einer dornigen Pflanze, die die Forscher früherer Zeiten marterte. Schließlich bahnte sich im Jahr 1881 ein Amerikaner namens Albert Rogers einen Weg über den Gebirgszug, erhielt dafür eine mit 5000 Dollar dotierte Auszeichnung und wurde unsterblich: Im Roger's Pass Centre, einem hervorragenden Museum auf der Paßhöhe, ist seine Büste zu sehen.

Yoho ist das indianische Wort für Ehrfurcht. Es umschreibt sehr genau unser Gefühl beim Betreten des **YOHO NATIONAL PARK**. Er ist nicht so bekannt wie Banff oder Jasper und daher nicht so überfüllt. Aber für mich ist diese große, rauhe Gebirgsfläche am Westrand der Rocky Mountains der großartigste Nationalpark überhaupt. Es gibt dort Grizzly- und Schwarzbären, Koyoten und Wölfe; Wasserfälle, Flüsse und Hunderte von Wanderwegen. Wir beschlossen, einen von ihnen Richtung Hamilton Lake zu nehmen. Man sagt, British Columbia sei wunderschön. Es ist nicht wunderschön, es ist atemberaubend; umwerfend; unglaublich. **HAMILTON LAKE** ist ein Kratersee, umgeben von Mauern aus keksfarbenem Geröll und Schnee. Sein Wasser ist glasklar, türkisfarben, und absolut sauber. Eine halbe Stunde saßen wir da und saugten die Stille in uns auf, während Molly das spielte, was inzwischen zu ihrem Lieblingsspiel geworden war: das Jagen von Präriehunden. Hie und da waren auf dem Wasser Eisberge zu sehen, und wo das Eis auf das Wasser traf, glänzte es in einem intensiven Azurblau.

Blau und grün, das sind die Farben von British Columbia. Das Kobaltblau der Berge; das dunkle Grün der Kiefernwälder; die pfefferminzgrünen Flüsse, und Hunderte von Abstufungen dazwischen. Am Tag unserer Ankunft war das Wasser des **LAKE LOUISE** von tiefstem Smaragdgrün wie in der Karibik. Nicht, daß wir es sofort gesehen hätten. Zuerst einmal blieben wir im Stau stecken, dem einzigen auf unserer Fahrt. Aber wenn man sich überlegt, daß jeden Sommer 100 000

Es grünt so grün: Spätsommer im Banff National Park

Von Yoho nach Banff: Große Freiheit Wohnmobil

Menschen durch die Lobby des großen Château Lake Louise Hotel laufen, ist das nicht mehr so überraschend. Sie kommen, wie beispielsweise früher einmal die Tochter von Königin Victoria, wegen der Bilderbuchlandschaft, der Seepromenaden und des herrlichen Gletschers am Ende des Sees.

Mit einem RV zu reisen, hat viel mit Freiheit zu tun. Man muß sich an keinen vorgefaßten Plan halten, kein Hotelzimmer buchen, man kann anhalten und losfahren, wann man will. Und während wir mit offenem Fenster fuhren, die Sonne schien und ein gesprenkeltes Licht durch die Silberbirken fiel, schien dies die angenehmste Art des Reisens auf der ganzen Welt zu sein. Molly fand das wohl auch. Mit gespitzten Ohren, die Augen auf die Straße geheftet, saß sie die ganze Zeit über zwischen uns im Führerstand, genau in der richtigen Position für Streicheleinheiten.

Die Menschen in **BANFF** brauchen keine Rasenmäher. Dort, auf dem Rasen vor einem Vorstadthaus, einige Meter von der Straße, äste zufrieden ein ausgewachsener Elch und ließ sich von den Fußgängern, Lastwagen und Autos, die

Christine Fromm, Camperin am Lake Louise

sich nur wenige Meter von ihm entfernt bewegten, nicht stören. Im Nu war er von Touristen umringt, die das Leben ihrer Kinder aufs Spiel setzten, indem sie sie neben das 100 Kilogramm schwere Wildtier stellten, nur um einen Schnappschuß zu machen. Während der Elch genüßlich weiterfraß, wurde die Vordertüre des Nachbarhauses geöffnet, und ein flott gekleidetes, junges Paar kam die Treppe herunter. Der Elch und das Paar sind perfekte Beispiele für die beiden Pole, zwischen denen sich das Leben in Banff abspielt. Einerseits ist es eine Art Gstaad in den Rocky Mountains, das mit allen Mitteln versucht, sich ein kultiviertes Image zu geben. Das Banff Springs Hotel ist eines der größten in Kanada. Auf der Banff Avenue, der Hauptgeschäftsstraße, findet man Designer-Modeläden und Kunstgalerien. Andererseits ist es eine rustikale Gebirgsstadt, in der es mehr Levi's und Cowboyhüte gibt als Gucci-Pullover und Polohemden und wo im Herbst die Parks voller brunftiger Elche sind.

In den Rocky Mountains muß man immer mit unbeständigem Wetter rechnen, und als wir durch den Banff Natio-

Ein RV unter vielen: Gemütlichkeit beim Frühstück

nal Park Richtung Norden fuhren, waren die Berge wolkenverhangen. Gelegentlich rissen die Wolken auf, und wir hatten einen kurzen, atemberaubenden Blick auf wirbelnde Schwaden eisiger Luft, Felsen und Regen. Bald fuhren wir den Icefields Parkway entlang, eines der größten Fahrerlebnisse der Welt. Die während der Weltwirtschaftskrise der dreißiger Jahre als öffentliches Bauprojekt errichtete Straße windet sich durch ein felsiges Tal, in dem sich die Gletscher der Columbia Icefields befinden, der größten Eisfläche der Rocky Mountains.

Jasper dog ist nichts, worauf man Senf geben könnte, sondern der hier gebräuchliche Ausdruck für Koyoten, weil es so viele davon gibt. Koyoten sind nicht die einzigen wilden Tiere, die man in und um **JASPER** findet. Es gibt Adler, Bären und Bergziegen. Im Gegensatz zu Banff untersteht die ganze Stadt der Naturschutzbehörde *Parks Canada* und darf daher nicht weiter ausgebaut werden. Im Grunde besteht Jasper aus einer einzigen Hauptstraße, dem Connaught Drive, mit einigen wenigen Geschäften, Restaurants und Hotels, dem Bahnhof und dem kleinen Infozentrum für Touristen.

Von Jasper nach Prince George: Große Freiheit No. 97

Unter Elchen: Route 16, Red Pass

Der Jasper National Park, der sich fast 100 Meilen südlich und nördlich der Stadt erstreckt, ist eines der letzten großen Wildnisgebiete Nordamerikas. Mit 160 Kilometer Wanderpfaden und so spektakulären Sehenswürdigkeiten wie dem Maligne Canyon, einem Spalt im Kalkstein, 50 Meter tief und drei Meter breit, hat es einige der schönsten Wanderwege auf dem nordamerikanischen Kontinent zu bieten. Molly hat den National Park aus einem anderen Grund in Erinnerung: Hier sah sie zum erstenmal in ihrem Leben einen Bären.

Von Jasper aus fuhren wir auf dem Yellowhead Highway nach Westen. „Nur der schlafende Fluß, der reglose Wald und die weiße Stille des Nordens", eine Zeile aus einer Geschichte Jack Londons, die wir hörten, hätte über die Landschaft geschrieben werden können, durch die wir fuhren. Es war später Abend, als wir auf dem Spahats-Creek-Campingplatz am südlichen Rand des **WELLS GRAY PROVINCIAL PARK** ankamen. Dieses Naturschutzgebiet ist nicht so groß oder spektakulär wie der Jasper National Park; aber er hat mehrere größere Flußsysteme, viele wilde Tiere und

Ein See unter vielen: Lake Louise in Gletscherblau

Pflanzen, und es gibt einen imposanten Wasserfall, die Helmcken Falls, der zweieinhalbmal so hoch ist wie die weltberühmten Niagarafälle.

Es dauert eine Weile, bis man die Kunst des Lebens im RV beherrscht, vor allem, bis man herausfindet, wie all die Maschinchen dort funktionieren. Man kann das Licht und den Herd mit Propan betreiben, aber nur für kurze Zeit. Wenn man vorhat, große Mengen an Strom zu verbrauchen, muß man den Generator benutzen oder Auftankmöglichkeiten auf speziellen Campingplätzen, den sogenannten *Commercial RV Parks*, aufsuchen. Dort gibt es Anschlüsse für Strom, Wasser und sogar Fernsehen. Aber sie sind fast immer überfüllt (je mehr RV sie einschleusen, desto mehr verdienen sie), und es ist wahrscheinlich, daß der Sonnenuntergang hinter der trocknenden Wäsche des Nachbarn stattfindet.

Wir entschieden uns für weniger Maschinchen, aber mehr Freiraum und hielten uns eher in Provincial und National Parks auf. Von allen Gegenden, in denen ich bisher war, ist British Columbia am besucherfreundlichsten. Selbst die Raststätten sind angenehm. Und sogar im entlegendsten Dorf findet man eine Touristeninformation mit freundlichem Personal, das sich auskennt und sich wirklich zu freuen scheint, wenn es weiterhelfen kann. Dasselbe gilt für die Bewohner der Region. Wenn Sie irgendwo in British Columbia mit aufgeschlagener Landkarte dastehen, wird binnen kürzester Zeit jemand anhalten und fragen, ob Sie Hilfe brauchen.

Im **GREEN LAKE PROVINCIAL PARK**, einem von mehr als 50 Seen, welche die Interlake Route (Route 24 West) säumen, zahlten wir 9,50 Dollar für einen abgeschlossenen Platz in einem Birkenhain 50 Meter vom See entfernt. Wir durften so viel Holz verfeuern wie wir wollten. Das ist das Leben, dachte ich, als ich in meiner Koje über dem Führerstand lag und den Rufen der Haubentaucher zuhörte, die über den See schallten. Drei Tage später, nach weiteren 1000 Meilen gen Norden und Westen, war ich bereit, diesen Gedanken zu relativieren.

Der Weg nach Prince George die Route 97 hinauf ist sehr, sehr lang, und meines Erachtens ist dies der uninteressanteste Teil der Provinz. Es gibt aber auf dem Weg dorthin einen wirklich schönen Ort namens **BARKERVILLE** am William Creek, einst Zentrum des Cariboo-Goldrausches. Diese restaurierte Goldgräberstadt ist so, wie Disneyland zu sein versucht. Jeder Aspekt des damaligen Lebens der Stadtbewohner wurde peinlich genau und mit Liebe zum Detail nachempfunden. Das Ergebnis dieser Bemühungen ist das schönste „lebende Museum", das ich je gesehen habe.

Nach Barkerville wirkt Prince George, na ja, so, wie es nun einmal ist: langweilig, eine moderne Holzfällerstadt. Vielleicht ist das der Grund, warum die Regierung Lehrern, die in die Stadt kommen, um hier zu arbeiten, einen Extra-Bonus gewährt, und warum man für die Parkstunde nur 25 Cent zu zahlen braucht. Mein Vorschlag: Sparen Sie sich diesen Vierteldollar und fahren Sie durch. Und fahren Sie immer weiter; denn auf dem langen Weg von Prince George nach Westen, Richtung Smithers und Prince Rupert gibt es nicht viel zu sehen. Man kommt nur an wenigen Städ-

Blick zurück nach vorn: Der Hafen von Prince Rupert verschwindet langsam – auf geht's nach Vancouver Island

ten vorbei. Sie liegen weit auseinander, und die Landschaft dazwischen ist flach und monoton. Es ist auch das Reich der Insekten. Auf einem Campingplatz in der Nähe von Burns Lake wurden wir fast bei lebendigem Leibe von Moskitos und schwarzen Fliegen aufgefressen, die sich wie Kamikaze-Flieger gegen die Windschutzscheibe warfen.

Man nennt das Gebiet um **SMITHERS** „die kleine Schweiz", und es ist leicht zu erkennen, warum. Die Stadt liegt in einem breiten, sonnigen Tal, umgeben von den fliederfarbenen Spitzen der Coast Mountains. In den letzten Jahren ist sie eine Art Mini-Banff geworden. Es gibt dort eine geschäftige Hauptstraße mit einigen guten Lebensmittelläden, deren Besitzer meist holländische und deutsche Einwanderer sind. In der Wurstfabrik der Familie Reitsmer sagte man mir, sie könnten auf Bestellung Würstchen aus Wild machen. Ich müßte nur einen Elch oder Bären mitbringen. Ich bedankte mich und kaufte Molly einen Knochen.

In keiner anderen Region Nordamerikas leben so viele Stämme autochthoner Völker wie am Nordwest-Pazifik. Im

Zurück am Meer: Ende der Großen Freiheit

Molly – glücklich bei den Urahnen

Unterschied zu den *Native Americans* in den USA haben die „ersten Völker" British Columbias heute noch eine quicklebendige Kultur. Wir betraten diesen Kulturkreis am **MORICETOWN CANYON**, einige Meilen von Hazelton entfernt. Hier donnert der mächtige Bulkley River durch eine zehn Meter breite, fünf Meter tiefe Schlucht. Seit Urzeiten kommen Mitglieder des Gitksan- und des Wet'Suwet'En-Stammes hierher, um *Yeeh* (wörtlich „Großvaterfisch", das indianische Wort für Lachs) zu fangen. Auf einem schmalen Riff nur wenige Meter über dem reißenden Strom balancierend, ein Seil um die Hüften geschlungen, ließ ein Mann in einem, dem Eishockey-Team der Toronto Maple Leafs huldigenden T-Shirt eine fünf Meter lange Angelrute aus Zedernholz mit einem Schwimmer, an dessen Ende ein Nirosta-Widerhaken angebracht war, ins Wasser. Das Folgende geschah so schnell wie sich ein Kameraverschluß öffnet und wieder schließt: Als ein Fisch gegen die Rute stieß, riß der Mann die Angel aus dem Wasser. Ein 30 Pfund schwerer Chinook-Lachs hing daran und schlug wie wild um sich.

Katastrophal: Kahlschlag auf Vancouver Island

CLEAR-CUTS

Arglose Touristen, den Kopf voll mit Bildern über Kanadas weite unberührte Waldwildnis, landeten zuweilen bei Fahrten durch den paradiesisch anmutenden Regenwald von Vancouver Island urplötzlich in einer Mondlandschaft: unansehnliche, vom Kahlschlag versteppte und erodierte Berghänge. Anfällig für Erdrutsche, entvölkert von Tieren und Pflanzen, denn der Boden verliert ohne das Wurzelwerk der Bäume die Fähigkeit Wasser zu speichern – was die Wiederaufforstung erschwert bzw. unmöglich macht.

„Insel der Giganten" nannte 1778 respektvoll der Entdecker James Cook die Heimat der bis zu 1000 Jahre alten Baumriesen. Weniger respektvoll gingen später die Siedler mit ihnen um: Über 100 Jahre lang wurde in British Columbia abgeholzt, ohne daß es Flächenbeschränkungen gab, ohne daß ein Gesetz die Wiederaufforstung vorschrieb. Das traurige Ergebnis: Mehr als 50% des alten Regenwaldes fielen der boomenden Holzwirtschaft zum Opfer. Den größten Clear-cut, also Kahlschlag, gab es am Bowron Lake im Landesinneren auf einer Fläche zweimal so groß wie das Saarland. Sogar die Astronauten der US-Raumfähre Challenger konnten dieses „Katastrophengebiet" mit bloßem Auge aus dem Orbit erkennen. Bereits in den 70er Jahren begannen kanadische Umweltschützer in Vancouver, der Geburtsstadt von Greenpeace, gegen die massive Zerstörung der Wälder zu protestieren. Ohne Erfolg natürlich, denn der Profit der Holzindustrie und sichere Arbeitsplätze waren der Regierung wichtiger als Belange des Umweltschutzes. Erst die wachsende Bedeutung des Tourismus als Einnahmequelle und die Forderungen der Reiseindustrie nach naturbelassenen Erholungsgebieten brachten die Wende. Ein Aufforstungsgesetz wurde verabschiedet, und endlich ist auch eine Änderung der Abholzmethode in Sicht: selektiver Holzschlag statt Clear-cut. Zusätzlich wurden mehrere neue Naturschutzgebiete ausgewiesen.

Hans-Gerd Wiegand

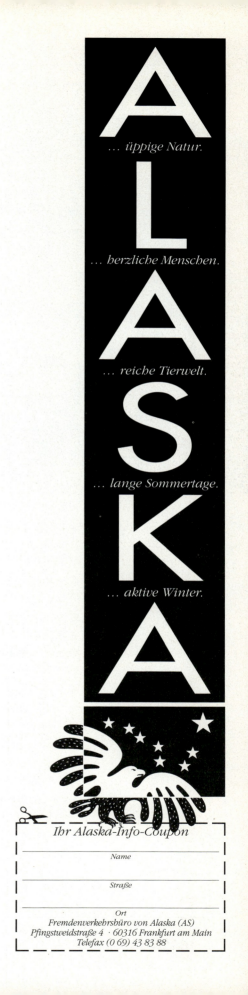

Totempfähle zu schnitzen, ist vielleicht nicht so gefährlich wie Yeeh-Angeln, aber es ist sicher genauso schwierig. In der Gegend um Hazelton kann man einige sehr schöne Exemplare besichtigen: in Ksan, Kitwanga und Kitwancool. Ksan ist ein wiederhergestelltes Gitksan-Dorf mit drei Langhäusern aus Zedernholz im traditionellen Stil und einem Museum. Aber in Kitwanga, das man in 20 Minuten erreicht, sind die Totempfähle in ihrer natürlichen Umgebung zu sehen: auf einem Feld an einem Fluß, dahinter der schöne Blick auf die Seven Sisters Mountains.

Unsere Reise hatte an der Küste begonnen. Jetzt, nachdem wir uns in einem Bogen von 2000 Kilometern durch die Provinz bewegt hatten, fuhren wir am Skeena River entlang wieder zum Pazifik hinunter. Der Fluß mündet bei **PRINCE RUPERT** ins Meer. „Die Heilbutt-Hauptstadt der Welt", wie Prince Rupert sich gern nennt, ist eine zähe, salzig duftende und charaktervolle Stadt in einer wunderschönen Umgebung.

Der Blick vom Heck des Motorschiffs „Queen of the North" aus, als wir die Inside Passage entlangfuhren, war wie die Innenseite eines Duschvorhangs. Aber selbst der andauernde Regen und die Tatsache, daß Molly während der ganzen Fahrt unter Deck im RV eingesperrt bleiben mußte, konnte unsere Stimmung nicht trüben. Ausgerüstet mit Ferngläsern und einer Thermoskanne Tee ließen wir uns gemütlich nieder, um eine der großartigsten Fährreisen der Welt zu genießen. Während der Fahrt sieht man häufig Grauwale und Orcas, auf die wir allerdings bis zum Sonnenuntergang warten mußten. Gegen acht Uhr abends, als wir Calvert Island passierten, schoß plötzlich, nur wenige Meter vom Ufer entfernt, eine zwei Meter hohe Wasserfontäne aus dem Meer. Es war ein junger Orca. Später tauchte auch auf unserer Steuerbordseite der glänzende, samtig-schwarze Rücken eines ausgewachsenen Orca auf, wie die Oberfläche einer Kegelkugel. Aber das Beste sollte noch kommen. Als wir uns **VANCOUVER ISLAND** näherten, brach eine ganze Herde von Tümmlern unter unserem Kielwasser hervor. Manchmal waren acht oder zehn gleichzeitig in der Luft, sie sprangen und spritzten aus purem Vergnügen.

INFO BRITISH COLUMBIA

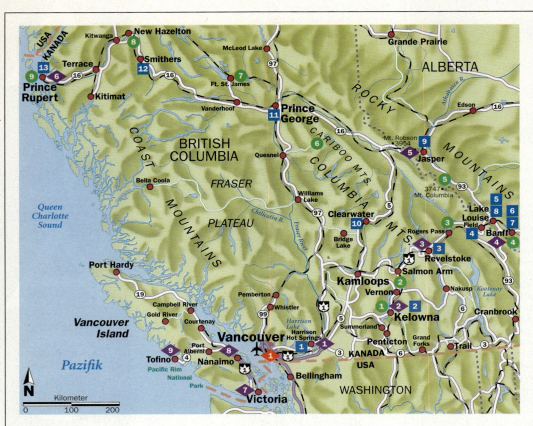

AUSKUNFT

1 TOURISM BRITISH COLUMBIA
*Vancouver, V6Z 2G3
802–865 Hornby Street,
Tel. (604) 660-28 61*

HOTELS

1 HARRISON HOT SPRINGS
*Harrison Hot Springs,
V0M 1K0, 100 Esplanade,
Tel. (604) 796–22 44,
Fax: 769–93 74.
290 Zimmer: DZ ab 114 $.*
Charmantes, altes Kurhotel mit Blick auf den Harrison-See. Badekuren, Windsurfing, Tennis, Wanderungen.

2 GRAND OKANAGAN LAKEFRONT RESORT & CONFERENCE CENTRE
*Kelowna, V1Y 9P3, 1310 Water Street, Tel. (604) 763–45 00,
Fax: 763–45 33.
150 Zimmer: DZ ab 160 $.*
Glas- und Marmorpalast direkt am Ufer. Fitneßklub, Restaurants, Geschäfte.

3 THE REGENT INN
*Revelstoke, V0E 2S0,
Box 582, 112 1st St. East,
Tel. (604) 837–21 07,
Fax: 837–96 69.
38 Zimmer: DZ ab 89 $.*
Im restaurierten historischen Viertel, unweit von zahlreichen Geschäften und Cafés.

4 EMERALD LAKE LODGE
*Field, V0A 1G0, Box 10,
Tel. (604) 343–63 21,
Fax: 343–67 24.
85 Zimmer: DZ ab 240 $.*
Rustikal-elegante Hotelanlage im Cottage-Stil am Ufer des schönen Emerald-Sees.

5 CHÂTEAU LAKE LOUISE
*Lake Louise, Alberta, T0L 1E0,
Tel. (403) 522–39 89, in Deutschland: (0180) 231 21 21.
93 Zimmer: DZ 179–359 $.*
Gigantisches Schloßhotel mit Aussicht auf den Victoria-Gletscher. 5 Restaurants, Pub, Pool.

6 BLUE MOUNTAIN LODGE
*Banff, Alberta, T0L 0C0,
Box 2763, Tel. (403) 762–51 34.
10 Zimmer: DZ 59–89 $.*
Nettes B&B im Jahrhundertwende-Haus in ruhiger Straße unweit des Top-Viertels.

7 BANFF SPRINGS
*Banff, Alberta, T0L 0C0,
Spray Av., Box 960,
Tel. (403) 762–22 11, in Deutschland: (0180) 231 21 21.
850 Zimmer: DZ 175–220 $.*
Angesehenstes Hotel des Landes. Seit 1992 sogar Nationalmonument. Mit eigener Kurabteilung und Golfplatz.

8 CASTLE MOUNTAIN VILLAGE
*Lake Louise, Alberta, T0L 1E0,
Box 178, Tel. (403) 522–27 83,
Fax: 762–86 29.
21 Chalets: DZ 58–165 $.*
Chalet-Anlage am malerischen Bow Valley Parkway im Banff National Park.

9 JASPER PARK LODGE
*Jasper, Alberta, T0E 1E0,
Box 40, Tel. (403) 852–56 44,
in Deutschland:
(0180) 231 21 21.
442 Zimmer: DZ 276–360 $.*
Flaggschiff der Canadian-Pacific-Kette. Möglichkeiten für Golf, Reiten, Tennis, Fischen, Wanderungen, Rafting und Krocket.

10 NAKISKA RANCH RUSTIC CABINS
*Clearwater, V0E 1N0, Wells Gray Park, Tel. (604) 674–36 55,
Fax: 674–33 87.
4 Zimmer, 1 Lodge:
DZ 98–105 $, Lodge 165 $.*
Wilder Westen in Kanada. Nicht luxuriös, dafür aber authentisch. Kanufahrten, Wandertouren, Reitausflüge.

11 RAMADA HOTEL DOWNTOWN PRINCE GEORGE
*Prince George, V2L 1R6,
444 George Street,
Tel. (604) 563–00 55,
Fax: 563–60 42.
139 Zimmer: DZ ab 145 $.*
Touristen-Kettenhotel, trotzdem das beste der Stadt.

12 HUDSON BAY LODGE
Smithers, V0J 2N0, 3251 Highway 16, Tel. (604) 847–45 81, Fax: 847–48 78.
100 Zimmer: DZ ab 75 $.
Motel-Stil. Sauna, Abendunterhaltung.

13 EAGLE BLUFF
Prince Rupert, V8J 3P6, 201 Cow Bay Road, Tel. (604) 627–49 55.
5 Zimmer: DZ ab 65 $.
Hübsches B&B direkt an Prince Ruperts pittoresker Cow Bay.

RESTAURANTS

1 BLACK FOREST
Harrison Hot Springs, 180 Esplanade, Tel. (604) 796–93 43.
Geöffnet tgl. 17.30–22 Uhr.
Rouladen und Zigeunerbraten fern der Heimat. Der Besitzer, Sergio Rabisi, stammt aus Rom, aber verbrachte die Lehrjahre in Deutschland.

2 WILLIAM'S INN
Kelowna, 526 Lawrence Av., Tel. (604) 763–51 36.
Geöffnet tgl. 17.30–22 Uhr.
Exzellentes Bistro. Empfehlenswert: Lachs, Wild mit Pilzen. Weintip: der Chardonnay von Cedar Creek.

3 ONE TWELVE
Revelstoke, Regent Inn, 112 1st Street East, Tel. (604) 837–21 07.
Geöffnet tgl. 11–14 und 17.30–22 Uhr.
Bestes Restaurant in den Rockies. Spezialität: Lamm in Rosmarin und Wein gekocht.

4 BARBARY COAST
Banff, 119 Banff Av., Tel. (403) 762–46 16. Geöffnet tgl. 11–14 und 17.30–22 Uhr.
Hot spot in Banff. Pizza und Pasta. Unbedingt probieren: den Einstein Theory Salad.

5 BECKER'S
Jasper, Rte. 93, Tel. (403) 852–35 35. Geöffnet tgl. 8–11 und 17.30–22 Uhr.

Ambitioniertes Restaurant. Spezialität: Wild mit Beerensauce.

6 SMILES SEAFOOD CAFÉ
Prince Rupert, Cow Bay, Tel. (604) 624–30 72.
Geöffnet tgl. 17–22 Uhr.
Eine Institution. Tip: Fisherman's Platter, eine Kombination aus Muscheln, Heilbutt, Scampi, Austern und Krabben.

7 DEEP COVE CHALET
Sidney, 30 km nördl. von Victoria, 11190 Chalet Road, Tel. (604) 656–35 41.
Geöffnet Di.–So. 12–14.30 und ab 17.30 Uhr.
Eines der besten Restaurants auf Vancouver Island.

8 THE MAHLE HOUSE
Nanaimo, Cedar Road, Vancouver Island, Tel. (604) 722–36 21. Geöffnet Mi.–So. 17.30–22 Uhr.
Innovative Regionalküche. Gute Fischgerichte, lecker: die Karottensuppe mit Ingwer.

9 THE WICKANINNISH
Tofino, Long Beach, Vancouver Island, Tel. (604) 726–77 06. Geöffnet tgl. 11–14 und 17–22 Uhr.
Sehr gute Fischgerichte und beste Aussicht auf einen der schönsten Strände der Welt.

SEHENSWERTES

1 GUISACHAN HERITAGE PARK & HOUSE
Nahe Kelowna, Tel. (604) 868–85 50.
Prachtvolle Haus- und Gartenanlage der Jahrhundertwende.

2 THE O'KEEFE RANCH
Am Highway 97. Tel. (604) 542–78 68.
Ranch nordwestlich von Vernon, mit Einblick in das Alltagsleben des 19. Jahrhunderts.

3 ROGERS PASS CENTRE
Tel. (604) 837–75 00.
Museum über die Geschichte des Straßen- und Eisenbahnbaus durch die Rocky Mountains.

MEIN TIP

PHILIPP MOOG
Schauspieler

„Während Dreharbeiten habe ich einen knappen Monat in der Emerald Lake Lodge in den Rocky Mountains verbracht. Das völlig abgelegene Resorthotel besteht aus kleinen Holzhäusern, die alle mit offenem Kamin ausgestattet sind und direkt am Emerald Lake liegen. Der See ist unbeschreiblich, er hat jeden Tag eine andere Farbe: alle nur erdenklichen Variationen von Steingrau über Hellturkis bis Smaragdgrün. Das Wasser ist durch Kieselabrieb immer leicht trüb. Dadurch bekommt der See auch etwas Unheimliches, Mysteriöses. Ich fühlte mich bei dem Anblick an „Solaris" von Stanislaw Lem erinnert."

Adresse siehe linke Seite.

4 THE WHYTE MUSEUM OF THE CANADIAN ROCKIES
Banff, Tel. (403) 762–22 91.
Museum zur Geschichte und Kultur der Rockies.

5 THE ICEFIELD CENTRE
Tel. (604) 852–61 76.
Das Columbia-Eisfeld ist eine der Hauptattraktionen der Rocky Mountains. In robusten Spezialbussen kann man die Gletscherregion erkunden.

6 BARKERVILLE HISTORICAL TOWN
Etwa 90 Kilometer östlich von Quesnel, Tel. (604) 994–33 32.
Ganzjährig geöffnet.
Rekonstruktion einer Goldgräberstadt aus dem Jahr 1870. Fast 100 Gebäude wurden restauriert, und kostümierte „Bewohner" erfüllen die Stätte mit Leben.

7 FORT ST. JAMES
Bei Vanderhoof, Tel. (604) 996–71 91.
Geöffnet Mitte Mai bis September tgl. 10–17 Uhr, Juli und August 9.30–17.30 Uhr.
Einst wichtigste Pelzhandelsstadt des Nordwestens am Südufer des Stuart Lake. Studenten in Kostümen vermitteln einen Eindruck vom harten Tagwerk der Trapper und Pelzhändler.

8 KSAN HISTORICAL INDIAN VILLAGE
Nahe New Hazelton, im Nordwesten von British Columbia, Tel. (604) 842–55 44.
Wiederaufgebaute Indianersiedlung mit ethnographischen Exponaten und einem Souvenir-Shop, in dem unter anderem auch indianisches Kunsthandwerk verkauft wird.

9 NORTH PACIFIC CANNERY MUSEUM
Prince Rupert, Tel. (604) 628–35 38.
Historische Fischkonservenfabrik nahe Prince Rupert.

WOHNMOBILE

Es empfiehlt sich, frühzeitig in Deutschland zu buchen. Bei ADAC-Reisen sind im Mietpreis von 50–120 DM (je nach Typ und Saison) pro Tag bereits Steuern, Transfers, Vollkasko und Zusatzhaftpflicht enthalten. Zusätzlich müssen „Meilenpakete" gekauft werden (500 Meilen kosten ca. 190 DM). Detailinfos: ADAC-Reisebüros. *S.W.*

SPATSIZI WILDERNESS

Im Land der roten Ziegen

Dort, wo Eisenoxid die Berghänge rostig schimmern läßt, lernt man Reiten, Fischen und das lebenswichtige, alte Gesetz der Buschpiloten: geflogen wird nur bei guter Sicht

Gefragt ist ein sicheres Auftreten: Karawane in den Eaglenest Mountains

Wer zum Spatsizi-Plateau – im Norden der Provinz British Columbia – fliegt, sollte warme Kleidung einpacken: Selbst im Hochsommer sinken die Temperaturen nachts schon mal unter null Grad. VON JÜRGEN KALWA MIT FOTOS VON THOMAS DELBECK

Tief in den Bergen von British Columbia liegt ein steilwandiges Tal, das auf seiner Sohle so flach ist, daß der Fluß kilometerweit in langen, weiten Schlaufen fließt. Die Fichten am Ufer stehen so ordentlich in einer Reihe, als wären sie wie Alleebäume gepflanzt worden. Das Land ist tiefgrün, und kaum ein Mensch scheint jemals seinen Fuß darauf gesetzt zu haben.

Schneeziegen hingegen sind hier zu Hause. Auch an jenen Hängen, aus deren Gestein ein rostroter, feiner Staub zu Tage tritt. Es ist Eisenoxid, das der unberührten Landschaft ihren bizarren Charakter verleiht. Die munteren, vierbeinigen Felskletterer lieben es, sich mit ihrem weißen Fell in dem roten Staub zu wälzen. Deshalb haben die Ureinwohner, die Indianer im fernen, unwirtlichen Nordwesten Kanadas, wo die meisten Gewässer in Richtung Nordpolarmeer fließen, die Gegend Spatsizi genannt: „Das Land der roten Ziegen".

Es gibt eine Reihe von Möglichkeiten, um vom nächstgelegenen Außenposten der Zivilisation in dieses unberührte Land zu kommen, nach dem heute ein ganzer, von der Provinzregierung in Victoria ausgewiesener, Wilderness Park genannt wird. Zum Beispiel zu Fuß. Oder mit dem Pferd. Doch das dauert Tage. Weshalb die meisten, die kommen, um die beeindruckende Landschaft mit ihren zahllosen fischreichen Flüssen und Seen, ihren schroffen Gipfeln und Plateaus und ihrem Artenreichtum an wilden Tieren wie Bären, Wölfen, Elchen und Karibus aufzusuchen, mit dem Buschflieger einschweben. Das überbrückt die 300 Kilometer von Smithers in etwas mehr als zwei Stunden, vom Tatogga Lake am Cassiar Highway braucht man dafür 30 Minuten.

Für den modernen Menschen, so hat der Philosoph Aldous Huxley mal gesagt, sei das Aufregende an richtiger Natur „ihre Andersartigkeit". Ihre Grenzenlosigkeit. Und ihre Leere. Davon gibt es im Spatsizi Wilderness Park, der eine Fläche von rund 6300 Quadratkilometern abdeckt, satt. Aber Huxley hat nie verraten, daß zwischen Zivilisation und Natur eine Transitstrecke existiert, die bereits ein Abenteuer für sich sein kann. Als die betagte, aber gut gewartete DeHavilland in Smithers in Richtung Laslui Lake abhebt und über den schier endlosen Wäldern und zwischen schroffen Felswänden unermüdlich gegen Regentropfen und Böen anfliegt, zieht ein steter, kalter Wind durch das Flugzeug und durch unsere viel zu dünnen Hosen und Hemden. Fröstelnd erinnern wir uns an den trocken-heißen Sommer in der Stadt.

Ich brauche für meine Akklimatisierung an den Sommer im Spatsizi, der auf dem gleichen Breitengrad wie Südschweden liegt, drei Tage. Dann trage ich endlich so viele Schichten Baumwolle, daß der kleine Schluck Kirsch am Abend nur noch ein Ritual ist. Den Rest besorgt der Schlafsack.

Der Prospekt des *Outfitters* hatte zwar gewarnt, daß die Temperaturen selbst im Sommer, wenn es bis zu 20 Stunden hell ist, dramatisch von kühl und feucht zu trocken und heiß umschlagen können. Und daß es sogar leichten Nachtfrost geben kann. Aber es dauert

Fische schießen wie Torpedos vorbei: Chris Collingwood beim Fliegenfischen

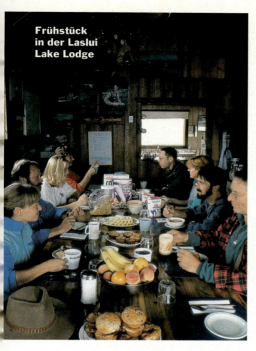

Frühstück in der Laslui Lake Lodge

eine Weile, bis die Realität ins Bewußtsein sickert.

Für jene exklusive Gruppe von Besuchern, die in den kurzen Sommern in einem der vier Basislager und im Zelt ihr kleines Ferienabenteuer in der Wildnis erleben darf, besteht die Realität aus einem Potpourri der unterschiedlichsten Euphorien. „Erneuerung und Ruhe", wie einer an Ray Collingwood schrieb, den kleinen, bärtigen Buschpiloten, der als einziger Outfitter Trips in den Park organisieren darf, steht ganz oben auf der Liste. Aber es gibt auch profanere Bedürfnisse. Einige wollen einfach nur große Forellen aus den klaren, fischreichen Gewässern ziehen. Die wissen aus Erfahrung, daß die mythischen Flüsse der amerikanischen Fliegenfischer in den Bergen von Idaho und Montana seit der erfolgreichen Verfilmung des Kult-Buches von Norman Maclean („Aus der Mitte entspringt ein Fluß") überlaufen sind. Und sie kommen gern, um bestätigt zu finden, was Rays Prospekt als „das absolut beste Wildnis-Fliegenfisch-Abenteuer" anpreist.

Beim Fliegenfischen an Rays Gewässern kommen keine Lebendköder als Lockmittel zum Einsatz, sondern künstliche Köder. Das macht die Sache beinahe zu einer Kunstform. Und da Kunst von Können kommt und nicht von Wollen, macht Fliegenfischen jeden Angelanfänger zunächst bescheiden. Ray und sein Sohn Chris sind allerdings wahre Meister dieser Kunst.

Am zweiten Tag im Spatsizi fliegen wir in einer kleinen Gruppe an einen See und dürfen diese Erfahrung bei der Jagd auf Forellen machen. Wir haben Glück. Mittags brutzeln ein paar frische Filets in einer alten Pfanne über offenem Feuer. Doch weil das Wetter schlechter wird, müssen wir am frühen Nachmittag zurück ins Basislager. Die Wolken hängen tief über den Bergen und unser Heimweg führt über einen hohen Paß.

Besonders wenn sich in diesen Breiten das Wetter zuzieht, ist man froh, daß viele Buschpiloten als Allzwecktransporter eine kanadische DeHavilland Beaver fliegen. So auch Wendel, mit dem wir unterwegs sind. Die Flugzeuge werden nicht mehr gebaut und sind deshalb bisweilen schon etwas betagt. Aber sie mögen noch so alt sein, sie wirken solide und unzerstörbar wie alte Dampflokomotiven. Dabei handelt es sich eigentlich nur um diesen einen Propeller, der von der Kraft von neun Zylindern angetrieben wird und den eckigen Rumpf und sein massives Leitwerk auf gerade mal 100 Stundenkilometer beschleunigen kann.

Im Grunde kommt es einem so vor, als hätte die Landschaft am Fluß fünf Jahreszeiten. Vier Jahreszeiten folgen dem schroffen Wechsel des Klimas. Die fünfte ist die Saison für die Männer, die in der starken Strömung zwischen den Felsen und Bacheinläufen bis zum Bauch im Wasser stehen. Diese Jahreszeit geht im Spatsizi von Ende Juni bis Anfang September. Denn das Eis taut erst Anfang Juni endgültig auf und kehrt schon im Oktober zurück.

Man könnte lange Nachmittage damit verbringen, den Strom sinnlich zu erfassen. Die Luft: ein Aroma aus feuchten Blättern, aufgebrochener Erde und einem Hauch metallischer Schärfe, der verrät, daß das Erz in den Bergen ganz fein ausgewaschen wird. Der Wind: Manchmal sprüht er feine Tropfen. Dann wiederum fährt er einem wie ein nasses Handtuch durchs Gesicht. Das Wasser: Es sprudelt in vielen Kaskaden zwischen den Felsen hinab und über sie hinweg. Dort, wo die Strömung tiefe Mulden ausgewaschen hat, sieht es dunkel und undurchdringlich aus. Doch *Fly-Fishermen* wissen: Da unten ist die Strö-

Kunstobjekte? Ja: künstliche Fliegen!

Ihre Zukunft in Kanada!

IN BEAUTIFUL BRITISH COLUMBIA

Ferien

gemütliches Ferienhaus bei deutscher Familie am 18-Loch-Golfplatz, mit See, auf der **108 Mile Ranch, in der Cariboo Region,** Schwimmen, Fischen, Wandern, Reiten, Tennis, Golf und viel Natur!

**Schmid-Meil Bed & Breakfast
4766 + 4768 Telqua Dr.
108 Mile Ranch B.C. V0K 2Z0
Tel. 001 604 791 5644**

Haus- und Grunderwerb

Maklerbüro unter deutscher Leitung mit mehreren deutschsprachigen Verkäufern und landesweiten Verbindungen. Immobilien für Privat oder Gewerblich, Ranches Lodges und herrliche Seegrundstücke, einsam oder in der Stadt. Wir sind staatlich geprüfte und lizensierte Makler, und verwirklichen Ihren Kanadatraum. Rufen Sie uns an.

**Cariboo Central Realty Ltd.
South Cariboo Hwy
100 Mile House B.C. V0K 2E0
Tel. 001 604 791 5644**

Kanadaberatung von Deutschkanadiern für Deutsche, die Kanada lieben!

Fragen Sie unser Deutschlandbüro!
**Cariboo Central Realty Ltd.
Monika Hummer · Birkenleite 2a
82319 Starnberg
Tel. 0 81 51 / 1 44 03 · Fax 0 81 51 / 7 25 80**

Seriöse Geldanlagen

Wir sind eine Finanzberatungsgesellschaft mit Sitz in Vancouver, B.C. KANADA. Die deutschstämmigen Inhaber haben sich auf Finanz- und Steuerplanung spezialisiert. Wir möchten Ihnen zeigen, wie Sie mit dem Kauf von kanadischen Lebensversicherungen Ihr Geld anlegen und Steuern sparen können.
Private Hypotheken bringen Zinssätze zwischen 12 und 20%.

**Tel. Nr. von Deutschland
001 604 926 0181
Renate Morell & Co. LTD. Suite 300
1497 Marine Dr.
West Vancouver B.C. V7T 1B8**

Kraftpakete: Pilot Wendel und seine alte DeHavilland

mung kalt und klar und sauerstoffreich. Da schießen Fische wie Torpedos über den Grund. Sie sind wild, muskulös und vorsichtig. Die Tönung ihrer Haut: grün, rosa, rot. In der Hierarchie der Fische stehen sie so weit über den armen Wichten aus der Zucht wie Adler über Hähnchen vom Hühnerhof.

Wir haben die Anhöhe spaßeshalber *Slim's Peak* genannt. Slim, unser Guide, hat uns hinaufgebracht. Und wahrscheinlich waren vor ihm noch nicht allzu viele Menschen auf dieser vom rauhen Wetter abgefrästen Kuppe in den Eaglenest Mountains, wo es viele Gipfel gibt und nur die wirklich herausragenden richtige Namen besitzen. Slim's Peak, so stellt sich heraus, ist nicht nur in Höhenmetern der Höhepunkt unseres Trips. Es ist das Hochgefühl schlechthin. Und eine Übung in Selbsteinschätzung. Denn der Anstieg wird 200 Meter unter der Spitze so steil, daß Slim erklärt: „Wir müssen von den Pferden absteigen." Es ist ein eigenartiges Gefühl, aus dem Sattel zu gleiten und zusammen mit den prustenden Vierbeinern in ein Terrain vorzudringen, wo selbst sie, die trittsichersten von uns allen, unter der Last der Reiter überfordert sein könnten. Also schnauft man auch, im Takt der Schritte, während man den eigenen Körper mit den schweren Bergwanderstiefeln im Zickzack über das Geröll langsam, aber sicher nach oben wuchtet.

150 Kilometer weit reicht an diesem Tag der Blick nach Osten, wo sich die Nordausläufer der Rocky Mountains erheben. Slim, der in der Sonne döst und dabei an einem Grashalm nuckelt, ist in Gedanken versunken: „Man kann tagelang in den Tälern herumreiten und versteht nichts von dieser Gegend. Aber von hier oben bekommt man den Überblick. Man muß einfach nach oben."

Reiten nach nordamerikanischer Art ist einfach. Die Pferde laufen als *Trail horses* schnurstracks eines hinter dem anderen her und reagieren auf die meisten Kommandos nicht. Das hat seinen Vorteil. Würde ein Reiter in der Gruppe sein Pferd antreiben, folgten ihm die anderen meistens nach. Die Folgen kann man sich ausmalen. So kann auch ich erst am letzten Tag den Schimmel Timber, mit dem ich tagelang durch die Wildnis getrottet bin, richtig ausreiten. Der kalte Niesel peitscht mir ins Gesicht. Ich muß den Cowboyhut mit einer Hand festhalten und mit der anderen das Sattelhorn umklammern. Es ist eine gefährliche Dummheit. Aber ich genieße sie.

Slim heißt eigentlich Wayne Sawatzki. Doch sein Spitzname („mager") macht Sinn. Der beste Jagdführer in Spatsizi kann eine Menge an Essen vertragen, aber nichts bleibt an ihm hängen. Er ist 26 und ein studierter Elektroingenieur aus Manitoba, der Kornkammer Kanadas. Seine O-Beine, seine aufmerksamen Augen und seine vielen schnellen Handgriffe zeigen, daß er mit Pferden groß geworden ist. Er ist morgens der erste und abends der letzte. Er kümmert sich um die Pferde und hilft auch beim Zubereiten des Essens, das – obwohl es nur ein Campfeuer gibt – so gut schmeckt, als habe Janice, unser *Cook guide*, einen Mehrflammen-Herd im Einsatz. So gibt es am ersten Abend im Basiscamp, nach einem sechsstündigen Ritt, Curry-Huhn mit Reis und am nächsten Morgen *Eggs Benedict* und *Red River Cereal*, ein appetitliches Porridge.

Wenn man morgens um sieben auf der dünnen Unterlage im Zelt wach wird und der letzte Rest des Spülwassers in der Schüssel gefroren ist, dann tut es gut zu wissen, daß der Kaffee schon fertig ist. Denn das Wasser zum Waschen kommt einen nahen Bach heruntergelaufen und ist kalt. Zum Glück erhebt sich um diese Zeit des Jahres, Ende Juli, so früh bereits die Sonne über den Bergrücken.

Natürlich leben in der Region viele Tiere. Doch die meisten sieht man bestenfalls in der Ferne und fast nie mit den bloßen Augen, sondern nur mit dem Fernrohr. Slim, der gewöhnlich kurz vor dem ersten Schnee mit den Jägern unterwegs ist, die mit Pfeil und Bogen dem Wild nachstellen und Hunderte von Mark als Abschußprämie bezahlen, weiß wie kaum ein anderer, wie man sich auf dem Pferd anschleicht. Als wir nach dem Abstieg von seinem *Peak* zwei Karibus entdecken, führt er uns auf einem Schleichweg bis auf ungefähr 60 Meter heran. Der Wind steht gut für uns. In der warmen Abendsonne surren die automatischen Kameras.

„Karibus sind neugierig", sagt Slim, „das ist ihre Natur". Nach dem ersten Fluchtreflex trotten sie wieder ein bißchen näher zu uns, beäugen uns gespannt, versuchen Witterung aufzunehmen, um schließlich in geschmeidigem, lautlosen Lauf im Busch zu verschwinden. Es ist ein Abend, wie man ihn sich wünscht. Wir sind noch einen Kilometer vom Lager entfernt, als wir eine Rauchfahne aus dem Wäldchen aufsteigen sehen, in dem unsere Zelte stehen. Janice und Scott, der sich um unsere Pferde kümmert, sind vorausgeritten und haben das Lagerfeuer entfacht, über dem das Abendessen kocht. Als ich am nächsten Morgen aufwache und noch eine Weile im Zelt liege, habe ich das Gefühl, daß alles in mir schwankt. Wie auf einem Schiff. Es ist das Schaukeln aus dem Sattel, das die Sinne übermannt. Es ist die Trance der Wildnis.

INFORMATIONEN:
Spatsizi Wilderness Vacations, P.O. Box 3070, Smithers, BC, V0J 2N0, Tel. (604) 847–96 92, Fax 847–90 39. Ein 8 Tage/7 Nächte-Trip, inkl. Flug Smithers–Spatsizi, Blockhaus-Logis, aller Mahlzeiten, Reitexpedition, Zelt, Ausflugsfahrten und Fishing-Guide kostet rund 2700 $. Schlafsäcke, Alkoholika und Tabak werden nicht gestellt, Angelausrüstung auf Anfrage.

TOP TEN

Falsche Briten, echte Kanadier

Studenten, die gekonnt in die Rolle gesetzestreuer Siedler schlüpfen. Künstler, die Kanadas Malerei eine eigene Stilrichtung gaben. Hier sind die kulturellen Höhepunkte verschiedener Provinzen

MUSEUM OF ANTHROPOLOGY IN VANCOUVER, BRITISH COLUMBIA

Die Geburt der Menschheit, aus der Sicht des Haida-Indianers Bill Reid: Staunend, ein wenig unbeholfen und furchtsam schlüpfen die Menschen aus einer Muschel, beschützt von einem Raben, dem mythischen Göttervogel. **The Raven and the First Men** nennt Bill Reid seine aus Zedernholz geschnitzte Skulptur. Sie ist ein zeitgenössisches Kunstwerk von unheimlicher Ausstrahlung, eine Plastik, die dem Besucher des Völkerkundemuseums noch im Kopf spukt, wenn er Kanada längst verlassen hat. Nicht zu reden von den vielen anderen eindrucksvollen Exponaten dieser weltgrößten Sammlung indianischer Kunst

L'ANSE AUX MEADOWS, NEUFUNDLAND

Dieser **Spinnwirtel** ist ein Beweisstück. Er belegt die Existenz eines Wikingerdorfes – an der Nordspitze Neufundlands! Norwegische Forscher machten um 1960 Artefakte und den Grundriß der ältesten europäischen Siedlung Amerikas ausfindig. Ihre Fundstücke und der Nachbau eines Wohnhauses aus der Zeit um 1000 bilden ein seltenes Kulturdenkmal

WEST EDMONTON MALL, ALBERTA

Italienische Schuhe und deutsche Bratwürste, ein Hallenbad und eine Kunsteisbahn, ein Golfplatz und Karussells, U-Boote und ein originalgetreuer Nachbau von Kolumbus' Flaggschiff **Santa Maria**. Wie paßt das zusammen? Gar nicht, aber es paßt alles unter ein Dach: unter das Dach der 483 000 Quadratmeter großen West Edmonton Mall am südwestlichen Stadtrand. Das 1985 fertiggestellte Konsum-Ungeheuer mit 850 Läden hält Weltrekorde – größtes Einkaufs- und Vergnügungszentrum, größtes Hallenbad, größter Parkplatz – und jahrein, jahraus dieselbe Temperatur: 18 Grad

SHÉDIAC, NEW BRUNSWICK

Hummer steht in Shédiac auf jeder Speisekarte – und am Ortseingang, unübersehbar und ungenießbar. Das Schalentier aus Beton steht für Shédiacs Bedeutung als Weltzentrum der Hummerfischerei. Der Ort an der akadischen Küste bietet aber noch ganz andere Leckerbissen: herrliche Badestrände

HOCKEY HALL OF FAME IN TORONTO, ONTARIO

Das Ding ist aus Blech, hat im Jahr 1892 ganze 48 Dollar gekostet, und niemand nennt es „schön". Dennoch gilt der **Stanley Cup** als das wertvollste Stück des Eishockey-Museums in Toronto, er ist die begehrteste Trophäe der kanadischen Spitzenteams im Eishockey. Das Ruhmeshaus für Kanadas beliebtesten Sport präsentiert außerdem Schläger, Torwartmasken und Porträts berühmter Spieler und läßt die Besucher via Computer selber Tore schießen

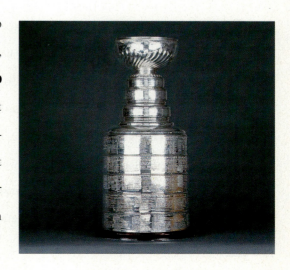

TOP TEN

LA FORTERESSE DE LOUISBOURG, NOVA SCOTIA

Der **Stadtplan** von Louisbourg zeigt den Ort in seinen Grenzen von 1744. Louisbourg war die stark befestigte Hauptstadt der atlantischen Kolonien Frankreichs und besaß einen wichtigen Hafen. Doch 1758 eroberten die Engländer das Fort und zerstörten es. Vor rund 35 Jahren erlebte Louisbourg eine Wiederauferstehung: Soldatenquartiere, Wohnhäuser, Möbel, Werkzeuge – alles wurde detailgetreu so nachgebaut, wie es 1744 aussah. Und das heutige Museumsdorf lebt: Verkleidete Studenten glänzen als Gouverneure, Bäcker und Wachleute

KINGS LANDING, NEW BRUNSWICK

Eine wassergetriebene **Sägemühle** rattert, Männer haben Ochsen vor die Pflüge gespannt, Frauen arbeiten an Webstühlen – Szenen aus dem Alltag in einem britischen Loyalistendorf. Mit schauspielernden Bewohnern und originalgetreuen Nachbauten versetzt das Museumsdorf seine Besucher ins 18. und 19. Jahrhundert

NATIONAL GALLERY OF CANADA IN OTTAWA, ONTARIO

Ausgerechnet ein Auftragsmaler gab der kanadischen Malerei eine neue Richtung: Tom Thomson (1877 – 1917). Sein zentrales Motiv war die kanadische Wildnis, auf das Wesentliche reduziert, hier sein Ölgemälde **The Jack Pine** von 1917. Thomsons vom europäischen Stil erstmals unabhängige Malkunst wurde zum Vorbild für die 1920 gegründete kanadische Künstlergruppe „Group of Seven", die neben europäischen Meistern in der Nationalgalerie vertreten ist

TYRELL MUSEUM OF PALAEONTOLOGY IN DRUMHELLER, ALBERTA

Der Zufall wollte es, daß der Geologe J.B. Tyrell im Jahr 1884 bei Drumheller zwischen Kakteen und Steinen einen großen Saurierknochen entdeckte. Sein Fund löste sogleich eine Art frühe „Jurassic-Park-Euphorie" aus und bildete den Grundstock für eine Sammlung von Weltruf. Dieses **Saurierskelett** ist nur eines von 35, die das Museum neben 800 Fossilien und einem großen Urweltgarten zeigt

WINNIPEG ART GALLERY IN WINNIPEG, MANITOBA

Es gab eine Zeit, da bestand kein Unterschied zwischen Mensch und Tier. Sie lebten in Harmonie miteinander, verstanden ihre Sprachen. Ein Mensch konnte zum Tier werden, ein Tier zum Menschen. Was die Mythologie der Inuit erzählt, findet sich auch in ihrer Kunst wieder. **Mythologischer Vogel** nannte Davidialuk Alasua Amittu (1910 – 1976) sein Werk, das zeigt, wie sich eine Frau in einen Adler verwandelt. Die 1958 geschaffene Skulptur aus Speckstein ist eines der wertvollsten Objekte der Winnipeg Art Gallery. Das Museum verfügt über die weltweit größte Sammlung von Inuit-Kunst, zudem präsentiert es klassische und zeitgenössische Kunst aus Kanada und Europa

ADAC SPECIAL

MIT JEDEM HEFT

Reisen mit Lust und Laune

6x im Jahr verreisen mit dem ADAC SPECIAL

Sie verreisen? Sie wollen **liebe Erinnerungen** auffrischen? Sie wollen einfach nur wissen, was in den schönsten **Gegenden und Städten** der Welt los ist? Dann brauchen Sie **ADAC SPECIAL**. Das Reisemagazin, recherchiert und geschrieben von echten Reisespezialisten mit zahlreichen praktischen **Ratschlägen** für jeden Geschmack und jeden Geldbeutel, sowie mit ganz persönlichen **Geheimtips** von Prominenten und mit vielen übersichtlichen **Karten** und **Detailplänen**. **ADAC SPECIAL** zeigt Ihnen alle zwei Monate ein neues faszinierendes **Reiseziel**.

ADAC SPECIALS

Bisher erschienen:
MALLORCA, LONDON, TOSKANA, SÜDTIROL, BERLIN, WIEN, KRETA, BARCELONA, OBERBAYERN, NEW YORK, KANARISCHE INSELN, VENEDIG, COTE D'AZUR/PROVENCE, OSTSEE, PRAG, FLORIDA, ROM, IBIZA, SCHWARZWALD, GARDASEE, KARIBIK, MÜNCHEN, HONGKONG, KALIFORNIEN, TIROL, PARIS, GRIECHENLAND, FRANKEN, USA SÜDWEST, PORTUGAL, NORDSEE, KANADA

In Vorbereitung:
ANDALUSIEN, IRLAND, AUSTRALIEN

Bitte benutzen Sie für Ihre Bestellung die Karte hier rechts.

Landschaften: ADAC SPECIAL macht Lust auf neue Ziele

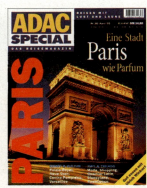

Städte: ADAC SPECIAL zeigt die schönsten Ansichten

.... **ADAC SPECIAL** ....

Sammeln mit Lust und Laune

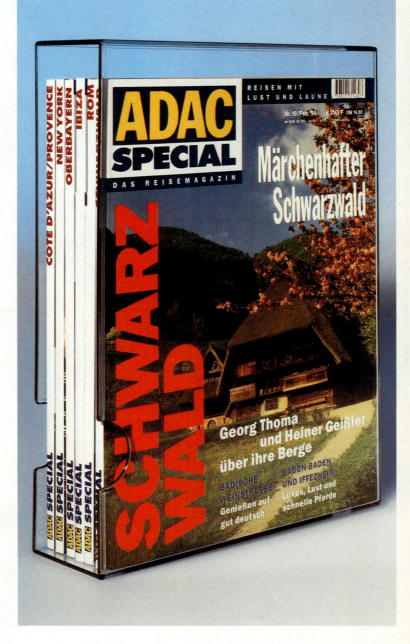

Sicher, lose im Regal oder auf dem Tisch machen sich Ihre wertvollen **ADAC SPECIAL**-*Hefte auch ganz gut, aber noch besser und sicherer sind sie im stabilen* **Sammelschuber** *von* **ADAC SPECIAL** *aufgehoben. Immer* **griffbereit, übersichtlich** *sortiert und gut* **geschützt** *hinter glasklarem und* **hochwertigem Acryl.** *Der* **Schuber** *mit praktischen Griffmulden bietet Platz für einen* **kompletten Jahrgang** *und kommt postwendend, wenn Sie uns die Bestellkarte schicken.*

Bitte benutzen Sie für Ihre Bestellung die Karte hier links.

BAFFIN ISLAND

Ein Abenteuer, das du nie vergißt: Wir überqueren den Weasel River

Eine Aussicht, die du nie vergißt: Mount Thor

Warum nur, warum?

Das fragst du dich, wenn du dich durch diese arktische Wildnis quälst. Warum hast du dir das angetan?

Ein Tag, den du nie vergißt: auf dem Gipfel des Mount Tyr

Baffin Island – gegenüber von Grönland – ist die östlichste und mit mehr als 500 000 Quadratkilometern größte Insel des kanadischen Archipels. In der schroffen, arktischen Wildnis leben 10 000 Menschen. TEXT UND FOTOS VON FREDDY LANGER

Der Verkäufer hatte gut reden. Geben Sie lieber fünfhundert Mark mehr aus, hatte er gesagt, und kaufen Sie einen guten Rucksack – sonst wird das Schleppen zur Qual. Aber was wußte er schon von Baffin Island, vom Auyuittuq Nationalpark, dieser Wildnis aus Eis und Stein nördlich des Polarkreises? Eine Quälerei wurde es trotz des teuersten Modells. Kein Rucksack verwandelt 35 Kilo Last in ein Vergnügen.

Jeder Schritt wird zur Tortur. Der Blick ist starr auf die Stiefel geheftet. Wie in Zeitlupe bewegen sich die Füße auf der Suche nach festem Stand im lockeren Geröll der endlos langen Moränen, im feuchten Treibsand der Ebene oder auf den glitschigen Felsen in den reißenden Bächen, wenn das Schmelzwasser wieder einmal die paar Bretter fortgespült hat, die in der Karte als Brücke verzeichnet sind. Nur hin und wieder schaut man nach oben. Aber selbst nach Stunden bietet sich das gleiche Bild: Weit oben spitze Gipfel wie eine steingewordene Fieberkurve. Darunter senkrechte Wände aus Granit, bisweilen tausend Meter hoch. Und immer irgendwo in unserer Nähe der Weasel River, der im Laufe von Millionen Jahren dieses Tal geschaffen hat. Ihm folgt der Akshayuk-Paß zum Summit Lake hinauf, seinem höchsten Punkt – dann geht es wieder hinunter ans Meer, am Owl River entlang.

Verirren kann sich hier niemand, dazu ist das Tal zu eng. Trotzdem ist die knapp hundert Kilometer lange Route markiert: mit Inukshuks, kleinen Männchen aus Basaltbrocken, mit denen die Inuit seit Urzeiten ihre Pfade kennzeichnen. Überall stehen diese Gnome, manche schlank und hoch, andere gedrungene Kopffüßler. Es ist nicht mehr weit, glaubt man sie flüstern zu hören. Doch sie lügen. Der Weg nimmt kein Ende.

Wir waren zu acht. Genaugenommen aber war jeder allein – mit seinen Füßen, seinem Gepäck, seinen Gedanken. Und waren wir ehrlich, dann hatte es keiner anders gewollt. Eine Wandergruppe jenseits der ausgetretenen Pfade: Das ist nicht selten eine bloße Notgemeinschaft. Man teilt das Gewicht der Ausrüstung und hin und wieder Schokolade. Am liebsten aber wäre man für sich. Man reist nicht in die Arktis, um sie zu teilen.

Deshalb wohl konzentrierten sich auch die Gespräche mit den drei, vier anderen Gruppen, denen wir begegneten, auf das Allernötigste. Hier ein Touren-Vorschlag, dort der Tip, daß ein paar Amerikaner Berge von Nudelsuppen in einer Schutzhütte zurückgelassen hätten. Und immer der Hinweis, daß die Landschaft noch grandioser, mächtiger, ungestümer würde, je weiter man in den Naturschutzpark hineinlaufe. Park? Wildnis muß es heißen.

„This is nature in the raw", hatte ein Wanderer ins Besucherbuch der Parkverwaltung geschrieben. „Zu roh für uns", könnte mancher hinzufügen. Kaum mehr als 350 Menschen besuchen den 21 500 Quadratkilometer großen Auyuittuq Nationalpark im Jahr. Fast alle mit ehrgeizigen Plänen, wie die Ranger in Pangnirtung erzählen. Doch viele, fügen sie hinzu, überschätzten sich selbst und unterschätzten die Tücken der Wildnis. Trotz der Warnung, daß es im Park keine Transportmöglichkeiten, keine Herberge, nicht einmal einen Kiosk gebe, begreifen die meisten Besucher nicht, was das bedeutet und kommen kurze Zeit später entsetzt nach Pangnirtung zurück.

Pangnirtung ist der letzte Posten der Zivilisation, zwei Tagesmärsche vom Eingang des Parks entfernt. Der Ort entstand in den sechziger Jahren, als innerhalb weniger Monate fast alle Schlittenhunde starben und die Inuit ihr Nomaden-Dasein aufgaben. Aus einer kleinen Handelsniederlassung wurde der zweitgrößte Ort von Baffin Island. Schnell fand er durch Fernsehen, Supermärkte und eine Flugverbindung den Anschluß an die moderne Welt. Keiner der 1100 Einwohner geht heute noch auf die Jagd. Sie leben vom Fischfang, vom Kunsthandwerk und von der Sozialfürsorge. Die Jugendlichen kleiden sich wie die Stars der amerikanischen Rockmusikvideos und schießen auf Motorrädern durch das wirre Netz von Einbahnstraßen. Vom Nationalpark wollen sie nichts wissen; im Gegenteil. Wie nur ein Mensch freiwillig durch diese unwirtliche Gegend marschieren könne, fragen sie.

Tag um Tag stellten auch wir uns diese Frage während unserer Wanderung, gefangen zwischen den steilen Wänden und dem düsteren, grauen Himmel, der schwer auf der Landschaft lag. Erst auf dem Gipfel des Mount Tyr fanden wir die Antwort. Dort waren die Strapazen der vergangenen Woche mit einem Mal vergessen. Erhaben reckte sich uns gegenüber der Mount Thor in den kaltblauen Himmel, die größte Granitwand der Welt – anderthalb Kilometer hoch und ebenso breit. Gekrönt von einer Kuppel, wirkt der Berg wie ein riesiger Dom. Auf der anderen Seite lag ein aufgepeitschtes Meer aus Schnee und Granit zu unseren Füßen: Hunderte von Eisfeldern, Tausende von Gipfeln. Nur ein, zwei Dutzend sind benannt, und es bedurfte eines Griffs in die Welt der germanischen Götter und Helden, um ihnen gerecht zu werden. Baldr und Loki heißen sie, Aegir, Freya, Odin und schließlich Asgard, der Göttersitz selbst. Die anderen Berge sind namenlos, unbestiegen, meist nicht einmal kartographiert – schroffe Gipfel bis zum Horizont, wo sich der Himmel ins gleißende Weiß des Penny Ice Cap brennt, dem Ausgangspunkt und Rest der großen Eiszeit, die vor 18 000 Jahren halb Kanada mit ihrer kalten Decke überzog. Auyuittuq bedeutet übersetzt: „Das Land, das niemals schmilzt".

Wir waren die letzte Gruppe, die in diesem Sommer den Park verließ. Es wurde Zeit. Am letzten Abend zogen wie Gespenster die Nebelschwaden vom Meer her in den Fjord und senkten sich über das Land. Am nächsten Morgen lag Schnee. Anfang September hatte der Winter begonnen. ○

JENSEITS AUSGETRETENER PFADE

Bereits die Anreise zum Auyuittuq Nationalpark kann zum Abenteuer werden. Man fliegt mit drei verschiedenen Linien nach Broughton Island oder Pangnirtung und chartert dort bei einem Inuit ein Schiff. Wanderungen durch den Auyuittuq Nationalpark bieten die beiden Münchner Reiseveranstalter Hauser Exkursionen und der Summit Club an. Die beste Vorbereitung bietet das „Baffin Handbook", Nortext Publishing, Iqaluit. In Deutschland erhältlich bei: Aree Greul, Am Goldsteinpark 28, 60529 Frankfurt. Das Angmarlik-Besucherzentrum des Nationalparks verschickt Informationen: P. O. Box 227, Pangnirtung, Kanada NWT, X0A 0R0.

MODERN ART

PEACE NOW

Das ist der Aufruf des indianischen Künstlers Ron Noganosh: „Laßt uns endlich in Frieden. Wir sind nämlich Erwachsene und keine Kinder"

„Canoe 92", Collage, verschiedene Materialien der Wegwerfkultur

Fotos: Ron Noganosh; Maxine Bedyn

VON WALTER WERTHMÜLLER

Ron Noganosh führt einen Reisepaß mit sich, worin auf der ersten Seite ganz offiziell um freundliche Aufnahme des Dokumentinhabers in der Fremde gebeten wird, gefolgt von dem wunderbaren Versprechen: "Zum Dank laden wir eine Person aus der Ferne ein, frei und ungestört unser Land zu bereisen." Sein Land, das so liebevoll Gastrecht bietet, ist ein Indianer-Reservat in Kanada, lächerliche fünf mal acht Meilen groß. Ein mikroskopisch kleiner Fleck im gigantisch weiten Nordamerika, der einmal seinen Vorfahren, den Ojibway, gehörte, lange bevor die "Bleichgesichter" aus Europa auftauchten und das Leben der Indianer zur Hölle machten.

Ron ist ein Künstler und als solcher ohnehin ein kritischer Geist. Das indianische Erbe aber macht ihn zum Kämpfer für die Anliegen seines unterdrückten Volkes und für fundamentale Menschenrechte. Daß er dabei seinen Humor nicht verloren hat, ist erstaunlich, möchte man sagen, doch sein Humor ist auch Waffe: scharf, satirisch, treffsicher. "Moderne" Anliegen wie die Forderung nach einer sauberen Umwelt sind selbstverständlich auch seine Themen, nur: Neu sind sie für ihn nicht, sondern altes, zentrales Kulturgut, Kernpunkt indianischer Philosophie.

Noganoshs Skulpturen sind alle aus "Fundsachen" gemacht, auch "Abfall" genannt: angeschwemmtes Holz, zerquetschte Bierbüchsen, Autoräder, Fernsehantennen, ausgetrocknete Tierschädel und Wirbelknochen, Federn, Wildschweinstacheln, Steine, Wolfszähne. Formal aber sind sie eng mit indianischen Kultur-Symbolen verknüpft. Ein Schild etwa, gehämmert aus gebrauchten Bierbüchsen und mit Federn behängt, genannt "Schild für einen modernen Krieger". Oder ein verrottetes Kanu, darin eine Figur mit Gasmaske, die einen stinkigen, verseuchten, dreckigen Fluß befährt. Die Fläche unter dem Boot, den Fluß darstellend, ist mit allerlei Abfall "dekoriert": Zigarettenstummel, leere Kaffeebecher. Dazu hat der Künstler gleich zwei Geschichten auf Lager: Einmal fegte die Putzmannschaft eines Museums kurz vor Eröffnung der Ausstellung eiligst allen Dreck rund um das Kunstwerk weg, so daß in letzter Minute schnell Ersatz aus einem nahen Coffee-Shop beschafft werden mußte. Ein andermal, in einer Galerie, passierte genau das Gegenteil: Die Vernissagegäste deponierten ihre Weinbecher achtlos rund um das Kanu, dorthin, selbstverständlich, wo scheinbar bereits eine "Deponie" eröffnet war.

Ron lacht herzlich, als er mir die Geschichte erzählt. Er nimmt solche Vorfälle nicht sehr ernst. Tragisch aber findet er sie allemal.

Wir sitzen am runden Tisch in der Wohnküche des kleinen Hauses in Ottawa, wo Ron Noganosh mit seiner Frau wohnt. Die Tochter studiert an der McGill-Universität in Montréal. An den Wänden hängen Zeichnungen, Drucke, Skulpturen. Ein halber Pferdeschädel, verkehrt montiert, ein Gesicht, in den Knochen geschnitzt, blaue Ara-Federn, rote vom Schwanz eines Graupapageien und schön gezeichnete von einer Eule als Dekoration. Ron wühlt in alten Zeitungsausschnitten und hebt gleichzeitig ab in eine Welt, die uns "Maschinenmenschen" so fremd ist. Er fliegt in die Wälder seines Magnetawan-Reservats, am Parry Sound zwischen Toronto und Sudbury, wo er als Junge jagen und fischen lernte, wo er – wie er sagt – jeden Baum kennt, wo seine Mutter noch Häute trocknete und ihn mit dem jungen Uhu, den er fing, zurück in den Wald schickte, den jungen Vogel wieder freizulassen. Das Zeichnen fiel ihm schon damals leicht. Später dann Geld verdienen, Firmenzeichen auf Trucks malen, bei Geschäftseröffnungen als Attraktion mit einem Alligator ringen. Er erzählt, wie er mit einem Freund kurz vor einer Gala-Eröffnung nach Louisiana fuhr, unten am Mississippi, wie er im Sumpf einen Alligator fing, wieder nach Norden preschte, den Alligator als vollbetrunkenen Freund im Schlafsack über die Grenze schmuggelte, damit die "Show" über die Bühne gehen konnte. Später: "Graphic Design"-Studien am George-Brown-College in Toronto, noch später: Kunst an der Universität von Ottawa.

Klingt alles ziemlich romantisch, ist es aber nicht. Als ich Ron direkt frage, ob Indianer Bürger zweiter Klasse seien, sagt er ohne zu zögern, aber auch ohne die geringste Leidenschaft: Bürger fünfter. Gleichzeitig räumt er ein, daß sich die Situation langsam, langsam zu bessern beginne. Nach der Lethargie der letzten paar Jahrhunderte – Betrug, Land weg, Armut – findet endlich zögernd eine Rückbesinnung auf die eigene, kulturelle Identität statt, rührt sich das so lange eingenebelte und geknebelte, stolze Indianer-Bewußtsein. Die Sprache der verschiedenen Stämme, meist vom Aussterben bedroht, wird

Ron Noganosh, Ojibway-Indianer, Kanadier

SCHILD FÜR EINEN MODERNEN KRIEGER: BIERDOSEN

„Shield of a modern warrior", 1984

WEISS JEMAND, WAS DIE UHR GESCHLAGEN HAT?

„Does anyone know, what time it is?"
Skulptur von Ron Noganosh, 1988

wieder gelehrt. „Wir waren schlicht zu halsstarrig, einfach zu verschwinden", sagt Ron.

Eine relativ neue Erscheinung sind Indianer-Künstler vom Format Noganoshs, politisch bewußt und engagiert. Noch vor ein paar Jahren gab es nur traditionelle Ausdrucksformen, überlieferte Symbole einer rituellen Vergangenheit. Ein Auge, zum Beispiel, hatte so und so zu sein, stilisiert, seit 'zig Jahrhunderten gleich. Ein aufrüttelnder Wendepunkt war nach Rons Auffassung die Konfrontation einer Gruppe protestierender, bewaffneter Indianer gegen die Polizei und gegen kanadische Armee-Einheiten vor ein paar Jahren. Es ging um einen Golfplatz, der ausgerechnet auf einer alten Indianer-Grabstätte hätte errichtet werden sollen. Es kam zum Aufstand, in dessen Verlauf Schüsse fielen und ein Polizist tödlich getroffen wurde. Truppen der Armee zwangen die Indianer schließlich zur Aufgabe.

Dieser häßliche Vorfall, meint Ron, hat die „First People" des ganzen Landes aufgerüttelt und vereint und gleichzeitig die ganze Welt auf ihre Probleme aufmerksam gemacht. Aus dieser Zeit stammt seine Skulptur „Does anyone know, what time it is?" (Weiß jemand, was die Uhr geschlagen hat?): ein geschnitztes AK-47-Gewehr mit aufgespießten Tomaten-Suppenbüchsen à la Andy Warhol, auf den abgeänderten Etiketten die Kolonisierungs-Geschichte Kanadas („Cream of Conquering Hero", „Final Solution", „Cream of Bullshit"), eine Munitionskiste aus Holz, verstreute Patronen.

Rons Werke stehen heute in Galerien und Museen. Auch das ein Durchbruch. „Erst vor wenigen Jahren noch war alles, was wir machten, höchstens fürs Mu-

MEIN TIP

JONI MITCHELL
Malerin, Sängerin

„ Wenn Sie, wie ich, die rauhe Prärie lieben, ist Saskatchewan für Sie die beste Gegend Kanadas. Saskatoon, mein Geburtsort in der Provinz Saskatchewan, liegt sicher für viele Kanada-Besucher nicht am Weg, ist aber unbedingt einen Besuch wert. In meiner Heimatstadt wurden letztes Jahr auch meine Bilder ausgestellt, und zwar in der Mendel Art Gallery, die von Friedrich Mendel, einem deutschen Emigranten gegründet wurde. Ich bin besonders stolz, daß nun auch einige Bilder von mir dort in einer Dauerausstellung zu sehen sind. "

*Mendel Art Gallery,
950 Spadina Crescent, Saskatoon,
Tel. (306) 664–96 10.*

seum of Man, das anthropologische Museum bestimmt. In Europa wissen die Leute mehr über unsere Kultur und unsere Probleme als hier", stellt Noganosh fest. Er war zusammen mit anderen indianischen Künstlern Kanadas für drei Wochen nach Dänemark eingeladen, wo sie in einem Kulturzentrum Kunst kreierten und ausstellten.

Mittlerweile sind wir im Keller seines Hauses gelandet. Eine kleine Werkbank, Kisten mit Fundsachen überall. Von einem Balken hängt ein Stück eines Wal-Knochens, ein bißchen größer vielleicht als ein Fußball, aber schwer wie ein Sack Zement. Ich hab' nicht gewußt, daß Knochen so dicht sein können. Leichte Vogelfedern und bleischwere Metallstücke warten darauf, gepaart zu werden, vom Künstler zu neuem Leben erweckt zu werden. Ein Atelier hat Noganosh nicht. Das Haus ist zu klein, und für die Miete eines anständigen Studios reicht das Geld nicht. Im Winter zeichnet er in der Wohnung, bereitet Drucke vor, graviert und schnitzt im Keller mit einem Werkzeug Knochen, die er dann in Skulpturen verwendet oder als Griffe auf hölzerne „Spazierstöcke" montiert. Sobald es wärmer wird, geht das Garagentor auf. Das Schweißgerät wird entrümpelt, das Freiluft-Atelier wieder in Betrieb genommen.

In seinem Wagen, auf einer kleinen Stadtrundfahrt, frage ich ihn: „Was wünscht sich ein Indianer heutzutage von der Regierung? Was würde seine Situation schlagartig verbessern? Mehr Land?" Das auch, meint er, sinnend. Vor allem aber: „Get out of our face. Laßt uns endlich in Frieden. Wir sind nämlich Erwachsene, die ganz gut auf sich selber aufpassen können, und keine Kinder." So, wie's im Paß steht: To travel freely on our land.

Griechenland

STELLEN SIE SICH VOR, NUR EIN PAAR KILOMETER ENTFERNT LIEGT CHALKIDIKI, WO SIE DEN GANZEN TAG SCHWIMMEN UND DIE GANZE NACHT SPIELEN KÖNNEN.

Aber das ist nicht die ganze Geschichte...

Von Thessaloniki, der Kulturhauptstadt Europas 97, bis zu den Sandstränden von Chalkidiki - Griechenland erzählt überall eine andere Geschichte.
Sie spüren die Unvergänglichkeit einer großen Kultur inmitten einer überwältigenden Landschaft.
Und Sie fühlen, daß diese Ferien unendlich sein werden.
Die ganze Geschichte beginnt in Ihrem Reisebüro.

OLYMPIC AIRWAYS
THE NATIONAL AIR CARRIER

GRIECHISCHE ZENTRALE FÜR FREMDENVERKEHR:
FRANKFURT NEUE MAINZER STR. 22, 60311 FRANKFURT M., TEL.: 069 - 236561-63, FAX: 069 - 236576, **MÜNCHEN** PACELLISTR. 5, 80333 MÜNCHEN, TEL.: 089 - 222035-36, FAX: 089 - 297058, **HAMBURG** ABTEISTR. 33, 20149 HAMBURG, TEL.: 040 - 454498, **BERLIN** WITTENBERGPLATZ 3A, 10789 BERLIN, TEL.: 030 - 2176262-63, FAX: 030 - 2177965

Hellas

Eine unendliche Geschichte.

YUKON TERRITORY

Die Pflege der Tradition: ein Mountie vor dem Museumsschiff SS Klondike in Whitehorse

Vor 100 Jahren begann der grösste Goldrausch der Geschichte. Abenteurer aus aller Welt machten sich auf den Weg zu den Goldfeldern am Klondike. Tausende scheiterten am harten Klima und am Chilkoot Pass. 100 000 zogen los –

UND 30 000 KAMEN DURCH

Die Farben der Natur: Am Dempster Highway zeigt die Tundra ihr buntes Gesicht

LOCKRUF DER WILDNIS

Mit blossen Händen wurde am Bonanza Creek das Gold aus dem Fluss gewaschen

Der Alltag der Digger: Peter Shorts aus Atlin läßt Maschinen für sich schürfen

Kaum ein anderer Landesteil bietet gleichzeitig so grandiose Natur und fesselnde Geschichte wie das Yukon Territory. Folgen Sie uns auf den Spuren der Goldgräber durch eine faszinierende Gegend. VON GEORG ZÄHRINGER MIT FOTOS VON DANIELA SCHMID

This is the law of the Yukon, and ever she makes it plain:
„Send me not your foolish and feeble; send me your strong and your sane …
Send me the best of your breeding, lend me your chosen ones;
Them will I take to my bosom, them will I call my sons"
Robert Service, kanadischer Schriftsteller, 1874–1958, The Law of the Yukon, Songs of a Sourdough

Dies ist das Gesetz des Yukon, ewig die Regel und rein:
„Schickt keine Toren und Schwachen, stark, klug und gesund müssen sie sein …
Schickt mir die Besten des Stammes, leiht die Erwählten mir aus;
Nur diese will ich umarmen, die seien mir Söhne zu Haus."

Rein äußerlich sind wir von einem echten *Sourdough*, einem weißen Sauerteigbrot, nicht zu unterscheiden. Innerlich fühlen wir uns – um den Vergleich zu wagen – trotzdem wie gutes deutsches Schwarzbrot. Aber wie gesagt – rein äußerlich, mit Karo-Hemd, dreckigen Jeans, robusten Caterpillar-Boots und bulligem Ford Bronco, werden wir bei unserer Reise durchs Sauerteigland von echten Sourdoughs – so nennen sich die Bewohner des Yukon Territory – nicht zu unterscheiden sein. Denn ein typischer Sauerteig fährt einen *Pickup* oder Geländewagen, trägt mit Vorliebe derbe Karo-Jacken über ebenso derben Karo-Hemden.

Man kann natürlich als Tourist auch Ballonseidenanzüge tragen und ein ganz gewöhnliches Auto mieten, aber auf Dauer nervt es, wenn dich alle anderen immer so von oben herab ansehen – einschließlich der weißhaarigen US-Greise, die neben ihrer Gattin, Modell Barbara Bush, mit zittrigen Händen ihr Wohnmobil von der Größe eines Reisebusses mutig über abenteuerliche, teils asphaltlose Pisten steuern. Wie ein Schwarm Zugvögel folgen sie Jahr für Jahr den Highways des Nordens, erliegen sie dem Lockruf der Wildnis, zeigen sich unbeeindruckt von Straßen mit knietiefen Schlaglöchern und beachtlichem Gefälle. Sie alle suchen, was auch wir zu finden hoffen: Unabhängigkeit und Ursprünglichkeit, Weite und Wildnis, Freiheit und Abenteuer, Natur und Stille.

Von **WHITEHORSE** aus, der Hauptstadt des Yukon Territory, wollen wir dem Yukon und vor allem dem Klondike folgen, dem Fluß, der namengebend für den größten Goldrausch aller Zeiten war: den *Klondike Gold Rush*.

Gold! We leapt from our benches.
Gold! We sprang from our stools.
Gold! We wheeled in the furrow, fired with the faith of fools.
Fearless, unfound, unfitted, far from the night and the cold,
Heard we the clarion summons, followed the master-lure – Gold
Robert Service – The Trail of '98

Gold! Es riß uns von den Bänken.
Gold! Die Stühle stürzten um.
Gold! Der Pflug blieb in der Furche, Narren, wild entflammt und dumm.
Furchtlos, blinde Amateure, weit aus klirrend kalter Nacht,
hörten wir Schalmeienchöre, folgten dem Irrlicht – goldene Pracht.

Tausende fühlten so, wie Robert Service es in seiner Ballade über den großen Treck der Goldsucher im Jahr 1898 festgehalten hat. Er selbst kam erst 1904 als Bankangestellter nach Whitehorse, war fasziniert vom Goldrausch und wurde schnell sein literarischer Chronist, wurde

Der Charme der Frontstadt: Dawson lebt von der Vergangenheit

der „Barde des Yukon". Niemand hat eindrücklicher die Träume und Hoffnungen, die Enttäuschungen und Entbehrungen der 100 000 Abenteurer geschildert, die im Herbst 1897 von Skagway, dem US-Außenposten am Pazifik, nach Dawson am Zusammenfluß von Klondike und Yukon starteten und von denen nur ein Drittel die Goldfelder erreichte. Wir werden den Spuren dieser Armada von Glückssuchern folgen, denen die Ankunft des Dampfers Portland am 17. Juli 1897 in Seattle die Augen und Sinne verblendet hatte: Das Schiff war mit einer Tonne Klondike-Gold beladen.

Die Stampeders hatten damals in ihrer Gier auf Gold wohl wenig Sinn für die Schönheit und Einzigartigkeit der Landschaft, die sie durchquerten: für die klare, frische Luft, den außergewöhnlich blauen Himmel mit so tief und schnell ziehenden Wolken. Während aber die Goldsucher zuerst zu Fuß von Skagway zu den Oberläufen des Yukon gelangten und dann in selbstgezimmerten Booten flußabwärts Kämpfe mit Engstellen und Stromschnellen ausfochten, verlassen wir entspannt Whitehorse und brausen den komfortablen Klondike Highway entlang. Die Fahrt läßt sich gut an: vor uns die sanften Rundungen der Berghügel, die wie ein Rudel Buckelwale in aufgewühlter See aussehen, neben uns das unüberschaubare Dickicht an Fichten und Pappeln. Deren zirpiges Rascheln in der Sommerbrise ist zusammen mit dem trägen Summen der Fliegen das einzige Geräusch, das unsere lärmgewohnten Ohren zu hören bekommen.

Beim 400-Seelen-Nest **CARMACKS** treffen wir wieder auf den breiten, lehmfarbenen Yukon. Wo vor fast 100 Jahren prachtvolle, weiße Heckraddampfer auf dem Weg nach Dawson haltmachten, landen heute nur noch die kleinen, bunten Kanus und Schlauchboote der Freizeitabenteurer (siehe Kanutour S. 132). Nur ein Stück flußabwärts wartete auf die Flußschiffe ein schwieriges Stück Manövrierarbeit: die Five-Finger-Rapids, gefährliche Stromschnellen im durch vier Felsentürme fünfgeteilten Strom, standen einer vergnüglichen Flußpartie im Weg. Nur mit Hilfe von Seilwinden konnten die Schiffe die Stelle passieren.

Das gleichmäßige Brummen der kraftvollen 208-PS-Maschine des Ford Bronco untermalt sanft unsere Fahrt durch ein Zauberland: Da blinken blitzblaue Seen in der Ferne auf, wechseln Espen- mit Fichtenwäldern, kreuzt unvermittelt ein tapsiger Schwarzbär die Fahrbahn, und ohne die geringste Vorwarnung geraten wir plötzlich mitten in einen Waldbrand – bitte keine Panik, erst mal die Klimaanlage einschalten. Der Highway ist zwar durch einen Sicherheitsstreifen vom Wald getrennt, aber das Qualmen und Knistern nebenan machen nicht nur die Erdhörnchen nervös. In Sichtweite versuchen Ranger die Schwelfeuer am Boden unter Kontrolle zu halten. Sie hoffen auf viel Regen und wenig Wind. Wir hoffen mit.

„Waldbrände gehören für uns zum Alltag, und wenn keine Siedlung gefährdet ist, warten wir einfach, bis das Feuer von selbst ausgeht", sagt Lois Cooper vom Bedrock Motel in **MAYO**. Die Streusiedlung am Silver Trail, der vom Klondike Highway abzweigt, scheint unter Valium zu stehen – alles geht hier behäbig, langsam, freundlich zu. Niemand rast mit dem Auto, im Supermarkt herrscht null Hektik, und die Frau, die wir frühmorgens mit ihrem Hund treffen, lädt uns einfach so auf eine Tasse Tee ein: Wir hatten Sie nach einem *Coffee shop* gefragt.

Hinter Mayo kommen uns zum ersten Mal die Off-Road-Qualitäten des Bronco zugute: Nur eine *Gravel road*, eine Schotterpiste, führt durch das weite Hochtal nach **KENO**. Davon wiederum zweigen weitere Straßen ab, die tiefer in den Wald und zu kleinen und großen verschwiegenen Seen wie Minto- und Mayo Lake führen. Wir biegen ab, schalten auf Allrad, sausen durch Matschpfützen und sprenkeln den Bronco mit Lehmspritzern ein. Unsere Metamorphose zum Sourdough ist im vollen Gang: Wir stoppen und merken, daß wir ganz allein, ganz auf uns gestellt sind. Weit und breit ist niemand zu sehen, nichts zu hören – kein Mensch, kein Tier.

Die Kraft des Eises: Der Kaskawulsh-Gletscher „schleift" die Sankt-Elias-Berge

Das Erbe der Vergangenheit: Die „Dredge No. 4" wurde detailgetreu restauriert

LOCKRUF DES GOLDES

Die Gelassenheit der Menschen: Arnold Etzerza aus Atlin kennt keinen Streß

Dawsons Strassen verwandelten sich bei Regen und nach der Schneeschmelze in schlammige Matschpisten. Trockenen Fusses kam man nur über die hölzernen Gehsteige durch die Stadt

Das Kapital des Landes: „Sourdoughs" wie Dennis Frigon schließen schnell Freundschaft

Es gab Mode und Wein aus Frankreich, Tänzerinnen und leichte Mädchen aus den USA

LOCKRUF DER WEITE

Das Antlitz der Urzeit: Seit Tausenden von Jahren füllt Gletscherwasser den Kluane Lake

Der Stolz der Bruderschaft: Schwemmhölzer schmücken die Fassade der Arctic Brotherhood in Skagway

Weder Wohnmobil noch Pkw wird sich hierher verirren, wo die faszinierende, hochmoorartige Landschaft unsere Augen-Blicke fesselt: Abgestorbene, von Flechten bewohnte Minibäume ragen aus dem Moorwasser und formen mit dem leichten Bodennebel eine Landschaft wie aus archaischer Zeit.

Auf der Fahrt zum Duncan Creek denken wir dann an eifrige Menschen, die mit Schaufel und Pfanne ihr Glück machen. Weit gefehlt: Frank und Bonnie Taylor zeigen, wie man heute mit Maschinen und Personal Gold zu Tage fördert: Bulldozer graben sich im Licht der Mitternachtssonne 24 Stunden pro Tag das Flußbett hinauf und baggern nach Dreck. „Der landet dann in einem Rüttelsieb, der *Sluice box*, und etwa zehn Meter weiter unten kommen pure Felsbrocken und schmutzigbraunes Wasser heraus. Das Gold bleibt in den Filtermatten zurück, und dann können wir die *Nuggets* in die Geldbörse stecken – *hopefully*", sagt Frank mit einem Grinsen und zeigt uns ein paar kirschkerngroße, mattglänzende Stücke.

Pro Tonne Dreck erwirtschaften die Taylors mit zehn Angestellten Gold im Wert von sieben Dollar. Daß bei dieser Art des Goldschürfens ein gewaltiger, grauer Geröll-Lindwurm im Flußbett zurückbleibt, scheint nicht zu stören: Ihr Haus haben sie samt Terrasse in Blickrichtung ihres Reichtums errichtet – nicht etwa nach Süden! Zum Abschied lernen wir noch, in Sauerteig-Art nach Gold zu suchen. Aus einer Blechpfanne mit Modder waschen wir in gebückter Haltung, mit vom eiskalten Creek-Wasser klammen Fingern tatsächlich drei winzige Edelmetallkörnchen heraus.

Auf unserem Weg nach Norden passieren wir immer wieder Landstriche, die vollkommen von Waldbränden zerstört wurden: Wie verkokelte Riesenstreichhölzer stehen die Stämme der abgefackelten Fichten in Reih und Glied; auf vielen Bergrücken ist nicht ein lebender Baum zu finden. Doch die Natur gibt nicht auf: Moose und Flechten ranken an den Stämmen nach oben, erste kleine Sträucher tupfen zartgrüne Sprengsel auf die verbrannte Erde.

Unvermittelt schieben sich die weiten Ogilvie Mountains ins Bild, durch die seit 1979 der Dempster Highway bis ans nur 740 Kilometer entfernte Polarmeer, nach Inuvik führt. Wir jedoch folgen dem Klondike nach **DAWSON**, das sich wenig attraktiv ankündigt: Kilometerlang sehen wir nichts als die von der industriellen Goldsuche übriggebliebenen grauen Geröllbandwürmer. Zwar sind wir vom Ausmaß dieser Naturverschandelung entsetzt, als wir uns vom Hausberg der Stadt, dem Midnight Dome, einen Überblick verschaffen. Doch gleichzeitig werden uns die Relationen zurechtgerückt: Denn bis zum Horizont sehen wir nur Hügelketten und sattgrüne Wald-Meere ohne ein einziges Anzeichen von Zivilisation. Was zählen da also die paar Quadratkilometer Steinfäkalien der unzähligen *Dredges*, der Goldförder-Schwimmbagger, die hier kein Gramm Erde auf dem anderen belassen haben?

Die Dredges, eine Mischung aus Schiff, Waschmaschine und Bagger, sind erst das zweite Kapitel des großen Goldrausches, der sich hier vor 100 Jahren abgespielt hat. Das erste beginnt am 16. August 1896, als die Indianer Skookum Jim und Dawson Charlie gemeinsam mit George Carmack am Bonanza Creek zufällig Gold entdecken. Der Legende nach haben sie beim Spülen eines Blechtopfes ein walnußgroßes Nugget entdeckt. Kurz darauf gibt es an den Zuflüssen zum Klondike praktisch keinen Fleck mehr, der nicht abgesteckt und bearbeitet wird – das Goldfieber hat alle Goldgräber im Umkreis angesteckt.

Den ganzen Winter 1896/97 werkeln die Männer im Klondike-Gebiet unter der Erde. In Schächten versuchen sie mit Feuer, Hacken und Schaufeln die gefrorene Erde zu bearbeiten, aus der sie im Frühjahr ihr Vermögen herauswaschen werden. Als dann die Bootarmada der Abenteurer im Sommer 1898 hier ankommt, sind alle lukrativen Claims längst verteilt, alle Hoffnungen dahin. Kein schneller Reichtum ist mehr zu erwarten, nur harte Lohnarbeit. Nach dem ersten Boom übernehmen schnell Minengesellschaften mit ihren mechanischen Goldsuchern, den Schwimmbaggern – die restaurierte Dredge Nummer 4 ist zu besichtigen – das Geschäft auf zusammengekauften Claims. Denn von Hand lassen sich längst keine Riesennuggets mehr aus den Bächen herausarbeiten.

Dawson, bis dahin eine Ansammlung von Bretterverschlägen, nimmt einen rasanten Aufschwung: Innerhalb eines Jahres steigt die Einwohnerzahl auf 30 000. Die Stadt ist damit die größte Siedlung nördlich von San Francisco. Täglich legen Raddampfer an und bringen Miederwaren und Champagner aus Frankreich, Spieler und Glückssucher aus Amerika, Tänzerinnen und Unterhaltungskünstler aus aller Welt mit. Nur die beherzt agierende, rotberockte North West Mounted Police verhindert durch ein strenges Regiment und ein Verbot von Handfeuerwaffen, daß diese explosive Mischung hochgeht.

Heute noch zehrt Dawson von seinem Frontstadt-Image und hat die Kraft zu verzaubern: Wer über die hölzernen *Boardwalks* an den ungeteerten, staubigen Straßen geht, vorbei an historischen Holzhäusern im Western-Stil, an halbverfallenen Saloons und Läden; wer Zeit hat, sich hinzusetzen und den Huskies beim Spiel und den Bewohnern bei der Arbeit zuzusehen; wer sich einläßt auf die Geschichte der Goldrauschzeit, die nicht nur im Museum erzählt und gezeigt wird; wer die Augen schließt und seine Phantasie benützt, der spürt und erlebt die Einmaligkeit dieses Ortes und dieses Rausches. Der kann vielleicht die großen Feuersbrünste riechen, die die Stadt so oft heimsuchten, oder in seinem Kopf die klimpernden Pianos und das Gelächter aus den zahllosen Saloons und Theatern von damals zum Klingen bringen. Der hört vielleicht das Rascheln der gerafften Röcke und das Juchzen der Tanzmädels. Der spürt vielleicht, wie oft in dieser Stadt einige ganz schnell ganz reich und andere ebenso schnell bettelarm wurden. Und der wird vielleicht auch die Versuche, diese Zeit heute für Touristen wiederaufleben zu lassen, nicht wirklich spannend finden – ob in *Diamond Tooth Gertie's* Spielhalle oder bei den *Gaslight Follies*, in deren Show ein Mountie agiert wie Fossi-Bär aus der Muppet Show, denn die sind – mit Verlaub – nur schales Tralala.

In Dawson endet der Klondike Highway, und es gibt nur zwei Möglichkeiten, weiterzukommen: entweder umkehren oder – unsere Wahl – über den Top of the World Highway via Tok, Alaska, den

Wo Menschen die Minderheit sind

Der Begriff „Yukon" kommt aus der Indianersprache Athapaskan und heißt schlicht „Großer Fluß". Das Yukon Territory ist mit fast 500 000 qkm Fläche so groß wie Deutschland, Benelux und Dänemark zusammen. Von den 32 000 menschlichen Bewohnern leben 23 000 in Whitehorse, der Hauptstadt. Die restliche Fläche teilen sich also 9000 Menschen mit 185 000 Rentieren, 50 000 Elchen, 25 000 Bergschafen und immerhin 17 000 Bären. Die Chancen, einen davon zu Gesicht zu bekommen, stehen auch für Auto-Touristen nicht schlecht: Meister Petz nutzt Schotterstraßen gerne als bequemen Spazierweg und Abladeplatz für „Bärendreck".

großen Kilometerschlenker zum Kluane National Park und den St. Elias Mountains im Westen zu schlagen. Wie der Name des Highway schon vermuten läßt, führt die Schotterstraße kurvenreich und mit Schlaglöchern übersät an die Spitze der Welt und hält, was ihr Name verspricht: die höchsten Ausblicke auf ein gänzlich unberührtes Riesenstück Erde. Weite Hügelketten, zum Greifen nahe schnell hinwegflitzende Wolken, die aussehen wie rückenschwimmende Schweine, erfreuen uns ebenso wie die übernatürlich petrol schimmernde Flußfarbe des Fortymile River und der fast gänzlich verfallene Schwimmbagger in der Nähe von Chicken.

Einen ganzen langen Tag dauert die Fahrt auf der Schotterpiste nach **TOK**, und neben körperlichen Ermüdungserscheinungen machen sich geistige bemerkbar: Es ist einfach zuviel! Zuviel schöne Landschaft, zuviel Weite, zuviel Einsamkeit, zuviel außergewöhnliche Eindrücke. Auch der nächste Tag, der uns über den Alaska Highway zum Kluane Lake bringt, geizt nicht mit Natureindrücken: ob die mächtigen Ausmaße des White-River-Flußbettes, in dem reichlich Schwemmholz und Schlamm von der letzten Schneeschmelze zu sehen sind, oder die 6000er-Gipfel der St. Elias Mountains – spitze, schroffe Berge.

Etwas Abwechslung verschaffen die kilometerlangen Baustellen, die nur im Schlepptau eines offiziellen Pilotfahrzeugs zu passieren sind. Wie kleine Spielzeugautos wirken unsere Wagen neben den Baumaschinen, die den Alaska Highway, die im Zweiten Weltkrieg gebaute Militärstraße zwischen den USA und Alaska, in Stand halten. Selbst unser Ford Bronco reicht den gelben Ungetümen gerade mal bis zur Radkappe. Jürgen, dem Anhalter aus Freiburg, fällt es als erstem auf: „Da sitzen ja fast nur Frauen am Steuer dieser Monster!" Geschickt brausen die Yukon-Frauen mit ihren Kipplastern hin und her, winken lässig von ihren Hochsitzen zu uns herunter. Wir haben auf der Matschpiste einige Mühe, einen ähnlich elegant-routinierten Fahrstil zu zeigen.

Am **KLUANE LAKE** finden wir dann endlich Zeit durchzuatmen, abzuschalten, den Baustellenlärm zu vergessen, sprachlos zu sein: So unwirklich, so urzeitlich erscheint der See mit den mächtigen, dunkelgrauen Bergen im Hintergrund. Es würde uns nicht ernstlich wundern, wenn hier plötzlich ein Dinosaurier aus den Fluten auftauchen würde. Auch der Helikopterflug über den Kaskawulsh-Gletscher und die Elias-Berge zeigt, wie unberührt dieses Land ist: kaum Straßen, keine Seilbahnen, keine Aussichtsrestaurants, nur Felsen und Gletschermassen, ein paar Schafe in weiter Ferne. Jim Tarnowski, der Pilot, erzählt: „Früher war ich Wasserbootflieger auf Vancouver Island, aber mit dem Helikopter über den Gletscher zu fliegen und bis zu den Gipfeln raufzusteigen, macht mehr Spaß." Wir können das nur bestätigen: Unmittelbarer kann Fliegen nicht erlebt werden.

SKAGWAY, Alaska, bringt uns in die Zivilisation zurück: In der Stadt am Pazifik waren im Herbst 1897 die Goldsucher mit Ziel Dawson gestartet, und jetzt verstehen wir, warum nur so wenige durchkamen. Fast unüberwindbar muß der Chilkoot Trail den Männern erschienen sein: Zwischen Skagway und den Oberläufen des Yukon galt es, den Chilkoot-Paß, die kanadische Grenze auf 1122 Meter Höhe, zu überwinden – zu Fuß, das letzte Stück in einem fast 40-Grad-Anstieg. Mit Vorräten bepackt, die ein Jahr reichen mußten, sonst verwehrten die Mounties die Einreise. Also schleppte jeder Stampeder 800 Kilogramm Proviant und Ausrüstung, eine volle VW-Bus-Ladung, Stück für Stück den Berg hinauf.

We tightened our girths and our pack-straps;
we linked on the Human Chain,
Struggling up to the summit,
where every step was a pain.
(Robert Service, The Trail of '98)

*Wir zurrten den Sattelgurt fester
und reihten uns ein in die Zahl
der Männer, als Kette zum Gipfel
uns kämpfend,
und jeder Schritt eine Qual.*

Diejenigen, die es nicht schafften und umkehrten, versuchten in Skagway, damals eine reichlich gesetzlose Stadt, ihr Glück als Arbeiter oder Handlanger. Auf uns wirkt der Ort wie eine geleckte Ausgabe von Dawson – alles zu akkurat, zu fein, zu touristisch. Wir kehren um nach **ATLIN**. Denn das ist ein Ort jenseits von Hektik und Aufgeregtheit, wie man hier sagt: *remote*, abgelegen, einsam. Seine Lage am Atlin Lake, umgeben von Bergen, ist nur als traumhaft zu bezeichnen – hier erwächst der Schweiz ernsthafte Konkurrenz! Cindy Fast, die eine Pferdefarm in der Nähe betreibt und mit Besuchern auf ein- und mehrtägige Reittouren geht, schwärmt: „Es ist so schön hier, so ruhig – wenn nur nicht die Moskitos wären – selbst die Pferde bleiben nicht verschont." Deshalb bekommen für einen Ausritt nicht nur Menschen, sondern auch Pferde Insektenschutz. Der wiederum ist in Whitehorse, das wir nach zehn Tagen und 3007 Kilometer Fahrt wieder erreichen, nicht unbedingt nötig: Mit Chemie wird der Insektenbrut in großem Stil zu Leibe gerückt. Unbehelligt sitzen wir deshalb in der Terrassenbar des High Country Inn und gehen unserer Lieblingsbeschäftigung nach: mit Sourdoughs wie Mike, dem Truckladen-Besitzer, ein Schwätzchen zu halten. Unvermittelt sind wir in eine wilde Diskussion über das Grassieren des Piercing, das Durchstechen zum Beispiel von Augenbrauen mit Silberschmuck, verstrickt, die den Machern von Schreinemakers live die Verzückung ins Gesicht zaubern würde – so locker, so unverkrampft, so unangestrengt war das.

Sourdoughs machen es Fremden so leicht, Freundschaft mit ihnen zu schließen. Sie sind – neben der Natur – das wahre Kapital ihres Landes. Und wir fühlen uns nach diesen Tagen im Bären- und Elch-, Karibu- und Biber-, Trapper- und Indianer-, Ford-Bronco- und Caterpillarland nicht mehr ganz wie reines Schwarzbrot. Zum „Sauerteig" hat es trotzdem nicht gereicht. Mike tröstet: „Um ein echter Sourdough zu werden, muß man zumindest einmal beobachtet haben, wie der Yukon zufriert und bleiben, bis das Eis wieder in Stücke bricht!" Na gut, dann müssen wir uns dieses Mal noch Mischbrot nennen lassen. ○

Historische Fotos: „The streets were paved with gold"/Stan Cohen (4)

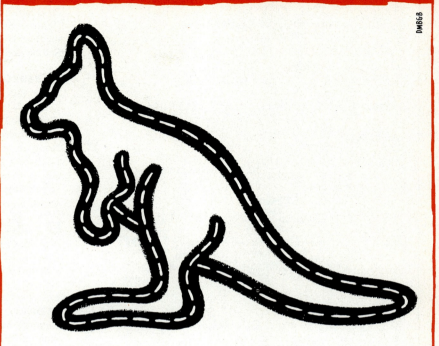

Das QANTAS-Jubiläumsangebot:

75,- DM – und die Straßen Australiens gehören Ihnen.

Nutzen Sie jetzt die besonders günstige Gelegenheit, Australien zu erleben! Denn QANTAS bietet Ihnen jetzt aus Anlaß ihres 75jährigen Jubiläums ein einmaliges Angebot: Bei Buchung eines QANTAS-Australien-Fluges erhalten Sie für nur DM 75,- pro Person (bei 2 Personen) zusätzlich einen Gutschein für 5 Tage Mietwagen und eine Übernachtung in einem 3-Sterne- bzw. 4-Sterne-Hotel. Dieses „75 Jahre – 75 Mark-Angebot" gilt das ganze Jubiläumsjahr!

Und: Vom 8. April bis 30. Juni kostet Sie ein Flug nach „Down under" inklusive 2 Inlandsstrecken nur DM 2333,-! Deshalb – für weitere Informationen und Angebote gleich diesen Coupon ausfüllen und ab die Post an: Australian Tourist Commission, Neue Mainzer Straße 22, 60311 Frankfurt am Main.

Name
Straße
PLZ, Ort

21 G 08

INFO YUKON TERRITORY

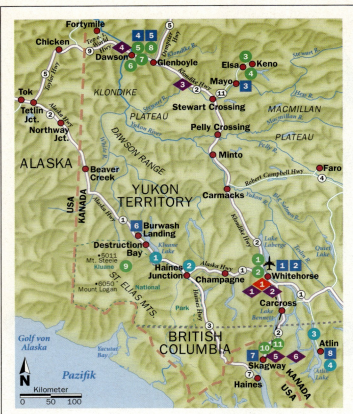

AUSKUNFT

1 TOURISM YUKON
Postadresse: Whitehorse,
Y1A 2C6, Box 2703,
Tel. (403) 667–53 40,
Fax: 667–35 46.
Visitor Reception Center:
Km 1473, Alaska Hwy.,
Tel. (403) 667–29 15.
Geöffnet Mai bis
Mitte September 8–20 Uhr.

HOTELS

1 HIGH COUNTRY INN
Whitehorse, Y1A 1H1,
4051 4th Avenue,
Tel. (403) 667–44 71,
Fax: 667–64 57.
110 Zimmer: DZ ab 110 $.
Anständige Lobby, ordentliches Restaurant, kontaktfreudige Terrassenbar. Die Zimmer sind ok.

2 GOLD RUSH INN
Whitehorse, Y1A 2B6,
411 Main St.,
Tel. (403) 668–45 00,
Fax: 668–74 32.
80 Zimmer: DZ ab 80 $.
Zentral, Standard-Ausstattung im Best-Western-Stil. Im Haus Saloon und Restaurant.

3 BEDROCK MOTEL
Mayo, Y0B 1M0, P.O. Box 69,
Tel. (403) 996–22 90,
Fax: 996–27 28.
12 Zimmer: DZ ab 75 $.
Neubau: unterm sichtbaren Dachstuhl sind die Rezeption, eine Bar und ein Restaurant untergebracht, in dem es zwei Essen zur Auswahl gibt.

4 TRIPLE J HOTEL
Dawson City, Y0B 1G0,
Ecke 5th und Queen St.,
P.O. Box 359,
Tel. (403) 993–53 23,
Fax: 993–50 30.
47 Zimmer: DZ ab 95 $.
Zimmer mit Standardeinrichtung, auf der Veranda werden auch Drinks serviert. Gutes Restaurant.

5 DAWSON CITY B & B
Dawson City, Y0B 1G0,
451 Craig St., P.O. Box 9540,
Tel. (403) 993–56 49,
Fax: 993–56 48.
7 (Nichtraucher!)-Zimmer:
DZ ab 79 $, inkl. Frühstück.
Gemütliches, blaugestrichenes Holzhaus in guter Lage mit Zimmern zum Wohlfühlen.

6 BURWASH LANDING RESORT
Burwash Landing, Y0B 1V0,
Mile 1093, Alaska Hwy.,
Tel. (403) 841–44 41,
Fax: 841–40 40.
32 Zimmer: DZ ab 65 $.
Direkt am Kluane Lake mit toller Aussicht. Im Hotel eine große Cafeteria. Bootsverleih.

7 WESTMARK INN SKAGWAY
Skagway, AK 99840–0515,
3rd/Ecke Spring St.,
Tel. (907) 983–60 00,
Fax: 983–61 00.
209 Zimmer: DZ ab 100 US $.
Plüschig viktorianisch, nette Lobby-Bar und auf Masse eingestelltes Restaurant. Keine Fernseher, die Zimmer haben Touristen-Standard.

8 ATLIN INN & KIRKWOOD COTTAGES
Atlin, V0W 1A0,
Tel. (604) 651–75 46,
Fax: 651–75 00.
20 Zimmer, 10 Cottages:
DZ ab 85 $, Cottage 115 $.
Direkt am Ufer gelegen, gut eingerichtete Zimmer z.T. mit Seeblick. Im Haus ein Restaurant und eine rustikale Bar, in der echte Miners verkehren und es entsprechend zugeht.

RESTAURANTS

1 SAM'N'ANDY'S
Whitehorse, 506 Main St.,
Tel. (403) 668–69 94.
Pfiffige mexikanische und kanadische Küche, die an den Holztischen draußen doppelt gut schmeckt.

2 THE CELLAR DINING ROOM
Whitehorse, im Edgewater Hotel, 101 Main St.,
Tel. (403) 667–25 72.
Gutes Hotelrestaurant. Empfehlenswert: Prime Rib, Lachs und King Crabs.

3 MOOSE CREEK LODGE
Km 561,8 Klondike Hwy.,
zwischen Dawson und
Stewart Crossing.
Rustikale Lodge mit herzhaften Sandwiches (5–8 $), reichhaltigem Frühstück (8 $). Hütten für 40 $.

4 MARINA'S RESTAURANT
Dawson City, 5th Avenue,
Tel. (403) 993–68 00.
Pizza, Pasta, Steak und Seafood, anständig zubereitet.

5 SIDING 21
Skagway, Ecke Klondike Hwy.
und 22nd St.,
Tel. (907) 983–33 28. Lunch
5–7 US $, Dinner 12 US $.
Preisgünstiges, beliebtes Familienrestaurant mit nettem, kumpelhaftem Service. Lecker: Terriyaki Chicken Breast.

Freiheit & Abenteuer

Abb.: Pajero American Dream 2800 Turbo Diesel

Pajero American Dream

Amerika! Inbegriff für unbegrenzte Möglichkeiten. Fast ebenso unbegrenzt ist der Ausstattungsreichtum unseres Pajero „American Dream": Fahrer- und Beifahrer-Airbag, Zentralverriegelung, Servolenkung, Leichtmetallfelgen, Flankenschutz-Trittbretter, elektrisch einstellbare und beheizbare Außenspiegel. Verchromt sind Außenspiegel, Türgriffe, Stoßfänger und Kühlergrill. Das alles gibt es beim 3-Türer schon ab DM 58.500,–* ebenso inklusive sind Sonderlackierungen und fortschrittliche Geländewagentechnik. Wer's noch geräumiger mag, wählt den 5-Türer. Eine ungemein zuverlässige Basis für Ihre Lust auf Freiheit und Abenteuer sind zwei dynamische Motoren: 2800 TD oder 3000 V6/24V. Daß Sie sich auf all dies wirklich verlassen können, gewährleistet Ihnen unsere 3-Jahres-Garantie bis 100.000 km. Und jetzt träumen Sie nicht... Vereinbaren Sie mit Ihrem Mitsubishi Händler eine Probefahrt!

MITSUBISHI MOTORS

*Unverbindliche Preisempfehlung der MMC Auto Deutschland GmbH, 65468 Trebur, ab Importlager zzgl. Überführungskosten.

Informationen zum Pajero Fahrsicherheitstraining erhalten Sie unter Telefon: 0 18 05/22 14 35

INFO YUKON TERRITORY

6 THE STOWAWAY CAFÉ
Skagway, am Yachthafen, Tel. (907) 983–DINE. Dinner-Gericht ca. 15–20 US $.
Bestes Restaurant der Gegend in schöner Lage. Ausgezeichnete Küche mit Cajun-Elementen und liebenswürdiger Service. Mein Favorit.

SEHENSWERTES

1 SS KLONDIKE
Whitehorse, South Access Rd., Tel. (403) 667–45 11. Geöffnet Mitte Mai bis September.
Restaurierter Raddampfer. Von 1937 bis 1952 beförderte das über 60 Meter lange Schiff Menschen und Material nach Dawson City und zurück. Für die 740-Kilometer-Reise benötigte das Schiff flußabwärts 40 Stunden, flußaufwärts vier Tage.

2 MACBRIDE MUSEUM
Whitehorse, Ecke 1st Av. und Wood St., Tel. (403) 667–27 09. Geöffnet Mitte Mai bis Anfang September.
Geschichte des Yukon-Gebietes und seiner Bewohner.

3 KENO CITY MINING MUSEUM
Keno City, Tel. (403) 995-27 92. Geöffnet Juni bis August.
Überreste aus der Silberbergwerkszeit: Werkzeuge, Modelle, Karten, alte Bücher.

4 DUNCAN CREEK GOLDDUSTERS
Zwischen Keno City und dem Mayo Lake. Mobil-Funk: Elsa Channel JJ3–6558. Geführte Tour (Mitte Juni bis Anfang September tgl. 14 Uhr, 11$) über das Abbaugebiet am Duncan Creek.

5 DAWSON CITY MUSEUM
Dawson City, 5th Avenue, Tel. (403) 993–52 91. Geöffnet Mitte Mai bis Mitte September 10–18 Uhr.
Sammlung zur Goldrauschgeschichte im 1901 gebauten, ehemaligen Verwaltungsgebäude. Filmvorführungen.

6 DREDGE NO. 4
Bonanza Creek Rd., 16 Kilometer von Dawson City entfernt.
Restaurierter Schwimmbagger aus dem Jahr 1912. Am Bug wurde mit Metallschaufeln das Flußbett abgegraben, im Innern durch eine rotierende Waschtrommel geleitet. Das Gold blieb in Filtermatten zurück, die übriggebliebenen Steine hinter dem Heck abgeladen. Ein Bagger konnte 22 Kilogramm Gold pro Tag aus dem Flußbett waschen.

7 BEAR CREEK CAMP
Museumsdorf ca. 10 Kilometer östlich von Dawson.
Hauptquartier und Werkstätten der Minengesellschaft: Barakken, Schmiedeöfen, Werkzeuge, dampfgetriebene Bohrer, Safes.

8 ROBERT SERVICE CABIN
Dawson City, an der 8th Av.
Blockhaus von Robert Service, dem „Barden des Yukon". Von 1909 bis 1912 lebte der Bankangestellte hier und schrieb u.a. die Ballade „Trail of Ninety-eight", der den Zug der Goldsucher von Skagway nach Dawson beschreibt.

9 KLUANE NATIONAL PARK
Siehe Nationalparks.

10 KLONDIKE GOLD RUSH NATIONAL HISTORIC PARK
Skagway, Alaska, Ecke 2nd Av. und Broadway. Geöffnet tgl. 9–18 Uhr.
Besucherzentrum und Museum über den Goldrausch sowie restaurierte Häuser. Interessantes Filmprogramm, unterhaltsame Stadtrundgänge.

11 WHITE PASS & YUKON ROUTE
Skagway, Alaska, 2nd. Av., Tel. (907) 983–22 17. Fahrpreise: White Pass 75 US $, Lake Bennett 124 US $.
Historische Eisenbahnlinie zum White Pass und Lake Bennett. Neben dem Chilkoot Trail war die Route über den White Pass die zweite Verbindung zu den Yukon-Oberläufen. Die Strecke wird auch als Dead Horse Trail bezeichnet, da hier 1897/98 über 3000 Pferde an Unterernährung und Entkräftung starben.

OUTDOOR-AKTIVITÄTEN

1 TRANS NORTH HELICOPTERS
Am Kluane Lake bei der Brücke über den Kaskawulsh-Fluß, Tel. (403) 841–58 09. Hauptquartier Whitehorse: (403) 668–21 77.
Spektakuläre Rundflüge über gigantische Gletscherfelder der einsamen Bergwelt der St. Elias Mountains (35–195 $).

2 KLUANE PARK ADVENTURE CENTER
Haines Junction, am Mountainview Motor Inn, Alaska Hwy., Tel. (403) 634–23 13.
Organisation von Tages- und Wochentouren im Kluane National Park. River Rafting, Fischen, Wanderungen, Reittouren, Mountainbikeverleih.

3 HORSING AROUND ATLIN
Cindy Fast, Atlin, Tel. und Fax: (604) 651–77 27. Etwa 14 Kilometer nördlich von Atlin. 2-Stundentour 50 $, Tagesritt 150 $.
Vom zweistündigen Sightseeing-Ritt bis zur 10-Tages-Reittour wird alles geboten. Cindy kennt sich bestens aus und ist eine routinierte Führerin.

4 SIDKA TOURS
Peter und Edith Sidler, Atlin, etwa 12 Kilometer außerhalb an der Warm Bay Rd., Fax: (604) 651–75 00. Kanumiete: 150 $/Woche.
Cabins, Kanu- und Motorradverleih.

KANUTOUREN

Beste Zeit von Juni bis September. Im August kann man Bären beim Lachsfischen in den Flüssen beobachten. Touren auf dem Big Salmon und Yukon beginnen in Whitehorse, von dort wird man zum „Input" am Quiet Lake gefahren. Die Ruderstrecke bis Carmacks (355 km) ist in 10–14 Tagen zu schaffen. Zur Ausrüstung sollten u.a. Erste Hilfe-Set, festes Schuhwerk, Sonnen- und Moskitoschutzmittel, Zelt, Schlafsack und Regenschutz gehören.

KANUVERLEIHER

KANOE PEOPLE
Whitehorse, 1st Av. & Strickland St., Tel. (403) 668–48 99, Fax: 668–48 91. Miete für 8–12 Tage: 200–300 $ plus 35 $ Versicherung, Transferkosten 80–160 $. Geführte Touren kosten 1000–3000 $.
Größter und erfahrenster Verleiher in Whitehorse, geführt von Scott McDougall und seiner Frau, Joanne.

UP NORTH BOAT & CANOE RENTALS
Whitehorse, 86 Wickstrom Rd., Tel. (403) 667–79 05, Fax: 667–63 34. Kanumiete für Big Salmon ca. 240 $.
Betreiber sind die Deutschen Eiko und Margaret Stenzig.

ACCESS YUKON
Whitehorse, 212 Lambert St., Tel. (403) 668–12 33, Fax: 668–55 95, in Deutschland: Heinz W. Steinborn, 50189 Elsdorf, Nollstr. 1, Tel. und Fax: (02274) 21 38. Kanumiete für 14 Tage ca. 420 $ bzw. ca. 570 DM.

PAUSCHALREISEN

In Deutschland bietet z.B. Marlboro Reisen eine begleitete 24-Tage-Kanuexpedition (max. 7 Personen) im Yukon-Gebiet an. Im Preis von ab 6350 DM sind die Anreise, Transporte mit Wasserflugzeug, Führung, Kanumiete, Proviant, Ausrüstung, Übernachtungen enthalten. Detailinfos geben die Reisebüros. *G.Z.*

Kanada – schon der Name steht für grandiose unberührte Natur, für wildromantische Küsten an Atlantik und Pazifik. Endlose Wälder wechseln sich ab mit wogenden Kornfeldern, die nur der Horizont begrenzt.

Kanada entdecken und erleben – mit dem ADAC.

Glitzernde Bergseen in den Rocky Mountains, umrahmt von schneebedeckten Viertausendern, laden ebenso ein zum Verweilen und Entdecken wie die großen, preislich sehr attraktiven Shopping-Malls in Metropolen wie Toronto oder Vancouver.

Wie immer Sie Kanada erleben wollen: bei einer erlebnisreichen Busrundreise, per Wohnmobil oder im Mietwagen – mit dem ADAC haben Sie **mit Sicherheit mehr vom Urlaub.**

ADAC Reisen

Wie die Freiheit erleben? Aktuellen Katalog abrufen unter Telefax (089) 76 76 20 73. Beratung und Buchung in allen ADAC-Reisebüros und Reisebüros mit dem ADAC-Reisezeichen.

SPORT

Ski-Doo: Die meisten Snowmobile für den kanadischen Markt werden heute in Japan gebaut

SKI-DOOS
FORMEL EIS

Ob beim Eishockey, Eis-Speedway oder den legendären Huskie-Rennen – in Kanada verlangt der Sport den vollen Einsatz des Körpers. Nur „Tough guys", ganz harte Typen, packen es

Schulterhöhe bis 60 cm, Gewicht bis 27 kg, laufstark, unglaublich blaue Augen: Siberian Huskies

Foto: R. Pfirstinger/Ricopress

SPEEDWAY
MIT 400 SPIKES

Eis-Speedway – manchmal auch unter Dach: hier in einer Halle in Vancouver

Als Wayne Gretzky neulich mit den St. Louis Blues zum erstenmal wieder an seiner alten Wirkungsstätte, dem Northland Coliseum in Edmonton, auftrat, wurde er auf Kanadisch begrüßt – mit einem Ellbogencheck ins Gesicht. Danach mußte der beste Eishockeyspieler aller Zeiten wegen Kopfschmerzen einige Spiele aussetzen.

Sie haben es Wayne also immer noch nicht verziehen: Daß er vor Jahren die Edmonton Oilers verließ, um zuerst bei den Los Angeles Kings und jetzt bei den St. Louis Blues dem Puck nachzujagen. Sogar Politiker hatten Gretzky bekniet, im Land zu bleiben, schließlich sei er doch „ein Nationalsymbol wie der Biber".

Als Kanadier für die Yankees Eishockey zu spielen – das hat den Beigeschmack des Vaterlandsverrates. Besser gesagt, des „Mutterlandsverrates". Denn als *mothercountry* empfindet sich Kanada in Sachen Eishockey. Mehr als eine Million *Canadiens* flitzen übers Eis. Wenn man Frauen, Babys und chronisch Bettlägrige wegrechnet, heißt das soviel wie – jeder Mann. Dabei liegen die Urheberrechte gar nicht so klar bei Kanada: Es waren britische Soldaten, die im vorigen Jahrhundert das rasante Spiel auf dem Eis zwischen Vancouver und Montréal erst etablierten.

Das ist überhaupt so eine Geschichte mit den Sportarten in Kanada – irgendwie sind sie alle Erfindungen von Einwanderern. Was aber insofern kein Wunder darstellt, als Kanada ja ein Land von Einwanderern ist. Der Erfinder des *Snowmobile*? Joseph-Armand Bombardier, Franzose. Er baute als erster einen Ford-T-Motor an einen Schlitten. Heute rasen allein in Québec 150 000 Männer mit ihren *Ski-Doos*, eine Verballhornung von *Ski-Dogs*, über zugefrorene Seen. Wenn Sie so wollen, sind diese lärmenden Schlitten eine Art „Formel Eis" – 180 Sachen machen die Ski-Doos.

Der Erfinder von Heli-Skiing? Hans Gmoser, Österreicher. Vor ungefähr 30 Jahren tauchte er in den Coast Mountains auf. Diesem charismatischen Gebirge an der Westküste Kanadas. Zuerst baute Gmoser ein Holzfällercamp in eine Touristen-Lodge um. Als nächstes mietete er den Hubschrauber eines Ölmultis. Dann ließ er sich mit seinen Gästen aus Europa auf die Dreitausender fliegen, wo sie als Allererste ihre Zöpfe in den *Virgin powder*, das meilenweit jungfräuliche Weiß, wedelten. *Powder*, Pulver – das ist der wundervolle Aggregatzustand des Schnees hier oben. Die Winde vom nahen Pazifik saugen auch den letzten Tropfen Flüssigkeit aus den Flocken, daß es nur so staubt. „Du fährst nicht auf dem Schnee, sondern im Schnee", erzählte mal ein Heli-Skier. Und nichts beschreibe das Gefühl treffender als der Name einer berühmten Abfahrt in den Coast Mountains: Sie heißt *Better than sex*, besser als Sex.

Whistler, ein anderer Ort in den Coast Mountains, wurde hingegen das Eldorado der *Snowboarder*. Verrückte Burschen: Als *Freerider* brettern sie durchs Gelände, ob Rinne oder Rampe. Erinnert sich noch jemand an die *Crazy Canucks*? So wurden die kanadischen Abfahrer im Weltcup genannt. Brian Stemmle zum Beispiel, den es in Kitzbühel halb zerriß. Ein Jahr später stand er wieder am Start. Nun, dieser beinharte Geist weht im Schneeparadies Whistler.

Als Quintessenz kann man sagen, daß, erstens, Sport in Kanada den vollen Einsatz des Körpers verlangt. Das kanadische Eishockey ist berühmt-berüchtigt

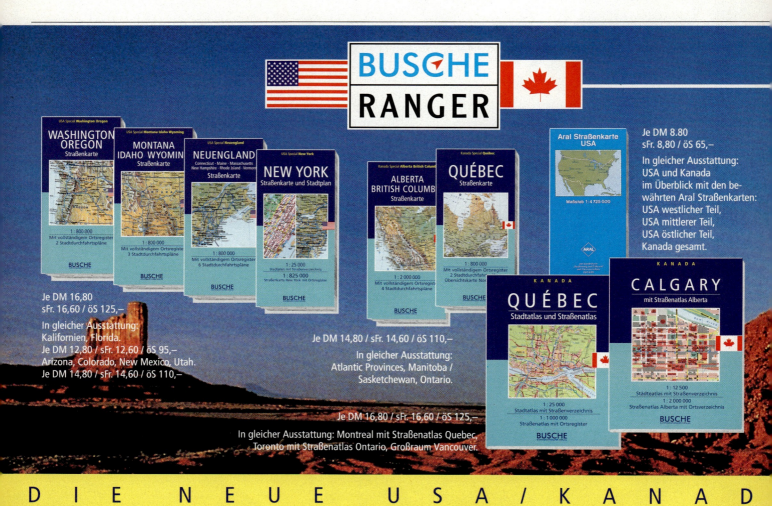

DIE NEUE USA/KANAD

für seine *Tough guys,* und die dritten Zähne gehören zur Ausrüstung. Zweitens, daß Eis und Schnee die bevorzugten Unterlagen sind. Es gibt zwar auch zwei Basketballteams, die erfolglos in der NBA, der US-Liga, mitspielen. Es gibt auch Sprinter, die erfolgreich (im Falle Ben Johnsons nicht ganz koscher) dem Rest der Welt davonlaufen.

Schnee und Eis – da fühlen sich Kanadier in ihrem Element. Wie sollte es anders sein in einem Land, das, den Einheimischen zufolge, „sechs Monate Winter hat und sechs Monate schlechtere Bedingungen fürs Schlittenfahren"? Macht ja auch Spaß, die 200 Spikes am Reifen eines Speedway-Motorrades ins Eis zu krallen und gegen die Schwerkraft über winterliche Seen zu donnern. Ist ja auch traumhaft, mit Langlaufbrettern durch tiefverschneite Wälder British Columbias zu *skaten.*

Und ein drittes Element prägt den Sport in Kanada: der Lockruf der Wildnis. Margaret Atwood, die berühmte Schriftstellerin, hat einmal geschrieben, die bemerkenswerteste Leistung ihrer Landsleute sei das Überleben. Wer dieses ADAC Special gelesen hat, weiß zwar, daß die Kanadier auch zu leben verstehen. Aber der Kampf mit der Natur, der unbedingte Wille, in der Wildnis zu überleben, sie zu erobern – das ist typisch kanadisch. Und die Inkarnation dieser Mentalität sind die *Musher.*

So heißen die verwegenen Kerle, die acht Huskies vor einen Schlitten spannen und dann die Zügel anziehen. Bis zu 200 Kilometer pro Tag kann so ein Gespann zurücklegen. Vorausgesetzt, die Hunde sind gut und der Musher versteht sein Geschäft: Wenn die Tiere nicht richtig angeschirrt sind, verheddern sie sich in gordische Knoten. Wenn die Kommandos, meist in der alten Inuitsprache, nicht exakt kommen, rasen die Huskies in ihrem *Desire to go,* ihrem unbändigen Willen zu laufen, mitsamt Schlitten auch in Gletscherspalten.

Sogar für abenteuerlustige Urlauber werden, unter Führung erfahrener Musher, Husky-Expeditionen angeboten. Aber die Asse unter den Schlittenführern trifft man jedes Jahr im Februar beim *Yukon Quest,* einem mörderischen Rennen. Von Fairbanks, Alaska, bis Whitehorse, Kanada, geht die Strecke über 1000 Meilen. Durch elende Tundra und schwarze Wälder, in Schneestürmen und klirrendem Frost. Zwölf Tage hat der letzte Sieger für den Marathon des Nordens gebraucht. A.R./D.S.

VERANSTALTER VON HUSKY-SCHLITTEN-TOUREN:
• *Hôtel L'Estérel, Bd. Fridolin-Simard, C.P. 38, Ville Estérel (Qué.), J0T 1E0, Tel. (514) 228–25 71 oder 1–800–363–36 23, Fax: 228–49 77.*
• *Wanderlust Wilderness Adventures, Box 50 76, Whitehorse (YT.), Y1A 4S3, Fax: (403) 668–26 33.*
• *In Deutschland: Marlboro-Reisen und Arktis-Reisen Schehle (87435 Kempten).*

SKI-DOO-VERLEIH:
• *Fédération des Clubs de Motoneigéistes du Québec, 4545 Ave. Pierre-de-Coubertin, C.P. 1000, Succ. M, Montréal (Qué.), H1V 3R2, Tel. (514) 252–30 76*
• *Ontario Federation of Snowmobile Clubs, 110 Saunders Road, Unit 4, P.O. Box 94, Barrie (Ont.), L4M 4S9, Tel. (705) 739–76 69, Fax: 739–50 05.*

Informationen, Adressen und Telefonnummern

AUSKUNFT

DEUTSCHLAND

LANGE TOURISTIKDIENST
*Kanada-Tourismusprogramm
63469 Maintal, PF 20 02 47,
„Kanada Hot-Line":
(06181) 4 51 78,
Fax: (06181) 49 75 58.
Kanada-Reiseberatung und Prospektversand.*

FREMDENVERKEHRSAMT QUÉBEC
*40210 Düsseldorf, Immermannstr. 65 d, Tel. (0211) 17 86 30, Fax: (0211) 1 78 63 31.
Geöffnet Mo.–Fr. 9–12.30 und 14–16.30 Uhr.*

KANADA

ALBERTA ECONOMIC DEVELOPMENT & TOURISM
Edmonton, T5J 4L6, City Centre, 3rd Floor, 10155-102 Street, Tel. (403) 427–43 21.

TOURISM BRITISH COLUMBIA
Vancouver, V6Z 2G3, 802–865 Hornby St., Tel. (604) 660–2861

TRAVEL MANITOBA
Winnipeg, R3C 3H8, 155 Carlton Street, 7th Floor, Tel. (204) 945–37 77.

TOURISM NEW BRUNSWICK
Fredericton, E3B 5C3, P.O.Box 12345, Tel. 1-800-561-01 23.

DEPARTMENT OF TOURISM & CULTURE NEWFOUNDLAND & LABRADOR
St. John's, A1B 4K2, P.O.Box 8730, Tel. (709) 729–28 30.

NOVA SCOTIA DEPARTMENT OF TOURISM
Halifax, B3J 2R5, P.O.Box 456, Tel. (902) 424–50 00.

TOURISM NORTHWEST TERRITORIES
Yellowknife, X1A 2L9, P.O.Box 1320, Tel. (403) 873–72 00.

ONTARIO TRAVEL
Toronto, M7A 2R9, Queen's Park, Tel. (416) 314–09 44.

DEPARTMENT OF TOURISM PRINCE EDWARD ISLAND
Charlottetown, C1A 7M5, P.O. Box 940, Tel. (902) 368–44 44.

TOURISME QUÉBEC
Montréal, H3C 2W3, C.P. 979, Tel. (514) 873–20 15.

TOURISM SASKATCHEWAN
Regina, S4P 4L9, 1900 Albert Street, Suite 500, Tel. (306) 787–23 00.

TOURISM YUKON
Whitehorse, Y1A 2C6, P.O. Box 2703, Tel. (403) 667–53 40.

ANREISE

Viele namhafte internationale Airlines verbinden den deutschsprachigen Raum mit Kanada. Ein besonders dichtes und umfangreiches Flugangebot, das exzellente innerkanadische Anschlüsse ermöglicht, bieten Canadian Airlines International sowie Air Canada, die mit der Deutschen Lufthansa im sogenannten *Code sharing* fliegt.
Von Frankfurt aus (mit Zubringerflügen von weiteren deutschen Städten) werden Montréal, Toronto, Calgary und Vancouver angeflogen.
Sondertarife von Canadian Airlines und Lufthansa liegen für Ostküstenflüge zwischen 1050 und 1260 DM, für Städte im Westen des Landes zwischen 1250 und 1430 DM. Für Jugendliche gibt es bei Lufthansas up'-away-Programm Tickets bereits für ca. 800 bis 950 DM. Über weitere Tarife und Verbindungen informieren die ADAC-Reisebüros.

ÄRZTE

Für alle medizinischen Notfälle im Ausland bietet die ADAC-Schutzbrief-Versicherungs-AG den neuen ADAC-Auslandskrankenschutz an. Er garantiert aktive Hilfe vor Ort und unbürokratischen Kostenersatz. Und das weltweit. Im Leistungsumfang von einigen Kreditkarten (z.B. bei Goldkarten von ADAC VISA und EUROCARD) ist bereits eine umfangreiche Reisekrankenversicherung enthalten, die nicht nur für den Inhaber, sondern auch für Ehe- oder Lebenspartner und minderjährige Kinder gilt.

DEUTSCHSPRECHENDE ÄRZTE

OTTAWA UND UMGEBUNG

Dr. Bernd Koch
(Innere Medizin),
Ottawa, 238 Argyle Street,
Tel. (613) 232–54 28.

Dr. Christiane Kuntz
(Allgemeinmedizin),
Gloucester, 3844 Albion Road,
Tel. (613) 737–03 40.

Dr. Paul Rosenberg
(Zahnmedizin), Ottawa,
104–225 Metcalfe Street,
Tel. (613) 237–70 99.

MONTRÉAL UND UMGEBUNG

Dr. Donald V. Doell
(Innere Medizin), Montréal
368 Rue Redfern,
Tel. (514) 933–89 20.

Dr. Sheila Grossmann
(Allgemeinmedizin),
Westmoung, 463 Clarke Av.,
Tel. (514) 937–12 13.

Prof. Dr. Otto Kuechel
(Innere Medizin),
Montréal, 110 Av. des Pins,
Tel. (514) 987–56 32.

Dr. Irene Kupferschmidt
(Allgemeinmedizin),
Montréal, 5757 Av. Decelles,
Tel. (514) 731–73 26.

TORONTO

Dr. A. Lang
(Allgemeinmedizin),
Toronto, 220 Greenwood Av.,
Tel. (416) 463–66 42.

Dr. E. Schweihofer
(Allgemeinmedizin), Toronto,
2425 Bloor Street West,
Suite 210, Tel. (416) 763–30 23.

Endlich können Sie selbst *entscheiden,* wo Sie in *Kanada* landen.

In *Kanada* ist alles größer als anderswo: Die *Bäume,* die *Wälder,* die *Einsamkeit* – und damit auch die Entfernung zwischen den Städten. Damit Sie gleich da landen, wo Sie hinwollen, fliegen wir Sie direkt nach *Halifax, Toronto, Montreal, Edmonton, Winnipeg, Calgary* und *Vancouver.* Was Sie dort an *Busrundreisen* und *Rundreisen für Autofahrer* erwartet, erfahren Sie im Reisebüros mit dem TUI Zeichen. *Sie haben es sich verdient.*

Schöne Ferien!

BANK UND GELDWECHSEL

Tauschen Sie Ihre Mark, Schilling und Schweizer Franken am besten in Europa ein, da der Kurs im Land selbst meist schlechter ist. Außerdem ist Geldwechsel nur auf den internationalen Flughäfen, in großen Hotels, einigen Wechselstuben und Hauptgeschäftsstellen großer Banken möglich. Traveller-Schecks werden überall akzeptiert. Achten Sie darauf, daß sie in kleinen Summen ausgestellt sind. Problemlos ist das Bezahlen mit gängigen Kreditkarten wie Visa, Euro/Mastercard, American Express. Für die Einfuhr von Bargeldbeträgen nach Kanada bestehen keine Beschränkungen. Hinweis: In Kanada ist es üblich, Preise anzugeben, in denen die Steuern nicht enthalten sind. Der Endpreis liegt daher immer um einige Prozent höher. Seit einigen Jahren kommt zu den regionalen Steuern noch eine Bundessteuer (GST), vergleichbar mit der deutschen Mehrwertsteuer, hinzu.

CAMPING

Kanada verfügt über mehr als 2000 Campingplätze. Etwa die Hälfte befindet sich in Provincial oder National Parks. Die Plätze sind unterschiedlich ausgestattet, verfügen meist über Feuerstelle, Picknicktisch und öffentliche Toiletten mit einfachen Waschanlagen, nicht immer jedoch über Duschen. Die Preise liegen zwischen 20 und 30 $ und richten sich ganz nach dem gebotenen Service. Vorbestellungen besonders in den Ferienmonaten Juli und August sind ratsam. Da sich während der Hochsaison die Plätze oft sehr schnell füllen, muß man auf private Plätze ausweichen. Private Campingplätze sind zwar etwas teurer (20 bis 50 $), bieten aber größeren Komfort, wie *Full hook ups* (Strom- und Wasseranschlüsse), Duschen, Restaurants, Swimming-Pools, Geschäfte.

DIPLOMATISCHE VERTRETUNGEN

DEUTSCHE KONSULATE
Montréal, 1250 Blvd. René-Lévesque Ouest, Tel. (514) 931–22 77, Fax: 931–72 39.

Toronto, 77 Admiral Road, Tel. (416) 925–28 13, Fax: 925–28 18.

Vancouver, Suite 704, World Trade Centre, 999 Canada Place, Tel. (604) 684–83 77, Fax: 684–83 34.

SCHWEIZER KONSULATE
Vancouver, World Trade Centre, 790–999 Canada Place, Tel. (604) 684–22 31.

Montréal, 1572 Av. Dr. Penfield, Tel. (514) 932–71 81.

Toronto, 154 University Av., Suite 601, Tel. (416) 593–53 71.

ÖSTERREICHISCHE KONSULATE
Montréal, 1030–1350 Sherbrooke Street West, Tel. (514) 845–86 61.

Toronto, 1010–360 Bay Street, Tel. (416) 863–06 49.

Vancouver, 260–1810 Alberni Street, Tel. (604) 687–33 38.

EINREISE

Urlaubs-, Geschäfts- und Transitreisende aus Deutschland, der Schweiz und Österreich benötigen kein Visum für die Einreise nach Kanada, sofern ihr Aufenthalt 90 Tage nicht überschreitet. Bei der Einreise müssen ein gültiger Reisepaß bzw. Kinderausweis, ein Rückflug- bzw. Weiterreise-Ticket und die Einreiseformulare vorgelegt werden.

FEIERTAGE

Obwohl Banken, Schulen, öffentliche Gebäude und Museen an gesetzlichen Feiertagen geschlossen bleiben, haben private Geschäfte geöffnet und locken mit Sonderangeboten. Viele der kanadischen Feiertage sind häufig auf Montage gelegt, so daß daraus ein langes Wochenende wird.
Neujahr, 1. Januar; Karfreitag; Ostermontag; Victoria Day, Montag vor dem 25. Mai; Canada Day, 1. Juli; Labour Day, erster Montag im September; Thanksgiving Day (Erntedankfest), 2. Montag im Oktober; Christmas Day, 25. Dezember; Boxing Day, 26. Dezember. Darüber hinaus hat jede Provinz eine Reihe eigener Feiertage, die den ganzen Betrieb lahmlegen können.

MIETFAHRZEUGE

Für welches Verkehrsmittel Sie sich auch entscheiden, die Buchung sollte von zu Hause aus erfolgen. In Zusammenarbeit mit der Mietwagenfirma Hertz bietet die ADAC Reise GmbH exklusiv ein Fully-Inclusive-Paket an: Im Mietpreis sind u.a. 150 Freikilometer/Tag, Vollkasko-, Zusatzhaftpflicht-, Insassen- und Gepäckversicherung sowie lokale Steuern enthalten. Vor Ort ist lediglich noch das Benzin zu bezahlen. Einen Economy-Wagen gibt es bereits für unter 400 DM, einen Van für bis zu sieben Personen für 625 DM pro Woche. Weitere Informationen erteilen die Reisebüros der ADAC-Geschäftsstellen.
Motorräder bieten viel Freiheit und Abenteuer in ganz Kanada. Die gängige Tagesmiete etwa für eine Kawasaki liegt bei 160 Freikilometern bei 90–105 DM inkl. Haftpflichtversicherung (bei ADAC-Reisen).
Es gibt auch arrangierte Komplett-Touren mit vorgebuchten Motels, z.B. von Marlboro-Reisen. Eine 2-Wochen-Tour durch British Columbia, die zu den Naturwundern der Rocky Mountains führt, kostet ab 3740 DM inkl. Flug.

NOTRUF

Bei allen Notfällen kann man sich an den Operator wenden (die Taste 0 drücken). Man nennt Standort, Name und Art des Notfalls. Die Anrufe sind kostenlos. Direkte Notrufnummern:
*Polizei, Feuerwehr und Krankenwagen: Tel. 911.
Autopannen:
Tel. (416) 222–52 22
und 1–800–222-Help.*

ÖFFNUNGSZEITEN

Es gibt keine gesetzlich geregelten Geschäftszeiten. Geschäfte sind gewöhnlich Mo.–Sa. von 9–18, zuweilen am So. von 10–18 und in kleineren Ortschaften von 12–17 Uhr geöffnet. Einzelhandelsgeschäfte und Einkaufszentren bleiben in der Regel Do. und Fr. bis 21 Uhr geöffnet. In größeren Städten sind die Supermärkte meist von 7.30–21, Apotheken bis 23 Uhr und Lebensmittelgeschäfte sogar 24 Stunden täglich geöffnet. Geschäftsstellen sind Mo.–Fr. von 9–17, Banken Mo.–Do. von 10–16 und Fr. von 10–18 Uhr offen. Die meisten Banken verfügen über Geldautomaten. Postämter sind Mo.–Fr. von 9–17, zuweilen auch Sa. von 9–12 Uhr geöffnet.

REISE-VERANSTALTER

Die meisten Touristikunternehmen bieten verschiedenste Kanada-Programme an: neben TUI, Wolters, airtours, Meier's und der-Reisen auch die ADAC Reise GmbH. In ihrem speziellen Amerika-Katalog findet sich eine breite Palette: günstige Flüge mit renommierten Airlines, vororganisierte Autorundreisen, nach festgelegten Routen oder individuell ausgearbeitet. Der Vorteil: Alle Hotels sind bereits gebucht, die lästige Zimmersuche vor Ort entfällt. Für den Osten Kanadas bietet ADAC-Reisen für individuelle Rundreisen auch Übernachtungen in den typischen Country Inns an. Darüber hinaus können Anhänger von Wohnmobilferien unter vielen verschiedenen „RVs" (Campingmobilen) wählen. Zur Absicherung der Urlauber sind bereits eine spezielle ADAC-Zusatzhaftpflicht- sowie eine Vollkaskoversicherung enthalten. Detailinfos: ADAC-Reisebüros.

Illustrationen: Brian Cronin

Freunde des Aktiv-Urlaubs finden z.B. bei Marlboro-Reisen das Programm „Top of the World Ranch", und Lufthansa-Tours bietet z.B. Abenteuer- und Offroad-Urlaub in den Rocky Mountains an.

TELEFON / POST

Ortsgespräche kosten überall 25 Cent. Innerhalb des gleichen Area-Codes (3stellige Vorwahlnummern) wählen Sie die Rufnummer und evtl. eine 1 davor. Für ein Gespräch außerhalb Ihres Area-Codes wählen Sie 1, dann die 3-stellige Vorwahl und die Rufnummer. Die 1-800er-Telefonnummern sind gebührenfrei. Für Ferngespräche in deutschsprachige Länder wählt man zuerst die 011, dann die Ländervorwahl, anschließend die Ortsnetzkennzahl (ohne die 0) und die Rufnummer. Die internationale Ländervorwahl für Kanada ist 001. Ländervorwahlen: Deutschland 49, Österreich 43, Schweiz 41.

Ferngespräche können von allen öffentlichen Telefonzellen aus geführt werden. Etwas teurer kommt es, wenn man Gespräche über den Operator (wählen Sie 0 oder 01) führt. Ein 3-Minuten-Gespräch nach Deutschland kostet etwa 5,25 $. An Wochenenden und werktags nach 20 Uhr gelten günstigere Tarife. Als preisgünstige Alternative zu teuren Hotel-Telefontarifen bietet sich die TNC Travel Card an. Die Abrechnung erfolgt über Ihre Kreditkarte. Infos:
Telenational Communications, Tel. (040) 325 81 10.

Das Luftpostporto für Postkarten und Standard-Briefe nach Europa beträgt 90 Cent.

VERKEHR

Die Höchstgeschwindigkeit ist ausgeschildert und beträgt auf Highways meist 100 oder 110 km/h, auf zweispurigen Highways 80 oder 90 km/h, innerhalb geschlossener Ortschaften 30–50 km/h. Schulbusse mit blinkender Warnanlage dürfen grundsätzlich nicht überholt werden. Das Rechtsabbiegen bei roter Ampel ist nach vollständigem Halt erlaubt (Ausnahme: Québec), sofern kein entsprechendes Schild dies untersagt.

ZEIT

Kanada ist in sechs Zeitzonen unterteilt, die sich vom Yukon (MEZ minus 9 Std.) bis nach Labrador/Neufundland (MEZ minus 5/4,5 Std.) erstrecken. Die Sommerzeit beginnt am letzten Sonntag im April und endet am letzten Samstag im Oktober, sie gilt allerdings nicht in der Provinz Saskatchewan.

IMPRESSUM

Simon Worrall

Georg Zähringer

Walter Werthmüller

Imke Lass

AUTOREN

OLE HELMHAUSEN, geboren im westfälischen Münster, lebt seit drei Jahren als freier Autor in Montréal. Er hat für dieses Heft wichtige Informationen und Tips beigesteuert.

ANDREAS HUB war mit sechs Jahren Mitglied im „NDR-Indianerclub", verschlang mit zwölf den ganzen Karl May, machte nun mit 38 seine zweite professionelle Begegnung mit Amerikas *Native people* in Labrador. Freier Autor und Fotograf.

JÜRGEN KALWA: freier Journalist und Buchautor in New York und Connecticut.

JÜRGEN KÖNIG: Journalist, Schriftsteller und Drehbuchautor. Lebt auf einem Bauernhof in Oberbayern und setzt sich in vielen seiner Reportagen mit der engen Verflechtung von Mensch und Natur auseinander.

FREDDY LANGER: Redakteur im Ressort Reise der FAZ. Schrieb Texte zu Fotobänden wie „Amerikanische Nächte" und „Unberührte Natur".

ERNEST MARCHEL: gebürtiger Eidgenosse, heute freier Journalist mit Wohnsitz in Greenwich/Connecticut.

MARC A. PITZKE: Journalismus-Studium in München und New York, Reuters-Korrespondent in München und Berlin, seit April 1995 Nordamerika-Korrespondent der „Woche" mit Wohnsitz in New York.

GÜNTHER SCHRAMM lebt seit 15 Jahren auf Vancouver Island in British Columbia. In Deutschland wurde er bekannt durch den TV-Klassiker „Der Kommissar", seine TV-Rateshow „Alles oder nichts" und die Musikshow „Erkennen Sie die Melodie?"

KARL GÜNTER SIMON, studierter Romanist, schreibt Reisereportagen und Kunstkritiken für Tageszeitungen und Magazine.

KLAUS VIEDEBANTT: früher Leiter der ZEIT-Reiseredaktion, jetzt leitender Redakteur bei der FAZ. Herausgeber und Autor zahlreicher Bücher.

WALTER WERTHMÜLLER: gebürtiger Schweizer, seit mehr als zehn Jahren freier Journalist in New York.

HANS-GERD WIEGAND war lange Jahre Redakteur beim WDR. Lebt heute in der Nähe von Vancouver.

SIMON WORRALL: freier Journalist für internationale Zeitungen und Zeitschriften in East Hampton, Long Island.

GEORG ZÄHRINGER studierte Theaterwissenschaft, Germanistik und Geschichte in München. Arbeitet seit 1991 als Redakteur bei ADAC SPECIAL.

FOTOGRAFEN

GERRY GROPP: freier Fotograf in San Francisco mit regelmäßigen Veröffentlichungen in Newsweek, Time, Forbes, Smithsonian Magazine u.a.

TINA HAGER: geboren in Boston, Studium der Fotografie an der Bayerischen Staatslehranstalt. Heute freie Fotografin in der Nähe von Seattle und Pelican/Alaska.

DANIELA SCHMID: Die gebürtige Augsburgerin arbeitet seit 1991 als freie Fotografin in Los Angeles. Zahlreiche Veröffentlichungen, u.a. im L.A. Times Magazine sowie in Forbes und Prinz.

IMKE LASS: Ausbildung an der Lette-Fachschule für Fotografie in Berlin. Lebt in New York und fotografiert für deutsche und US-Magazine, u.a. Rolling Stone, Details, Greenpeace-Magazin.

IMPRESSUM
Herausgeber: Allgemeiner Deutscher Automobil-Club e.V. (ADAC), München
Chefredaktion: Michael Dultz (verantwortlich für den redaktionellen Inhalt)
Redaktion: Randolph Braumann (Leitung), Thomas Zwicker (Stellv.), Dr. Hartmut Kobrow (CvD), Doris Ehrhardt, Christiane Pieper, Dr. Rainer Pöschl, Georg Zähringer
Redakteur dieser Ausgabe: Georg Zähringer
Bildredaktion: Zita Rothmund
Redaktionelle Assistenz: Beate Röhl
Grafische Konzeption: Peter Wippermann/Büro Hamburg
Art-Direktion: Jürgen Kaffer
Grafik: Bettina Rosenow, Günter Zwerina

Produktionslayout und Koordination: Mike Mehlberg (Ltg.), Andrea Junker
Kartographie: Thomas Rohde, Bispingen; Riecke Peñaranda
Anschrift der Redaktion: ADAC SPECIAL, ADAC Verlag GmbH, 81365 München
Verlag: ADAC Verlag GmbH, 81365 München (Tel. 089/76 76-0), und Axel Springer Verlag AG, Axel-Springer-Platz 1, 20355 Hamburg (Tel. 040/3 47 00). Alle Verlags- und Nutzungsrechte liegen beim Verlag
Verlagsleitung: Manfred M. Angele, Klaus Kilian
Anzeigen: ADAC Verlag GmbH, 81365 München, Anzeigenleitung: Michael Behrend, Abwicklung: Frauke Fliege (verantwortlich für den Inhalt der Anzeigen)

Vertrieb: ADAC Verlag GmbH (Buchhandel, ADAC-Geschäftsstellen, Abo), Vertriebsleitung: Herbert Edbauer; ASV Vertriebs GmbH (Grosso, Bahnhofsbuchhandel), Verkaufsleitung: Gunnar Lindner
Abo-Service: ADAC Verlag GmbH, Leser-Service, 74158 Neckarsulm, Telefon 0 71 32/959-232 Telefax 0 71 32/959-234
Herstellung: Eberhard Wagner (Ltg.)
Gesamtherstellung: Mohndruck Graphische Betriebe, 33311 Gütersloh
Druckauflage: 275 000 Exemplare Nr. 32, April '96, ISBN 3-87003-708-3 ISSN 0939-4206
Nachdruck redaktioneller Beiträge nur mit Genehmigung des Verlages. Alle Angaben ohne Gewähr.
ADAC SPECIAL erscheint zweimonatlich

Fotos: Tina Hager; Jon Nakano; C. Anhalt

Gerry Gropp

Daniela Schmid

INSIDER-TIPS VON

BRYAN ADAMS, geboren 1959, trägt mit Vorliebe Holzfällerhemden. Kein Wunder: Der Rockmusiker stammt aus Kingston/Ontario und sieht sich gern als „Naturbursche" – er ist seit 1979 Greenpeace-Förderer.

LINDA EVANGELISTA, geboren 1965, ißt am liebsten Pizza, Pommes frites und Schokolade und ist eines der erfolgreichsten Fotomodelle. Sie lebt seit einigen Jahren in Paris, fühlt sich aber immer noch in ihrer Heimat Ontario zu Hause.

KARL FRIESEN, geboren 1958 in Winnipeg/Manitoba, ist Buchhalter und Laienprediger der Mennoniten. Berühmt wurde er aber als begnadeter Torhüter der deutschen Eishockey-Nationalmannschaft. Zuletzt spielte er beim SB Rosenheim.

JONI MITCHELL, geboren 1943, verbrachte ihre Jugend in der Provinz Saskatchewan. In den 70er Jahren war sie die „Königin des Folk-Rock", heute singt und komponiert sie Lieder von Folk über Jazz-Rock bis Pop und hat auch als Malerin Erfolg.

PHILIPP MOOG, geboren 1961, entdeckte seine Liebe zu Kanada durch den Beruf. Der Schauspieler („Ein unvergeßliches Wochenende", „Der Alte", „Wie gut, daß es Maria gibt") lebte während Dreharbeiten vier Wochen am Emerald Lake.

JASON PRIESTLEY, geboren 1969, bekam mit acht Jahren seine erste Filmrolle. 1987 zog der Schauspieler („Cold Blooded", „Beverly Hills, 90210") von seiner Heimatstadt Vancouver nach Hollywood.

VOLKER RÜHE, geboren 1942 in Hamburg, reist seit 20 Jahren gern nach Nordamerika, privat und auch dienstlich als Bundesverteidigungsminister. Für ihn zählt Kanada zu den schönsten Ländern der Welt.

DONALD SUTHERLAND, geboren 1934, wuchs in Bridgewater/Nova Scotia auf. Und wenn er nicht in der Nähe seines Arbeitsplatzes Hollywood leben „müßte", würde der Schauspieler („M.A.S.H.", „Casanova", „JFK") heute noch am liebsten in Kanada leben.

ARNO SURMINSKI, geboren 1934 in Ostpreußen, machte sich durch Romane über seine alte Heimat („Jokehnen", „Polninken") einen Namen. Seitdem er in den 50ern zwei Jahre lang in Kanada lebte – seinen Aufenthalt finanzierte er u.a. durch Jobs als Waldarbeiter –, reist er immer wieder gern in das Land, über das er 1980 den Roman schrieb: „Fremdes Land oder Als die Freiheit noch zu haben war". Diese Erzählung wurde auch für das Fernsehen verfilmt.

*Beilagenhinweis:
Ein Teil dieser Auflage enthält Beilagen folgender Firma: Spotlight-Verlag, Freihamer Str. 4b, 82166 Gräfelfing*

Scholz Canada Tours
Natur erleben

Über 15 Jahre
Ihr Spezialist
für
Wohnmobilreisen
in Kanada

• erfahren
• preiswert
• individuell

Danziger Straße 47c
53757 Sankt Augustin
Tel: 0 22 41/2 87 87
Fax: 0 22 41/2 71 30

GRATIS KATALOG
AS95

FOTO
VIDEO
AUDIO
TELECOM.

Jetzt anfordern!

• Weltmarken zu Discountpreisen
• Für Einsteiger, Aufsteiger, Profis
• Qualifizierte Beratung
• Riesiges Zubehörprogramm
• Bequemer Einkauf zuhause
• 2 Jahre Garantie auf Fotokameras und Objektive

Tel.: 09 31 / 97 08 800
Fax: 09 31 / 97 08 850

WÜRZBURGER FOTOVERSAND
mit Audio · Video · Electronic
Postfach 6847 · 97018 Würzburg

IHR SPEZIALIST FÜR FERNREISEN
NORDAMERIKA
KARIBIK • FERNOST • PACIFIC

z.B. Kanada/USA auf 164 Seiten:
● Deutschsprachige Rundreisen mit Bus und Bahn
● Deluxe-Rundreisen mit Tauck Tours
● Rundreisen mit Pkw inklusive unbegrenzten Kilometern
● Motorhomes und Camper an über 15 Stationen
● Mietwagen
● Städteprogramme
● Hotels, Motels und Lodges
● Linienflüge mit mehr als 100 Linienfluggesellschaften
● Charterflüge mit Canada 3000, Air Club und Air Transat

**NEU AB AUGUST 1996
WINTER IN NORDAMERIKA**

Erleben Sie mit uns das völlig neue Wintergefühl auf über 40 Seiten:
● Ski und Snowmobil in Quebec
● Toronto mit Niagara-Fällen
● Resorts und Lodges in Ontario
● Ski - Packages in mehr als 10 Skigebieten Canadas
● Ski - Rundreisen in Alberta und British Columbia
● 4 x 4 Jeeps und Vans
● Hundeschlitten im Yukon
...dazu noch viele interessante Programme in den USA und Alaska

Unsere aktuellen Kataloge (USA/Kanada, Fernost/Pacific und Karibik/Cruise) erhalten Sie in Ihrem Reisebüro oder direkt bei:

Aeroworld
Altonaer Straße 63
20357 Hamburg
Telefon: 0 40-4 31 67-2 00
Fax: 0 40-4 22 65 99

AEROWORLD
...mehr Urlaubsk(l)asse

TIPS
Was Sie *nicht* tun sollten

Dösende Bären erschrecken

Vergessen Sie besser das Klischee vom blutrünstigen Raubtier, das hinter jedem Baum oder Strauch auf menschliche Beute wartet. Vergessen Sie aber auch das Bild vom tolpatschigen Knuddelteddy – denn Bären sind nun mal wilde Tiere, die zwar die Ruhe lieben und sich gerne gelassen geben, aber ihr erster und heftigster Antrieb bleibt die Nahrungssuche. Was sie anmacht, wird inspiziert, und was im Weg ist, wird rigoros beiseitegeräumt. Gott sei Dank besitzt Meister Petz eine Scheu vor Menschen und geht uns, wenn möglich, aus dem Weg. Unser Rat: Nähern Sie sich niemals wilden Bären, und lassen Sie keine Essensreste und Vorräte in Ihrer Nähe liegen – denn das ist für sie eine Einladung zu Tisch. Leises Pirschen in der Wildnis sollte man ebenfalls tunlichst unterlassen. Durch geräuschvolles Auftreten, Singen oder Pfeifen warnen Sie hingegen jeden Bären – und kommen so wohlbehalten durch *Bear Country*, durchs Bärenland.

Frankokanadiern auf den Schlips treten

Die Bewohner der französischsprachigen Provinz Québec haben ein tief empfundenes Bedürfnis nach Anerkennung ihrer Sprache und Kultur. Reihen Sie sich als gute Gäste nicht ein in die Phalanx der Spötter aus den anderen kanadischen Provinzen, indem Sie auf die „Erfolge" der Sprachgesetze verweisen. Allemal besser ist es, ein freundliches *Bonjour* oder *Merci* zu sagen – das erobert frankokanadische Herzen.

Vor fliegenden Blutsaugern kapitulieren

Kanada ist ein an Gewässern reiches Land. Kein Wunder also, daß sich hier im Sommer die kleinen, lästigen Plagegeister der Lüfte wie *Black flies* und Moskitos zu stattlichen fliegenden Killerarmeen vermehren und jedes Stück nackte Haut gnadenlos als Angriffsziel mißverstehen. Wer sich also in die Wildnis aufmacht, trägt besser langärmlige Hemden und reibt bloße Körperstellen flächendeckend mit überall erhältlichem Insektenschutz, *Repellent*, ein. Denn das finden die Stechmücken gar nicht lecker.

Einfach drauflos laufen

Seien Sie sich immer bewußt, daß hinter jeder kanadischen Stadt die Natur beginnt. Erwarten Sie also bei Touren keine Wegweiser und Wanderwegsbeschilderung wie zu Hause. Jedes Jahr machen sich die Rettungsdienste von Vancouver mehr als hundertmal auf die Suche nach vermißten Hikern, die im waldigen, bergigen Umland der Metropole die Orientierung verloren haben. Vergessen Sie also nie gutes Kartenmaterial, einen Kompaß oder noch besser: Gehen Sie mit einem ortskundigen Begleiter in das Abenteuer Natur. Trendbewußte Kanadier stecken auch bei Ausflügen ihr Handy ein.

Beim Trinkgeld knausern

Der *Tip*, das Trinkgeld, ist in Nordamerika keine zusätzliche Anerkennung für guten Service, sondern das bei uns in den Preisen bereits enthaltene Bedienungsgeld. Geben Sie also keinen Tip, enthalten Sie dienstbaren Geistern ihren gerechten Lohn vor. Wenn Sie also keine zu Recht empörten Blicke des Service-Personals ernten wollen, addieren Sie zu jedem Rechnungsbetrag im Restaurant 15 bis 20 Prozent, und Sie werden ein Leben als König Kunde erleben. *Bell boys*, Kofferträger, belohnt man übrigens mit einem bis eineinhalb Dollar pro Gepäckstück.

Zu früh „Petri heil" sagen

Die unzähligen Flüsse und Seen des Landes sind ein wahres Paradies für Angler: Es gibt Lachs, Äschen und Forellen satt. Bevor jedoch ein frisches Fischfilet über dem Lagerfeuer bruzzeln kann, muß eine Angellizenz für die jeweilige Provinz beziehungsweise das Territory erworben werden. Erhältlich ist die Genehmigung für 10 bis 30 Dollar in zahlreichen Sportgeschäften. Petri-Jünger, die in National- und Provinzparks ihr Glück versuchen wollen, benötigen eine spezielle Lizenz der jeweiligen Parkverwaltung. Erst dann heißt es: „Petri heil".

Illustration: Ulf Keyenburg

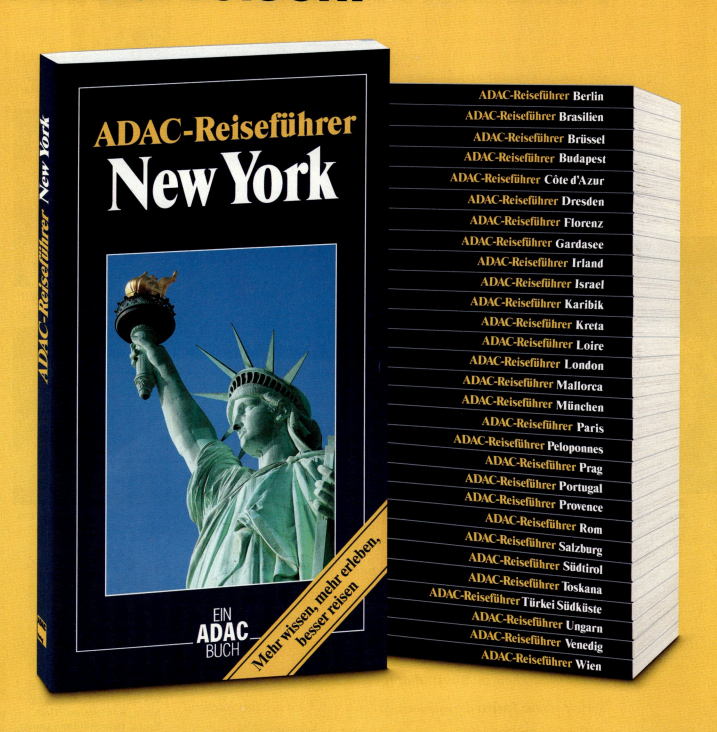

VORSCHAU

IM NÄCHSTEN HEFT

Andalusien

Fangfrisches aus dem Meer: im Fischerhafen bei Sanlúcar

Knallblauer Himmel, klappernde Kastagnetten, Menschen voller Glut und Leidenschaft: Das bunte Klischee Spaniens wird in **Andalusien** mit Leben gefüllt. Unsere Reise durch den Süden der iberischen Halbinsel ist wie ein Streifzug durch die Märchenwelt aus Tausendundeiner Nacht. Entdecken Sie mit uns die Wunder maurischer Architektur in **Granada** und **Córdoba**. Erleben Sie den Zauber der **Weißen Dörfer**, die im Bergland auch Dichtern und Denkern als Zuflucht dienen. Wir zeigen Ihnen die strahlenden Sonnenseiten der **Costa del Sol**, deren Strände noch immer zu den besten der Welt zählen. Die hohen Gipfel der **Sierra Nevada** und die mystischen Täler der **Alpujarras** werden per Mountainbike und auf dem Rücken rassiger Pferde erkundet. Mit exotischer Fauna und einer heiligen Jungfrau lockt der Nationalpark **Coto de Doñana**, Westeuropas größte asphaltfreie Zone an der schönen **Costa de la Luz**. Prinz **Alfonso von Hohenlohe** holte einst den Jet-set ins Land und erzählt, warum er heute die Ruhe der Berge liebt. Wer Action will, kann in **Sevilla** dem Flamenco-Tanz frönen oder im Surferparadies **Tarifa** die wildesten Wellen reiten. Und sich anschließend in **Jerez** an Wein und tausend Leckereien laben. Das alles und viel mehr steht im **ADAC Special Andalusien**, das am 25. Juni 1996 erscheint.

Träume aus Stein: Löwenhof der Alhambra in Granada

Zutiefst aus der Seele: Voller Kraft und Erotik gibt sich die Señorita in Sevilla dem Flamenco-Tanz hin

Gut aus Tradition: Sherry aus der Bodega Domecq, Jerez

BISHER ERSCHIENEN:
Mallorca, London, Toskana, Südtirol, Berlin, Wien, Kreta, Barcelona, Oberbayern, New York, Kanarische Inseln, Venedig, Côte d'Azur/Provence, Ostsee, Prag, Florida, Rom, Ibiza, Schwarzwald, Gardasee, Karibik, München, Hongkong, Kalifornien, Tirol, Paris, Griechenland (auch auf Video), Franken, USA Südwest (auch auf Video), Portugal, Nordsee

IN VORBEREITUNG:
Irland, Australien